말법 중생에게 베푸신 진실한 이익

대승무량수경 간주이해

大乘無量壽經　簡註易解

하련거夏蓮居 거사 회집

정공 스님 주해

도영 스님 번역

일러두기

1. 이 책은 하련거 대사께서 무량수경 5종 역본을 회집한 《불설대
   승무량수장엄청정평등각경佛說大乘無量壽莊嚴淸淨平等覺經》
   (무량수경 회집본, 또는 선본)을 무량수경의 경문으로 삼아
   번역하였다.

2. 무량수경 회집본의 주석은 정공 법사께서 1998년에 강술한
   《대승무량수경간주이해大乘無量壽經簡註易解》(이하 [解]라 약
   칭)를 번역하였다.

목 차

들어가는 말

예전에 한영韓瑛 거사께서 미국 샌프란시스코에 계실 때 황지해黃智海 거사가 쓴 《미타경백화해彌陀經白話解》에 따라 그 요점을 《미타경이해彌陀經易解》로 각색하여 출판한 후 대중의 뜨거운 환영을 받았는데, 확실히 그 시대 중생이 처한 상황에 잘 맞았습니다.

1995년 싱가포르거사림이 주최한 동계 불칠佛七법회에서 다시 명산茗山 스님을 만났습니다. 명산 스님께서 한영 거사와 마주한 자리에서 "《무량수경 이해易解》를 지어서 중생을 널리 제도하여 공덕이 무량하도록 하십시오."라고 부촉하셨습니다. 한영 거사께서는 기쁜 마음으로 사명을 받아 들였습니다. 그 후 줄곧 몸이 편찮을 때까지 집필할 수 없었지만, 왕생하기 하루 전에 항상 이 일을 잊지 않았습니다. 저 정공에게 반드시 이 대원을 원만히 성취할 것을 거듭 부탁하시고, 또 "가장 바람직한 것은 대화엄경 이해를 지어 유통하는 것입니다."라고 요청하셨습니다. 제가 이를 허락하자, 한영 거사께서는 아미타부처님을 따라 상적광토에 왕생하셨습니다.

한영 거사께서 왕생하시기 2년 전, 정법을 호지護持하는 사명을 성주星洲 이목원李木源 거사에게 부탁하셨습니다. 이 거사께서는 그 부탁에 부응하여 싱가포르에 「정종학회淨宗學會」를 세우셨고, 「정종 홍법인재 양성반」을 창립하여 저 정공을 초빙하여 지도법사의 소임을 맡겼습니다. 이에 제2기 중점과정을 위해 《무량수경과회無量壽經科會》를 지었고, 제3기 교과과정을 위해 《대승무량수경간주이해大乘無量壽經簡註易解》를 지었습니다. 전체 학승이 공동으로 초고를 쓰고, 저 정공이 첨삭하여 책으로 만들었습니다. 지금 책이 완성되니, 대중이 한영 거사 왕생주년을 기념하여 이 책을 펴냅니다. 금년 5월, 제5기 육성반에서 《화엄》 전경에 대해 강론을 시작하여, 거듭 학승으로 하여금 《화엄경과주이해華嚴經科註易解》를 지어 3년 이내로 원만히 이룰 것을 희망합니다. 저 정공이 이를 완성하니, 방 선생님(方東美)께서 이끌어 주시고, 장가章嘉 대사와 설려雪廬 이병남李炳南 거사께서 13년간 자비심으로 가르쳤으며, 한영 거사께서 30년간 호법하신 은혜에 대한 보답으로 생각합니다.

인연 있는 독자들은 가난한 자가 보배를 얻듯이 **"부처님께서 가르치심이 작용하는 곳은 국가나 도시나 마을에 이르기까지 교화를 입지 않은 곳이 없나니, 천하가 화순하고, 해와 달이 청명하며, 비바람이 때에 맞추어 불고, 재해와 역병이 일어나지 않으며, 나라는 풍요롭고 국민은 편안하여 병사와 무기를 쓸 일이 없느니라. 또한 사람들은 도덕을 숭상하고 인의를 행하며, 힘써 예절과 겸양을 닦아, 나라에 도적이 없고 억울한 일이 없으며, 강한 자가 약한 자를 능멸하지 않아 각자 자신의 자리를 잡느니라."**라는 경전의 말씀대로 두루 원컨대 사람마다 각자 일평생 행복을 얻고 가정이 원만하며 각자의 사업이 순조롭게 성공하며, 사회가 화목하여 사람들이 모두 잘 지내며 서로 협력하고 더불어 번영하며, 국가는 모두 부강하고 세계는 영원히 평화롭길 간절히 바랍니다. 이것이 바로 이 경이 중생에게 베풀어 주신 진실한 이익(眞實利益)입니다.

삼가 이 책을 출판하기 전날 밤, 그 연기와 소망을 이와 같이 적으니,

원컨대 저의 동수 여러분과 덕망이 높은 분들께서 이를 가르칠 수 있다면 더 없이 행복하겠습니다!

1998년 4월 싱가포르에서
정공淨空 삼가 서문을 쓰고,
하련거 거사의 무량수경 회집본에
사문 석정공이 주해하다.

수행은 반드시 전일하여야 합니다. 전일하기만 하면 수행의 성취는
온당하고 그 속도는 빠릅니다. 결코 복잡하게 닦아서도, 뒤섞어
닦아서도, 산란되게 닦아서도 안 됩니다. 그렇지 않으면 설사 열심히
닦을지라도 왕생하기가 쉽지 않습니다. 경전에서는 왕생의 조건을
매우 또렷하게 말하고 있습니다. 아미타경에서는 일심불란一心不亂이
왕생의 조건이고 무량수경에서는 일향전념一向專念입니다.
하나의 방향, 하나의 목표로 아미타불을 전념하여야 합니다.
이번 생에 육도윤회를 벗어나고 왕생하여 불퇴전지에 올라
성불하려면 이를 반드시 준수하여야 합니다.
- 정공 큰스님, 〈무량수경 청화〉

일일아미
심향타불
불전阿
란념彌
――陀
心向佛
不專
亂念

불설대승무량수장엄청정평등각경

佛說大乘無量壽莊嚴清淨平等覺經

[解] 석가모니부처님께서 일체중생을 위하여 대승大乘의 법문 중에서 아미타부처님께서 사시는 극락세계 생활환경의 무량한 아름다움을 아무리 설해도 다함이 없고, 아울러 그 땅에 사는 사람들은 한 사람 한 사람 모두 다 청정한 마음과 평등한 마음을 성취하였고, 우주와 인생의 진상을 명료하게 철저히 깨달았으며, 나아가 우리가 어떻게 정토에 태어나길 구할 것인지를 가르치고 인도하는 경을 설하셨다.

「불佛」인도어 불타야佛陀耶 · 불타佛陀의 약칭으로 「각오覺悟」로 번역된다. 자기 자신과 생활환경에 대하여 진정으로 이해하는 사람을 「불佛」이라 한다. 여기서는 석가모니부처님을 가리킨다.

「대승大乘」수많은 사람을 이곳에서 저곳까지 실어 나를 수 있는 큰 교통수단(수레바퀴)으로, 이는 자신에 대해 알지 못하는 사람을 자신을 이해하는 사람이 되도록 도울 수 있는 부처님의 교학을 비유한 것이다.

「무량수無量壽」자기의 진심인 본성이 지혜 · 광명 · 수명 · 재능 등 일체 무량을 갖추고 있음을 명백히 깨치면 이들 무량을 모두 얻게 된다. 여기서 단지 무량수를 대표적으로 취한 것은 일체 무량 중에서 수명이 가장 중요하기 때문이다. 무량한 수명이 있어야 다른 무량을 비로소 누릴 수 있다.

「장엄莊嚴」생활환경과 신상身相은 모두 무량한 아름다움을 갖추어 조금의 결함도 없다.

「청정清淨」탐심 · 진심 · 교만 · 의심 등 갖가지 심령 · 신상 및 환경의 오염을 멀리 여읨을 말한다.

「평등각平等覺」「平等」은 차별이 없고, 분별심이 없음을, 「覺」은 각오覺悟를 말한다.

「청정 · 평등 · 각」은 부처님께서 일상생활에서 가르쳐 주시는 것이다. 우리는 청정심 · 평등심 · 각오의 마음으로 일체 사람 · 일 · 물건을 다루고 대처해야 한다.

「경經」 이치와 방법에 대해 설한 것으로 어떠한 시간과 공간의 제한도 받지 않는 영원히 정확한 교과서이다.

[회집인]

보살계菩薩戒 제자 운성鄆城 하련거夏蓮居, 법명法名 자제慈濟가 각각의 역본을 회집會集하여, 공경을 다 해 장차章次를 나누었다.

[解] 이 경이 중국에 전래된 이래로 잇따라 12차례 번역이 있었다. 그러나 7종의 번역본은 실전되었고, 현재 대장경 중에는 5종의 역본이 존재한다. 송대의 왕룡서王龍舒 거사와 청대의 위원魏源 거사 모두 회집본會集本을 지었으나, 그들의 회집이 미진하여 비로소 이 회집본이 있게 되었다. 이 책은 1932년에서 1935년까지 보살계를 받은 불제자인 산동성山東省 운성鄆城현의 하련거夏蓮居 거사(법명 자제慈濟)가 대장경에 수록된 5종의 원역본을 회집한 것으로 전체 경전을 총 48品으로 나누었다. (중국의 고서는 큰 단락을 나눌 때 편篇이나 장章으로 나누지만, 불서佛書는 품品이라 한다.)

[법회성중法會聖衆 제1]

제1품 법회에 모인 성중

[解] 이 품의 경문에서는 당시 석가모니부처님께서 경전을 강설하시고 법문을 설하신 법회에 직접 참가한 청중들의 수승함을 설명하고 있다.

이와 같이 나는 들었다. 한때 부처님께서 왕사성 기사굴산에 머무르사, 큰 비구 대중 1만 2천 인과 함께 계셨으니, 이들은 모두 대성인들로 신통에 이미 통달하였다.

如是我聞。一時佛在王舍城 耆闍崛山中。與大比丘衆萬二千人俱。一切大聖 神通已達。

[解] 이 경은 제법의 실상에 의거하여 설한 경전으로, 나 아난이 직접 석가모니부처님께서 설하신 것을 들었다. 이때 부처님께서 왕사성 교외의 기사굴산에서 이번 법회에 참가한 대비구 무리 1만2천 명이 함께 한곳에 모여 있었다. 이들은 모두 대보살·성인들로 지혜와 능력이 보통 사람 보다 뛰어나서 세상에 존재하는 일체 사람·사물·현실·이치에 대한 명료한 인식에 도달하였다.

「여시아문如是我聞」「여如」는 제법실상을 대표하는 글자이고, 「시是」는 제법실상에 의지해 설하는 것을 말하며, 「아我」는 아난존자가 스스로를 부르는 칭호이며, 「문聞」은 아난이 직접 부처님께서 말씀하신 것을 들은 경임을 가리킨다.

「일시一時」 부처님께서 이 경전을 강설하신 시간으로 곧 중생의 근성根性과 기연機緣이 성숙한 때를 말한다.

「비구比丘」 세 가지 뜻이 있다. 1) 걸사乞士 : 밥과 법을 빌어 심신을 기르고, 2)

파악破惡 : 탐진치 번뇌의 악을 부수며, 3) 포마怖魔 : 교만과 질투심이 매우 강해 시시때때로 다른 이가 그를 뛰어 넘어설까 염려하는 마장이다. 비구는 발심수도 하여 일심으로 삼계를 벗어나길 희구하고, 마견魔見에서 마음에 공포가 생김을 깨닫는다.

「신통이달神通已達」지혜 능력이 광대무변하고, 일체 사리를 명료하게 알아 걸림이 없다.

그 이름은 존자 교진여 · 존자 사리불 · 존자 대목건련 · 존자 가섭 · 존자 아난 등이었고, 이들이 상수가 되었다.

其名曰 尊者憍陳如 尊者舍利弗 尊者大目犍連 尊者迦葉 尊者阿難等 而爲上首。

[解] 그들의 이름은 존경하는 교진여憍陳如 장로, 이 경이 법문이 제일임을 대표하는 분이시고, 존경하는 사리불舍利弗 장로, 이 경이 지혜가 제일임을 대표하는 분이시고, 존경하는 대목건련大目犍連 장로, 이 경이 신통력이 제일임을 대표하는 분이시고, 존경하는 가섭迦葉 상로, 선종을 내표하는 분이시며, 존경하는 아난阿難 상로, 선송 이외의 교하敎下(교종)를 대표하시는 분이시었다.

「교진여憍陳如」인도 말. 한자로 번역하면「명료明瞭」란 뜻이다. 그는 부처님 최초 설법시 제일 먼저 성취한 제자로 본경에서 이름을 제일 먼저 올린 것은 이 경이 부처님께서 설하신 모든 경전 중에서 제일의 경전임을 나타낸다.

「사리불舍利弗」인도 말. 한자로 번역하면「사리舍利」는 얼굴이 잘 생겼다는 뜻이고, 「불弗」은 아들이란 뜻이다.「사리불」은 곧 얼굴이 잘 생긴 사람 (그의 어머니) 아들이란 뜻이다. 그는 부처님 제자 중 지혜제일로 제일의 지혜를 가져야 이 경을 분명히 알 수 있음을 나타낸다.

「대목건련大目犍連」인도 말. 한자로 번역하면「채숙采菽」이란 뜻이다.「숙菽」은 콩류로 그들 세대가 농업에 종사했음을 설명하고 그래서「采菽」을 성으로 삼았다.「대大」는 같은 성의 다른 사람과 구별한 것이다. 그는 부처님의 제자 중 신통력을 지닌 제일인자로

이 경을 학습하면 매우 강한 능력을 얻을 수 있음을 나타낸다.

「가섭迦葉」 인도 말. 번역하면 「음광飮光」으로 광명이 다른 사람의 빛보다 뛰어남을 찬탄한 말이다. 그는 대 부호집안에 태어났고, 부처님 제자 중에서 고행제일苦行第一로 선종의 초조이고, 여기서 「아미타불」을 염지하는 것이 최고의 참선인임을 나타낸다.

「아난阿難」 인도 말로 이것을 번역하면 「경희慶喜」로 경축하고 기뻐한다는 뜻이다. 부처님께서 성도하신 기쁜 소식을 그의 집에 전하는 순간 그가 태어나서 「경희」라 불렀다. 그는 부처님의 사촌으로 출가 후 부처님의 시자였고, 다문제일多聞第一이었다. 여기서는 「교하敎下」(중국 불법에는 10대 종파가 있는데, 선종을 제외하고 다른 종파 모두를 교하라고 통칭함)를 대표한다.

「상수上首」 좌석의 상위로 청중의 앞줄에 자리하였다.

또한 보현보살·문수사리보살·미륵보살 및 현겁 중의 일체 보살들도 모두 법회에 와서 모여 계셨다.

又有普賢菩薩 文殊師利菩薩 彌勒菩薩 及賢劫中一切菩薩 皆來集會。

[解] 그리고 보현보살은 이 대회 중에서 「밀정불이密淨不二」를 대표하고, 문수사리보살은 「선정불이禪淨不二」를 대표하며, 미륵보살은 미래의 불법 승전承傳을 대표한다. 그리고 또 현겁의 이 대세기大世紀 중에 잇따라 995분이 장차 이 세간에서 출세하여 성불하게 될 보살들로 모두 이번 법회에 와서 참가하였다.

「보현보살普賢菩薩」 「보普」는 일체 장소에 두루 함이고, 「현賢」은 가장 미묘하고 가장 선함이다. 이 보살의 심·원·행心願行과 신·구·의身口意는 하나로 평등하고, 일체의 사람·일·사물에 대해 두루 진실과 정성(眞誠)이 순일하여 미묘하고 선하므로 명호를 「보현普賢」이라 한다. 「보살菩薩」은 인도 말로 우주와 인생의 진상에 대하여 명료하게 알고 있는 사람을 보살이라 한다. 보현보살은 여기서 「밀정불이密淨不二」(밀교와 정토가 둘이 아님)를 대표한다.

「문수사리보살文殊師利菩薩」 「문수사리文殊師利」는 인도 말이고, 한자로 「묘길상妙吉

祥」이라 하며, 마음을 밝혀 견성함을 말한다. 그는 보살 성중 가운데 지혜제일을 대표한다. 본경에 설한 도리와 사실을 기뻐하고 믿을 수 있음을 표시하고, 바로 대지혜가 있는 사람이다. 그는 본경이 「선정불이禪淨不二」(선과 정토가 둘이 아님)임을 나타낸다.

「미륵보살彌勒菩薩」「미륵彌勒」은 인도 말이고, 한자로 「자씨慈氏」라 하는데, 이는 그의 성씨이다. 그의 인도 이름은 「아일다阿逸多」이고, 한자로 번역하면 「무능승無能勝」이니 합쳐서 「자비가 이 사람보다 뛰어난 사람이 없다」라는 말이다. 대자대비를 갖추어서 그를 뛰어넘는 사람이 없다. 그는 현재 보살이고, 다시 57억6백만 년이 지난 이후 장차 우리 세상에서 성불을 보이실 것이다. 그는 본경의 주요 청중이므로 장래 성불할 때 반드시 이 경을 홍양할 것임을 나타낸다.

「현겁賢劫」「겁劫」이란 고대 인도 사람의 시간 계산 단위로 대·중·소 3종의 계산법이 있다. 우리들 이 세상 사람의 수명은 가장 길어야 8만4천 살이 표준인데, 백년마다 1살이 줄어 10살까지 줄었다. 다시 10살로부터 백년마다 한 살이 늘어서 8만4천 살이 되니, 이렇게 한 살이 줄고 한 살이 느는 것을 1소겁小劫이라 한다. 20개의 소겁이 하나의 중겁中劫을 이루고, 4개의 중겁이 하나의 대겁大劫이 된다. 여기서 「겁劫」이란 대겁을 가리키고, 이를 「대시대(大時代)」라고 부른다.

이 대시대에는 1천 부처님(尊佛)께서 잇달아 출세하셨는데, 이미 출세한 부처님으로는 구류손불拘留孫佛·구나함모니불拘那含牟尼佛·가섭불迦葉佛·석가모니불 네 분 부처님이시다. 그리고 장차 출세할 미륵불과 현재 이 법회에 참가한 보살들로 장차 잇달아 이 세간에 출세하시는 9백 9십 다섯 부처님이 있다. 이 대시대에 수많은 부처님께서 출세하시니, 이러한 현상은 너무나 희유하여 「현겁」이라 한다.

[덕존보현德遵普賢 제2]

제2품 보현보살의 덕을 좇아서 닦다

[解] 이들 대보살의 덕행은 모두 보현보살의 십대 수행강령(십대원왕
十大願王)을 준수하면서 일문으로 깊이 들어가 오랜 시간 몸에 배이도
록 닦고, 아울러 극락으로 인도하여 귀의하게 하는 것을 목적으로
삼는다.

또한 현호보살 등 16정사들도 함께 계셨으니, 이를테면 선사유보살
·혜변재보살·관무주보살·신통화보살·광영보살·보당보살
·지상보살·적근보살·신혜보살·원혜보살·향상보살·보영
보살·중주보살·제행보살·해탈보살 등이었고, 이들이 상수로
되었다.

又賢護等十六正士 所謂善思惟菩薩 慧辯才菩薩 觀無住菩薩 神通華菩薩
光英菩薩 寶幢菩薩 智上菩薩 寂根菩薩 信慧菩薩 願慧菩薩 香象菩薩
寶英菩薩 中住菩薩 制行菩薩 解脫菩薩 而爲上首。

[解] 이 단락에서 「현호보살」은 석가모니부처님과 동시대, 차방세계
(이 세상)에 계셨던 보살이고, 그 외 열다섯 분 보살들은 타방세계에서
이곳으로 와서 법회에 참가한 보살들이다. 앞의 열네 분 보살들은
명호에 담긴 뜻에서 우리에게 이 경전이 수승함을 인식시켜 주고,
열다섯 번째 제행보살은 우리에게 수행에 착수하는 방법, 즉 「지명염
불持名念佛」을 가르쳐 주신다. 최후 한 분은 수행의 과보果報를 나타낸
다. 이 열여섯 분 보살들은 모두 재가보살들의 상수이다.

「현호賢護」 자기의 순정한 사상행위를 보호할 수 있고, 또한 타인의 의사를 즐겨

보호하고 지킬 수 있다는 뜻이다. 그는 석가모니부처님의 재가 정토수행 제자로 그 지위는 보현보살·문수보살과 같다. 등16은 바로 연이어 이하에 열거할 15분의 타방세계에서 온 학문·도덕·깨달음을 두루 갖춘 재가보살이다. **정사正士**「정正」은 정지정견正知正見이고,「사士」는 지식인이다. 지견이 부처님과 같은 지식인을 정사라고 부르고 또한 대사라 부르기도 한다. 보살의 별칭이다.

「**선사유보살善思惟菩薩**」사상과 견해가 모두 순선純善한 사람이다. 정토를 전수하는 사람을 대표하는데, 정확한 사상·견해를 갖추어 아미타부처님과 상응한다.

「**혜변재보살慧辯才菩薩**」지혜가 있고 말솜씨가 있어 정종의 교리를 설하여 사람을 믿게 할 수 있다.

「**관무주보살觀無住菩薩**」이 세간의 일체법 모두가 무상함을 관찰한다. 이 경에서 정토수행인을 대표하고, 일체 법에 대해 마음에 집착이 없고 미련을 갖지 않으며 염불하여야 왕생할 수 있다.

「**신통화보살神通華菩薩**」융통성 있게 응용함을 표시한다. 그는 매우 좋은 방편의 교학능력이 있어 대중의 근기와 상황에 맞게 교육할 수 있으며 염불성불의 법문을 광대한 군중에게 소개해주어 대중이 모두 명백히 받아들일 수 있게 한다.

「**광영보살光英菩薩**」광명이 영발英發함을 표시한다. 광명은 지혜이고, 영발은 발휘함이나. 이 경이 우리의 깊고 광대한 지혜를 현발할 수 있음을 나타낸다.

「**보당보살寶幢菩薩**」「당幢」은 원통형의 깃발이다. 옛날 도량에서 경전을 강론할 때 사원 바깥의 깃대에 당을 걸어 대중에게 대중이 와서 청경함을 알렸으니, 그래서 「당幢」은 불법을 선양함을 표시한다.「보당」은 가장 수승한 불법을 선양함을 표시하니, 여기서는 본경의 법연法緣이 최상으로 견줄 수 없이 수승함을 나타낸다.

「**지상보살智上菩薩**」「지智」는 지혜이고,「상上」은 최상제일로 여기서는 본경을 수학하면 위없는 지혜를 얻을 수 있음을 나타낸다.

「**적근보살寂根菩薩**」「적寂」은 적정이고,「근根」은 안·이·비·설·신·의 육근이다. 육근적정은 수행의 근본으로, 여기서는 이 경에 의지하여 수학하면 몸과 마음이 청정할 수 있음을 대표한다.

「**신혜보살信慧菩薩**」본경을 깊이 믿을 수 있음을 표시한다.「**원혜보살願慧菩薩**」기꺼이 발원하고 학습하여 정토에 태어나길 구함을 표시하니, 깊은 신심으로 발원하면 진실한 지혜인이 될 수 있다. 「향상보살香象菩薩」 염불의 역량이 코끼리처럼 매우 큼을 비유한 것으로, 우리가 십법계를 초월할 수 있도록 도와준다. 이상 세 분 보살은 왕생의 세 가지 필요조건인 신·원·행을 대표한다.

「보영보살寶英菩薩」「보寶」는 지혜보장이고, 「영英」은 정화이다. 그래서 「보영寶英」은 아미타부처님의 사십팔원을 대표한다. 사십팔원은 바로 일체묘법의 정화로 범부가 일생에 왕생하여 물러나지 않고 결정코 성불할 수 있게 한다.

「중주보살中住菩薩」「중中」은 중도이고, 「주住」는 안온히 머뭄이다. 마음을 이 경전, 부처님 명호에 안온히 머물면 중도의 제일 진리를 얻을 수 있다.

「제행보살制行菩薩」「제행制行」은 우리의 사상과 행위를 제어하는 것을 가리킨다. 염불이 바로 제행으로, 여기서는 지계염불持戒念佛을 대표한다.

「해탈보살解脫菩薩」「해解」 번뇌를 없앰이고, 「탈脫」은 육도·십법계를 벗어남이다. 이 경의 이론 방법을 따라 수행하면 정토에 왕생하여 망상·분별·집착을 영원히 여의고 대자재를 얻을 수 있음을 표시한다.

그 보살들께서는 모두 같이 보현대사의 덕을 좇아 수학하고, 무량한 행원을 구족하여 일체 공덕법 가운데 안온히 머문다. 또한 시방세계에 두루 다니면서 선교방편을 실행하여 부처님의 법장에 들어가 구경열반의 피안에 도달하신다.

咸共遵修普賢大士之德 具足無量行願 安住一切功德法中。遊步十方 行權方便 入佛法藏 究竟彼岸。

[解] 이 단락의 경문에서 대회에 함께 참석한 대중은 모두 보현보살을 본보기로 삼아 그가 수행하는 십대 강령(원왕願王)을 학습하면서, 극락세계에 왕생하기를 발원하였다고 말한다. 그들은 보현보살의 십대원행十大願行을 좇아 수행하여 자연히 보현보살과 마찬가지로 무량한 대원대행大行大願을 구족한다. 그래서 마음을 한마디 아미타불 명호 위에 안온히 머물게 하면 곧 여래의 과지果地에서 일체의 구경원만한

공덕법을 성취할 수 있다. 그들은 모두 우주와 인생의 사리事理와 진상眞相을 통달하여 명료하게 알아서 불과佛果를 성취할 수 있다.

「보현대사지덕普賢大士之德」 보현대사의 덕은 무량하여 설해도 다함이 없어 총괄하여 십대원왕十大願王으로 귀납하니, 그 명목은 1) 제불께 예배 공경하고(禮敬諸佛), 2) 여래를 우러러 찬탄하고(稱讚如來), 3) 광대히 닦아 공양하고(廣修供養), 4) 업장을 참회하고(懺悔業障), 5) 공덕을 따라 기뻐하고(隨喜功德), 6) 전법륜을 청하고(請轉法輪), 7) 부처님께서 세상에 머무시길 청하고(請佛住世), 8) 항상 부처님을 따라 배우고(常隨佛學), 9) 항상 중생을 수순하고(恆順衆生), 10) 모두 널리 회향한다(普皆回向).

「안주安住」 안온히 머물러 움직이지 않는다. 「일체공덕법一切功德法」 보살이 수행하여 성불한 이후의 원만공덕이다. 여기에서는 우리에게 단지 마음을 한마디 부처님 명호에 안온히 머무는 것이 바로 일체 공덕법에 안온히 머무는 것임을 가르쳐주신다.

「행권방편行權方便」 교화와 인도에 뛰어나 정도가 다른 중생을 따르게 하고 다른 교육을 베푸시니, 이는 보살들의 신통 유희·자재 유행을 가리킨다. 시방세계 일체중생을 감화 구도하고, 중생의 수요에 수순하여 그들을 협조·교화시킨다.

「입불법장入佛法藏」 일체중생의 진심·자성의 이면에 함장된 일체 불법에 대하여 모두 통달하여 분명하게 아신다. 불佛은 깨달음·명료함이고, 법法은 세간과 출세간의 일체법, 장藏은 함장을 뜻한다.

무량한 세계에서 등정각을 이루어 보이길 서원하신다.

願於無量世界成等正覺。

[解] 그들은 위에서 말한 뛰어난 지혜와 능력을 구비하고 있어 모두 시방 무량무변 세계에 가서 성불을 보이시고, 일체중생을 두루 제도할 수 있길 발원한다.

아래는 보살들께서 중생을 제도하는 상황을 보여준다. 그들은 중생의 원망願望에 수순하여 행할 수 있어, 어떠한 신분으로든 감응하여 제도하시고, 어떠한 모습의 신분으로도 나타나서 중생을 위해 설법하신다. 여기서는 단지 한 종류의 가장 수승한 부처님의 몸을 보이시어 모범을 짓기 때문에 부처님의 몸으로 나타나시지만, 다른 신분으로도 나타나지 못함이 없다.

또한 도솔천을 버리고 왕궁으로 내려와, 왕위를 포기하고 출가하여 고행하며 성불의 도를 배우시니, 이와 같이 시현하심은 세간에 수순하고자 하는 까닭이다. 선정과 지혜의 힘으로 마구니와 원수를 항복시키고, 미묘한 법문을 얻어 최상의 정각을 성취하신다.

舍兜率 降王宮 棄位出家 苦行學道 作斯示現 順世間故。以定慧力 降伏魔怨 得微妙法 成最正覺。

[解] 이들 보살들이 성불을 보이시기 위해서는 먼저 도솔천 내원에서 인간 세상에 내려와서 태어나야 한다. 그들은 모두 왕궁에 강생하여 태자가 되는 길을 선택한다. 이렇게 세간의 일반인이 희구하는 일체 부귀를 모두 다 얻지만, 이러한 부귀로도 생사의 문제를 해결할 수 없어 또한 출가하는 모습을 보이고, 부지런히 고행을 닦으면서 생사를 해결할 수 있는 진리를 찾는다.

이런 모습을 보이는 것은 모두 우리들 이 세간의 중생을 구제하기 위해 표연表演하시는 것이다. 보살은 선정지혜의 힘으로 갖가지 마구니와 원수를 항복시키고, 최후에 철저히 명백함에 도달하며, 오직 일심으로 염불해 정토에 왕생하고 아미타부처님과 가까이 지내면서 일생에 위없이 원만한 불과를 성취할 수 있다. 이 말씀은 인간 세상의 부귀영화가 제일 좋은 것이 아니라, 성불이야말로 가장 좋은 것임을 우리에게 알려준다. 즉 내가 성불할 수 있고, 일체중생도 마찬가지로 성불할 수 있음을 드러내 보이신다.

「사도솔솚兜率」 도솔은 지족知足이란 뜻으로 사람 사이에 다툼이 없고 세상에 구함이 없음이니, 다툼이 없고 구함이 없어야 진정한 즐거움이다. 보살의 수행은 필수적으로 만족할 줄 알아야 원만하다. 도솔천은 욕계의 제4층 하늘로 내원과 외원으로 나뉜다. 내원은 미륵보살이 설법하는 타방세계이고, 외원은 천인이 머무는 곳으로 쾌락을 향수하는 환경이다. 보살이 몸을 나투어 성불하는 팔상성도八相成道의 첫번째 상인 「하생下生」상으로 보처보살이 도솔천에서 인간세상으로 하강하는 것이다. 이는 일체제불이 몸을 나투어 성불하는 일반적인 모습이다.

「강왕궁降王宮」 이 말은 두 번째 상인 「투태投胎」로 제왕의 집에 이르는 것과 세 번째 상인 「출생出生」으로 태자가 되는 것을 포괄한다. 일반 세간인이 추구하는 부귀를 모두 다 얻은 상태이다.

「기위출가棄位出家」 이 말은 네 번째 「출가出家」상으로, 이는 세간의 부귀가 도달하는 궁극의 상태를 설명하되 생사문제를 해결할 수 없기 때문에 왕자의 지위를 버리고 출가하여 고행하며 도를 배운다. 어렵고 고생하는 행을 수습하며 도를 배우고 명백한 우주와 인생의 참모습을 찾는다. 보살이 투태와 출생을 보이신 연후에 출가하여 고행을 닦고 세간중생의 근성根性에 수순하며 할 일을 실천해 보이는 것이다.

「정혜력定慧力」「선정의 힘定力」은 갖가지 마귀에 대대하여 능히 유혹을 받지 않을 수 있고, 「지혜의 힘慧力」은 일체 사리事理와 인과因果에 대하여 똑똑하게 본다.

「항복마원伏魔怨」 선정이 있고 지혜가 있어야 마왕을 항복시킬 수 있다. 「마魔」는 고통스럽게 하고 장애한다는 뜻이니, 마음속에는 탐진치 등의 번뇌가 있고 바깥에는 갖가지 악연과 유혹이 있어 무릇 우리가 부처를 배우는 것을 장애하는 것으로 곧 마장이라 하고, 「원怨」은 원수지간이다.

「미묘법微妙法」 일문에 깊이 들어가 오랜 시간 훈습해 수행하면 염불왕생하여 물러남이 없으니 일생에 성불하는 방법이다.

「최정각最正覺」 무상정등정각으로 우주와 인생의 사리진상을 철저히 알고 가장 원만한 불과를 성취함을 말한다.

이때 천인들이 귀의하고 우러러보며, 법륜을 굴려 주시길 청하자, 항상 법음으로 일체 세간(구법계 중생)을 깨우쳐주신다.

天人歸仰 請轉法輪 常以法音 覺諸世間。

[解] 천인들은 보살께서 성불을 보이심을 알고서 매우 우러러 사모하고 기뻐하며 부처님께 경건하게 정성을 다해 정법正法을 연설해 주시길 청하였다. 부처님께서는 천인들의 청을 받아들이시어, 석가모니 부처님께서 대중을 위해 49년 간 설법하신 것과 똑같이 설법하여 일체중생이 깨달을 수 있도록 도와주신다. 이 네 구절은 전법륜轉法輪의 총상總相이고, 아래의 경문은 전법륜의 상세한 설명이다.

「전법륜轉法輪」전륜왕의 무기로 이는 일체 외도를 항복시킬 수 있고 중생의 일체 번뇌를 부셔 제거할 수 있는 불법의 위덕을 비유하므로 불법을 연설함을 법륜을 굴린다고 한다.

「제세간諸世間」범부와 성인, 식물과 광물, 자연현상을 포괄하는 일체 중생을 말한다.

대보살들께서는 번뇌의 성을 쳐부수시고, 여러 탐욕의 구덩이를 허물어서 마음의 더러운 때를 씻어주시고, 청정·순백한 자성을 드러내 밝혀주신다.

破煩惱城 壞諸欲塹 洗濯垢汚 顯明淸白。

[解] 부처님께서 말씀하신 도리와 가르침은 중생이 탐진치 등 견고한 번뇌를 깨뜨려 없애도록 도와주고, 중생의 잘못된 갖가지 욕망을 모두 항복시키며, 심리·사상·견해의 더러운 때를 제거하여 본래 있는 자성의 청정함을 드러낸다. 이것이 부처님께서 경전을 강설하시고 법문을 설하시어 중생을 교화하시는 목적이다.

「성城」번뇌의 견고함이 성보城堡와 같음을 비유함

「참塹」성벽을 따라 판 하천, 애착·욕망·정념이 깊음을 비유

「현명顯明」파사현정破邪顯正, 「청백淸白」청정하고 물들지 않은 자성을 드러냄.

또한 중생을 훈육시키시나니, 미묘한 이치를 펼쳐 보이시고, 공덕을 쌓고 복전을 가리켜 보이시며, (여래의 미묘한) 일체 법약으로써 삼계 중생의 생사 고를 돌보고 치료하여 주신다.

調衆生 宣妙理 貯功德 示福田 以諸法藥救療三苦。

[解] 중생을 조화롭게 인도하시고, 대중을 위해 우주와 인생의 진상眞相을 선포하고 설명하신다. 부처님께서는 우리에게 탐진치 삼업을 끊고, 계정혜 삼학을 닦고, 일체의 망상·분별·집착을 멀리 여의며, 부지런히 노력하여 공덕을 쌓으라고 가르치시고, 중생에게 복을 닦는 이치와 방법을 가리키신다. 부처님께서 설하신 일체 법은 마치 양약과 같아서 일체 중생의 고난을 치료해 줄 수 있다.

「제법諸法」 부처님께서 설하신 일체법을 말함, 약藥은 비유임

「삼고三苦」 1) 고고苦苦: 괴로운 일로 말미암아 생기는 고뇌, 2) 괴고壞苦: 즐거운 일을 잃어 버려 생기는 고뇌, 3) 행고行苦: 변화하여 무상함으로 말미암아 생기는 고뇌.

또한 대보살들께서는 (무량한 보살을) 관정의 계위에 오르게 하여 보리수기를 받게 하시고, 다른 보살들을 가르치기 위해 아사려의 모습으로 나타나서 불법을 끊임없이 학습하여 가없는 제행에 상응하도록 하시며 보살로서 가없는 선근을 성숙시켜 주시니, 무량제불께서 다 함께 호념하신다.

升灌頂階 授菩提記。爲教菩薩 作阿闍黎 常習相應無邊諸行。成熟菩薩無邊善根 無量諸佛咸共護念。

[解] 본 경전에서 설하는 이치와 수학 방법은 우리 범부들이 이번 생에 성불의 계위에 오를 수 있도록 도와서 지금 고난을 겪고 있는

생활을 자재하고 원만한 불보살의 생활로 변화시켜 주고, 나아가 우리가 어느 때에 성불하게 될 것인지 미리 수기하여 알려 주신다.

보살들을 인도하기 위하여 선법善法을 짓는 사표인 아사려阿闍黎의 모습으로 나타나서 깨달아 미혹되지 않고, 올곧아 삿되지 않으며, 청정해 물들지 않는 부처님의 법을 언제나 끊임없이 학습하여 일상생활에서 모든 행동거지에 이를 운용할 수 있도록 인도하신다. 이는 이들 대보살들이 다른 초학 보살들의 가없는 선근을 성취시킬 수 있음을 찬탄하므로 시방세계 일체 제불의 호념을 얻는다.

「승관정계昇灌頂階」 대자비심으로써 최고의 수학방법을 우리에게 전수해줌. 「관灌」은 대자비심의 호념, 「정계頂階」 최고의 수학방법을 가리킴.

「아사려阿闍黎」 인도말로 번역하면 궤범사軌範師임. 선법善法을 가르치고 인도하는 선생님을 가리킴.

또한 시방 제불찰토 어느 곳에서나 모습을 나타내실 수 있나니, 비유컨대 뛰어난 마술사가 온갖 다른 모습으로 변화하여 나타날 수 있지만, 그 나타난 모습 가운데 실로 얻을 것이 없는 것처럼 이 법회에 모인 여러 보살들도 또한 이와 같다.

諸佛刹中 皆能示現。譬善幻師 現衆異相。於彼相中 實無可得。此諸菩薩 亦複如是。

[解] 이 단락의 경문에서는 불보살의 능력이 크나큼을 설명한다. 그들은 시방세계 무량무변 제불세계에서 모두 부류에 따라 무량무변한 몸으로 화현할 수 있다. 마치 마술하는 사람이 변신을 잘 하는 듯이 다른 형상으로 수없이 변화하여 나타날 수 있다. 그러나 이러한 형상은 비록 정말 진짜 같을지라도 모두 실제로 얻을 수 없는 것들로 법회에 참가한 모든 보살들도 이러하다.

「불찰佛剎」 시방세계의 모든 부처님 국토. 「시현示現」 중생 부류에 따라 화현함.

「현중이상現眾異相」 갖가지 같지 않은 형상으로 변화할 수 있는 것.

「실무가득實無可得」 무릇 있는 바 상은 모두 허망하니, 꿈·환·포말·그림자와 같이 얻을 수 없으므로 집착할 수 없다.

대보살들께서는 일체 만법의 법성과 여러 중생의 근성을 통달하여 일체 제불께 공양을 올리고 모든 중생에게 설법하여 이끌어 주시며, 번갯불처럼 그 몸을 화현하시어 마견의 그물을 찢어버리고 여러 번뇌의 속박을 풀어주신다. 또한 성문·벽지불의 경지를 멀리 뛰어넘고, 공·무상·무원의 해탈법문을 증득해 들어가 선교방편을 세워서 삼승을 드러내 보여주신다.

通諸法性 達眾生相。供養諸佛 開導群生。化現其身 猶如電光。裂魔見網 解諸纏縛。遠超聲聞辟支佛地 入空無相無願法門。善立方便 顯示三乘。

[解] 법회에 모인 대보살들께서는 일체의 모든 일, 모든 사물의 본체와 현상작용에 대해 두루 다 통달하여 명료하게 아신다. 또 대자비심으로 중생을 위해 효도와 공경으로 부모님과 스승을 공양하는 모범을 보이시고, 중생이 지혜와 깨달음의 경계에 깨달아 들어갈 수 있도록 이끌어 주신다. 그들은 중생의 마음과 뜻에 수순하여 번갯불처럼 빠르게 온갖 다른 신분으로 변화하시고, 또한 집착이 없으므로 능히 마구니의 사악한 지견知見을 부수고, 일체 번뇌의 속박을 풀어주신다.

그들이 성취한 경지는 모든 아라한과 벽지불의 경지를 저 멀리 뛰어넘는다. 그들은 모두 「공空·무상無相·무원無願」의 세 가지 해탈법문에 이미 증득하여 들어가서, 교학 방법을 잘 건립하신다. 중생의 근성에 차별이 있기 때문에 사람에 맞게 가르침을 베풀어야 하므로 보살·성문·연각의 세 가지 교학 방법을 건립하신다.

「제법성諸法性」일체법의 본체.「중생상衆生相」일체법의 현상.

「공양供養」1. 재공양財供養: 재물을 써서 도량을 장엄하고 불법을 유통하며 수도자의 생활에 필요한 바를 제공함. 2. 법공양法供養: 가르침에 의지해 봉행하고 중생의 본보기가 됨.

「유여전광猶如電光」보살이 몸을 화현하는 신속함, 외모의 아름다움, 체성의 공적함을 비유.

「화현기신化現其身」갖가지 모습으로 변화함. 한 개인이 사회에서 갖가지 다른 신분으로 나타나는 것으로, 유교적 덕목인 오륜십의五倫十義와 같다.

「마견魔見」삿된 지식, 삿된 견해로 부정확한 견해가 된다.「망網」많고 잡스러움을 비유.「전박纏縛」밧줄을 써서 묶어 세우려는 의도로 번뇌를 비유.

「성문聲聞」부처님의 음성 교화를 듣고 깨달은 한 부류의 사람.

「벽지불辟支佛」뜻은 연각緣覺으로 부처님께서 설한 십이인연법을 듣고 깨달음에 이른 한 부류의 사람.

「공空·무상無相·무원無願」삼해탈문이라 칭하는 것으로 수행시 어떤 한 가지 문을 따라도 모두 영원히 번뇌를 끊어 생사를 해탈하여 구경에 성불할 수 있다.

「공空」은 이체理體에 따라 설하면 일체 법은 모두 온갖 여러 조건이 화합하여 이루어지고, 또한 하나의 실재 자체가 없으므로 당체즉공當體即空하기에 체공을 설함(자성自性이 공空함).

「무상無相」일체 사상事相은 갖가지 조건이 화합함으로 말미암아 생겨나고 또한 중단되지 않고 변화하므로 허망하여 실체가 없기에 무상을 설함(일정불변의 현상은 있지 않음).

「무원無願」은「무작(無作)」으로 작용에 따라 설한 것으로 현상이 일어나 작용하는 때를 관찰하여 공성空性과 상응하여 추후의 분별·집착이 없음을 일컬음.

중하 근성의 중생에게는 멸도에 드시는 모습을 나타내 보여주신다.

於此中下 而現滅度。

[解] 이 두 구절에서는 보살들께서 성불의 여덟 번째 상인 「열반에 드는 상(入涅槃相)」을 보이신다. 이는 중하 근성根性의 중생을 이롭게 하기 위한 것이다. 그들에게 멸도하시는 모습을 보이시는데, 이렇게 함으로써 그들의 수행에 경각심을 높이려는 것이다.

「멸도滅度」 인도어로 「열반涅槃」을 번역하면 원적圓寂이다. 멸도는 번뇌를 멸하여 제거하고 생사를 해탈한다는 뜻이고, 원적圓寂은 공덕이 원만하고 청정·적멸하다는 뜻이다.

대보살들께서는 생함도 멸함도 없는 여러 삼마지를 얻으시고, 또 일체 다라니 문을 얻으시며, 수시로 화엄삼매에 깨달아 들어가 무량한 총지와 수백 수천 삼매를 구족하신다. 자성본연의 깊은 선정에 머물러서 무량 제불을 빠짐없이 다 친견하시고, 지극히 짧은 순간에 일체 불국토를 두루 다니신다.

得無生無滅諸三摩地 及得一切陀羅尼門。隨時悟入華嚴三昧 具足總持百千三昧。住深禪定 悉睹無量諸佛。於一念頃 遍遊一切佛土。

[解] 이들 대보살들은 비록 멸도하시는 모습을 보일지라도 실제로는 모두 이미 불생불멸의 경계를 증득하시고, 동시에 일체 사물의 이치의 총강령을 파악하신다. 수시로 자기의 본래 마음을 명료하게 통달하여 무량무변한 삼매를 구족하신다. 그들은 매우 깊은 선정에 안온히 머무시고, 염불삼매에 안온히 머무시는 가운데 무량무변한 제불을 친견하신다. 능히 매우 짧은 시간 내에 무량한 제불 국토를 두루 다니면서 일체제불께 예배 공양하신다.

「사마타三摩地」 삼매三昧라고도 함. 그 뜻은 바른 선정正定, 바른 감수작용(正受), 분별·집착·근심 등의 번뇌가 없음으로, 바르게 꾸준히 누리고 받는다.

「다라니陀羅尼」 총지總持. 「총總」은 일체 법을 총괄하여 거둠이고 「지持」는 능히 무량의

無量義를 수지함으로 일체법의 총강령에 대해 정통할 수 있음을 말한다.

「문門」 불법을 수학하는 반드시 경류해야 하는 문로門路를 비유한다.

「화엄삼매華嚴三昧」 「화華」는 보살의 일체 수승한 배움을 비유하고, 「엄嚴」은 장엄을 말한다. 수행의 성과와 공덕이 원만하고, 쓰임이 원만한 수행의 공덕이 생활환경을 아름답게 하고, 지극한 선의 불과佛果를 얻어 자기 본심의 체·상·용을 여실히 명백히 알 수 있다.

「백천삼매百千三昧」 「백천百千」은 구체적 숫자가 아니라 상징적인 뜻으로, 「백천삼매」 는 무량무변한 바른 선정과 생활·사업·환경 등에서 바르고 청정하며 평등하고 자재한 쾌락을 향수함을 말한다.

「선정禪定」 「선」은 바깥으로 상에 집착하지 않음, 「정」은 안으로 마음을 움직이지 않음.

또한 부처님의 변재를 얻어서 보현행에 머물러 계시고, 중생의 언어를 잘 분별할 수 있으며, 진실의 궁극을 열어 보이시고, 세간의 일체 제법을 뛰어넘으신다.

得佛辯才 住普賢行。善能分別衆生語言 開化顯示眞實之際。超過世間諸 所有法。

[解] 여러 대보살들은 부처님과 상응하는 위없는 지혜를 증득하여 부처님과 같은 걸림없는 변재를 얻고, 보현보살의 대행에 안온히 머무시며, 십대원왕으로 인도하여 극락으로 돌아가게 하신다. 모든 중생의 언어와 문자에 대해 모두 통달하여 중생의 근기에 따라 설법하 시므로 일체 법의 이理와 사事, 실상을 방편으로 열어 보이실 수 있고, 일체 중생을 교화하여 모두 명료하게 통달할 수 있도록 하신다. 이 때문에 그들이 세간의 일체제법을 뛰어넘는다 찬탄하신다.

「변재辯才」 융통성이 있고 재치가 있으며 듣는 사람의 이해와 능력에 맞추어 하는 설법을 말한다.

「진실지제眞實之際」 일체법의 이체와 현상 및 작용의 진실상을 말함.

대보살들께서는 그 마음이 늘 진실로 세간을 제도하는 도에 안온히 머물러 계시고, 일체 만물에 대하여 뜻하는 대로 자재하시다. 또한 일체 중생 부류를 위해 청하지 않아도 좋은 벗이 되어 주시고, 여래의 깊고 깊은 법장을 수지하게 하시며, 부처님의 종성을 보호하여 항상 끊어지지 않도록 하신다.

> 心常諦住度世之道。於一切萬物 隨意自在。爲諸庶類 作不請之友。受持
> 如來甚深法藏 護佛種性常使不絶。

[解] 이들 대보살의 마음은 일체중생을 도와 생사를 요달하고, 삼계三界를 벗어나 왕생하고 불퇴전지를 얻어 성불하여 항상 진실로 안온히 머물러 계신다. 그들은 일체 법에 대해 모두 집착하지 않고, 또한 걸림 없이 통달하여 인연에 따라 일체 유정중생을 제도하고 교화하신다. 또한 중생의 요청을 기다리지 않고, 주도적으로 중생이 보리심을 발하여 보현행을 닦고 아미타부처님 명호를 십시아노독 돕고 권유하신다. 단지 자신만 일향으로 전념하는 것이 아니고, 더불어 일체중생에게 이 경전의 수학 방법을 소개하여 주신다.

「제주諦住」 진실에 안온히 머묾.

「여래심심법장如來甚深法藏」 여래가 설한 일체 경전으로 정토종에서는 이들 경전과 나무아미타불 한마디를 가리킨다.

「불종성佛種性」 보리심과 아미타부처님 명호의 칭념을 말한다.

대보살들께서는 대비심을 일으켜서 유정을 불쌍히 여기시고, 중생에게 모범을 보이시고 자비한 변재로 경전을 강설하여 법안을 전수하여 주시며, 삼악도의 길을 막고 삼선도의 문을 열어주신다. 또한

모든 중생을 자신처럼 여겨서 제도하시고, 중생의 짊을 지고 모두 열반의 피안에 이르게 하신다.

> 興大悲 愍有情。演慈辯 授法眼。杜惡趣 開善門。於諸衆生 視若自己 拯濟負荷 皆度彼岸。

[解] 여러 보살들은 대자비심을 일으켜서 일체중생을 불쌍히 여기고 단지 경전을 강설하고 법문을 설할 뿐만이 아니라, 힘써 행하여 중생의 좋은 본보기가 되어주신다. 또한 스스로 모든 법을 명료하게 아는 능력과 지혜를 중생에게 전수하여 주고, 중생에게 염불하도록 권유하신다. 이 때문에 중생이 삼악도의 문로門路에 떨어지는 것을 막고, 대중이 서방극락세계의 대선문大善門에 왕생할 수 있도록 개방한다.

또 보살은 중생이 괴로움을 받는 것을 자신이 괴로움을 받는 것과 똑같이 대하여 동체대비同體大悲의 마음을 일으키신다. 그래서 대원을 발하여 일체 중생을 도와 미혹을 깨뜨리고 깨우침을 열며, 생사의 이 언덕에서 구경안락의 저 언덕에 이르게 하겠다는 중대한 사명을 맡아서 일체중생을 제도하신다. 본 경전의 말씀에 비추어 보면 일체중생에게 염불하여 극락세계에 왕생하길 구하라고 권유하신다.

「흥대비興大悲 민유정愍有情」이는 바로 보살이 중생을 동정하여 불쌍히 여기는 마음으로 중생에게 염불법문을 소개하여 이어받게 하고, 일체 중생이 생을 끝내고 죽음을 벗어나도록 돕는 것이 이 두 구절의 구체적인 표현이 된다.

「연자변演慈辯 수법안授法眼」.「연자변演慈辯」은 보살께서 대자비심을 발하여 설법할 뿐만 아니라 또한 몸소 힘써 행하여 중생들에게 학습하도록 좋은 모습을 행함을 말한다.「수법안授法眼」은 보살이 일체법의 진상을 보아서 그들이 이러한 능력과 지혜를 중생에게 전수하여 주심을 말한다.

「두악취杜惡趣」는 중생이 삼악도에 떨어지는 문로를 두절하고,「개선문開善門」은 일체 중생으로 하여금 지혜와 덕이 능히 모두 부처님과 동일한 극락세계의 문로에 왕생하게 함이야 말로 진정으로 선문을 여는 것임을 설명한다.

「증제부하拯濟負荷」 불보살들은 중생들이 미혹을 깨뜨리고 깨우침을 열어서 괴로움을 여의고 즐거움을 얻는 것을 돕는 힘들고도 중요한 위대한 임무를 맡아서 구제함을 설명한다.

제불의 무량공덕과 거룩하고 밝은 지혜를 전부 획득하시니, 불가사 의하도다. 이와 같은 등 무량무변한 대보살들께서 한때 모두 와서 법회에 모여 계셨다.

> 悉獲諸佛無量功德 智慧聖明 不可思議。如是等諸大菩薩 無量無邊 一時 來集。

[解] 그들은 무릇 서방극락세계의 아미타부처님을 향해 가고 있는 보살들로 모두 일체 제불의 불가사의한 무량 공덕과 거룩하고 밝은 지혜를 획득하셨다. 여기서는 보현보살·문수보살·미륵보살과 신 분·지위가 대등한 무량무변한 대보살들이 동시에 모두 와서 이번 내법회에 참가하었음을 알 수 있나.

「성명聖明」 사리에 정확하고 깊고 밝음.

「불가사의不可思議」 1. 범부 중생의 사유의식으로 상상하고 이해할 수 있는 바가 아니고 2. 세간의 언어문자로 설명하여 표현할 수 있는 바가 아니라는 두 가지 뜻이 있으니, 불보살의 지혜와 공덕이 무량무변함은 우리들 범부 중생이 추측 상상할 수 있는 바가 아니고, 세간의 언어문자로 형용하고 표현할 수 있는 것이 아님을 설명한다.

또한 비구니 5백 명과 청신사 7천 명·청신녀 5백 명, 그리고 욕계천·색계천·제천의 범중들도 다 같이 큰 법회에 모여 있었다.

又有比丘尼五百人 淸信士七千人 淸信女五百人。欲界天 色界天 諸天梵衆 悉共大會。

[解] 또 비구니 5백 명·남자 거사 7천 명·여자 거사 5백 명이 있었고, 나아가 욕계천·색계천·제천의 천인 대중이 모두 다 함께 와서 부처님께서 무량수경을 강설하시는 이번 대법회에 참가하였다.

[대교연기大敎緣起 제3]

제3품 큰 가르침 베푸신 인연

[解] 이 품의 경문에서는 우리들에게 무량수경의 희유함을 설명하고 있다. 세존께서 상스러운 빛을 놓으시자 아난은 환희하며 청문하였다. 이로 인해 일체 중생을 위해 이 경전을 선설宣說하신 인연을 발하였다.

「대교大敎」는 광대 · 원만 · 완전 · 방편 · 구경의 희유한 법보를 말하고, 「연기」는 발기한 인연을 말한다.

이때 세존께서 위신 광명을 혁혁하게 놓으시니, 마치 황금 덩어리가 녹아서 밝게 빛나는 듯이, 또 맑은 거울에 영상이 안팎으로 비치는 듯이 큰 광명이 수천수백 가지로 변화하며 나타났다.

爾時世尊 威光赫奕 如融金聚。又如明鏡 影暢表裏。現大光明 數千百變。

[解] 영취산(靈鷲山: 기사굴산)에 대중이 모였을 때 석가모니부처님께서는 표정에 활기가 돌고, 온몸에서 큰 광명을 놓으시니, 마치 황금이 녹아내리는 듯한 밝은 빛이었다. 또 마치 밝은 거울이 안팎을 비추는 듯하였다. 이는 환히 빛나는 거울로 부처님의 몸과 마음을 비유한 것이다. 큰 광명이 수천 수백 번 변화하여 나타냄에 그 색깔의 변화가 무궁하고 비할 데 없이 미묘하였다.

「위광威光」 위신 광명을 말함. 부처님의 지혜광명은 능히 일체 번뇌의 암흑을 제거할 수 있기 때문에 부처님의 광명을 위광이라 부른다.

「혁혁赫奕」 혁赫은 밝고 눈부심, 혁奕은 강대하고 번성함을 뜻함. 부처님의 광명은 밝고 눈부시며 강성하여 맹렬한 위신력을 갖추고 있다.

아난존자는 곧 스스로 생각하기를, '오늘 세존께서는 온몸에 기쁨이 넘쳐나고 육근이 청정하며, 얼굴에 위엄이 빛나서 그 가운데 보배 찰토의 장엄을 나타내시니, 과거 이래로 일찍이 본 적이 없도다.' 이에 기쁜 마음으로 세존을 우러러 보니, 희유한 마음이 일어나서 바로 자리에서 일어나 오른쪽 어깨를 드러내고 무릎 꿇고서 합장하며,

尊者阿難 即自思惟。今日世尊色身諸根 悅豫淸淨 光顔巍巍。寶刹莊嚴。從昔以來 所未曾見。喜得瞻仰 生希有心。即從座起 偏袒右肩 長跪合掌。

[解] 아난존자께서는 마음속으로 생각하셨다. '오늘 세존께서는 색신의 모든 감각이 특별히 환희 · 쾌락 · 청정 · 장엄을 드러내시고, 나아가 얼굴에서 웅대하고 존귀한 광명을 놓으시며, 그 광명 가운데 또 제불 보배 국토의 견줄 수 없는 장엄을 보여주신다.'

과거 이래로 한 번도 본 적이 없는 모습에 마음속으로 환희심이 가득 차 존경하는 마음으로 우러러 바라보니, 희유하여 만나기 어려운 생각이 일어났다.

아난존자가 부처님의 수승한 서상瑞相을 보고는 자리에서 일어나서 오른쪽 어깨를 걷어 드러내고, 무릎을 끊고 앉아서 합장을 하며 부처님을 향해 공경의 예를 갖추었다.

「열예청정悅豫淸淨」 기쁘고 유쾌하여 분별 집착이 없음을 뜻함.

「광안光顔」 안은 용안. 부처님의 용안은 광명이 있다.

「외외巍巍」 높고 위대하며 존귀하고 수승한 모습.

「보찰장엄寶刹莊嚴」 부처님의 광명에 제불의 국토가 출현하고 온갖 보배의 장엄을 구족함을 가리킴.

그리고 부처님께 아뢰기를, "세존이시여! 오늘 세존께서는 대적정에 드시어 기묘하고 특별한 법에 머물러 계시나니, 제불께서 머무시는 대도사의 행, 가장 수승한 도법에 머물러 계시옵니다. 과거·미래·현재의 부처님과 부처님께서 서로 억념한다고 하셨는데, 세존께서는 오늘 과거·미래의 제불을 억념하고 계시옵니까? 아니면 현재 타방에 계시는 제불을 억념하고 계시옵니까? 무슨 이유로 오늘 세존께서 위신력을 눈부시게 드러내시고, 광명과 상서의 수승하고 미묘함이 이와 같사옵니까? 원하옵건대, 저희들을 위하여 상세하게 말씀하여 주시옵소서."

> 而白佛言 世尊今日入大寂定 住奇特法 住諸佛所住導師之行 最勝之道。
> 去來現在佛佛相念 爲念過去未來諸佛耶。爲念現在他方諸佛耶。何故威
> 神顯耀 光瑞殊妙乃爾 願爲宣說。

[解] 아난이 부처님을 향해 말씀드렸다. "세존께서는 오늘 염불삼매의 대적정에 드시고, 염불하여 일생 중에 성불할 수 있는 기묘하고 특별한 법 가운데 머물러 계십니다. 이것은 여러 부처님께서 모두 함께 머무시는 염불삼매이고, 아미타부처님께서 중생이 평등하게 성불할 수 있도록 가르치신 가장 수승한 길입니다."

아난은 마음속으로 생각하였다. '과거·미래·현재의 부처님과 여러 부처님들께서 서로 억념한다 하셨는데, 오늘 세존께서 과거·미래의 제불을 억념하고 계신지? 뿐만 아니라 현재 타방세계에 계시는 제불을 억념하고 계신지? 왜 세존께서는 오늘 위신력을 눈부시게 드러내시고, 광명과 상서의 수승하고 미묘함이 상상 외로 이와 같이 아름다운지! 알지 못합니다. 원컨대 부처님께서 저와 대중을 위해 상세하게 말씀하여 주시길 바랍니다.'

「대적정大寂定」 부처님의 선정禪定으로 여기서는 염불삼매를 가리킴.

「기특법奇特法」 여기서는 염불법문으로, 기묘하고 특별함은 반드시 번뇌를 끊지 않고서 단지 번뇌를 복주伏住(항복)시켜 업을 지닌 채 왕생하기만 하면 곧 일생에 성불할 수 있음에 있다.

「제불소주諸佛所住」 염불삼매는 시방 제불이 공동으로 머무는 것임을 가리킨다.

「도사지행導師之行」 도사는 중생에게 생사를 마쳐 해탈하는 정로正路를 가리키고, 중생을 육도윤회에서 벗어나 불도에 들어가게 하는데, 아미타부처님께서는 대도사이시어 능히 중생을 인도하여 평등하게 성불케 하신다.

「최승지도最勝之道」 염불하여 왕생하고 물러섬 없이 성불하는 도.

「거래현재불불상념去來現在佛佛相念」.「거래현재去來現在」는 과거 미래 현재 삼세를 가리키고, 「불불상념佛佛相念」은 부처님과 제불이 서로 억념함을 가리킨다.

「광서수묘내이光瑞殊妙乃爾」.「광서光瑞」는 부처님께서 놓는 광명서상, 「수묘殊妙」는 수승미묘함을 가리킴. 「내이乃爾」는 상상 외로 이렇게 아름답고 미묘하다는 말.

이에 세존께서는 아난에게 말씀하시기를, **"훌륭하고 훌륭하다! 그대는 여러 중생을 불쌍히 여겨서 이롭게 하고 즐거움을 주도록 이와 같이 미묘한 뜻을 잘 물었도다. 그대가 지금 이와 같이 질문한 것은 일 천하의 아라한과 벽지불에게 공양하고, 누겁 동안 제천·세간 사람들과 기거나 날거나 꿈틀거리는 벌레의 부류들에게 보시하는 것보다 그 공덕이 백천만 배나 수승하나니라. 왜 그러한가? 오는 세상에 제천·사람들과 일체 함령들이 모두 그대의 질문으로 인해 해탈을 얻게 될 것이기 때문이니라.**

於是世尊 告阿難言 善哉善哉 汝爲哀愍利樂諸衆生故 能問如是微妙之義。汝今斯問 勝於供養一天下阿羅漢辟支佛。布施累劫 諸天人民, 蜎飛蠕動之類 功德百千萬倍。何以故 當來諸天人民 一切含靈。皆因汝問而得度脫故。

[解] 이에 세존께서 아난을 찬탄하시며 말씀하셨다. "그대는 질문을 매우 잘 하였다! 매우 잘 하였다! 그대는 자비심으로 일체중생을 불쌍하게 여겨 이롭게 하고 즐거움을 주도록 일생에 평등하게 성불하는 이러한 미묘법을 질문할 수 있었다. 그대가 오늘 질문한 공덕은 일천하의 아라한과 벽지불을 공양한 공덕보다 뛰어나고, 또 누겁에 걸쳐 육도 중생에게 보시한 것보다도 백천만 배나 공덕이 크도다. 왜 그러한가? 장래 시방세계 모든 중생이 모두 다 그대(아난)의 이 질문 하나로 인해 구경원만한 해탈을 얻게 될 것이기 때문이니라."

「미묘지의微妙之義」 염불왕생으로 물러남이 없이 평등하게 성불하는 법문으로 이 경을 가리킴.

「일천하一天下」 사천하 중의 하나를 가리키는 것으로 불경에서 수미산 주위에 사대주四大洲가 있는데, 하나의 해와 달이 함께 비추는 까닭에 사천하라 하고 일천하는 사대주 가운데 한 개 주이다.

「함령含靈」 영성이 들어있는 중생.

「도탈度脫」 구경원만한 해탈.

아난아, 여래께서는 그지없는 대비심으로 삼계 중생을 가엾이 여기시고 세상에 출현하시어 성도의 가르침(정토법문)을 크게 밝혀 널리 펴신 까닭은 중생에 맞게 구제하시고, 진실의 이익을 베풀어 주시고자 함이니라. 이 법을 만나기 어렵고 여래를 친견하기 어려운 것은 마치 우담바라꽃이 희유하게 출현하는 것과 같으니라. 지금 그대가 묻는 것은 중생을 크게 이롭게 하리라.

阿難 如來以無盡大悲 矜哀三界 所以出興於世. 光闡道敎 欲拯群萌. 惠以眞實之利. 難値難見. 如優曇花 希有出現. 汝今所問 多所饒益.

[解] 부처님께서 아난에게 일러 말씀하셨다. "여래께서는 다함이

없는 대비심으로 삼계의 일체 중생을 불쌍히 여기시므로 지극히
선하고 원만한 부처님의 가르침을 광대히 펼치기 위해 이 세간에
출현하셨다. 그 목적은 육도의 중생을 건져 구제하고, 중생을 행복하
게 원만하게, 건강하게 장수하게, 자유롭게 즐겁게 하는 진실한
이익을 주시기 위함이니라. 부처님께서는 마치 우담발화가 희유하게
출현하는 것처럼 실로 만나기도 어렵고 보기도 어려운, 일생성불一生
成佛의 대사인연大事因緣인 한마디 부처님 명호, 「나무아미타불」을
받아 지니도록 가르쳐 주시니라. 그대가 오늘 한 이 질문은 중생에게
가장 풍성한 이익을 가져다 주리라.”

「진실지리眞實之利」 진실의 이익은 바로 염불왕생하여 물러남 없이 성불함이다.

**아난아, 여래의 정각은 그 지혜가 헤아리기 어렵고 걸림이 없어서
일념의 짧은 순간에 무량억겁에 머물 수 있고, 몸과 육근은 늘어나지
도 줄어들지도 않음을 알아야 하느니라. 왜 그러한가? 여래는 선정과
지혜가 구경까지 펼쳐져 끝이 없으며, 일체 제법에 가장 수승한
자재를 얻을 수 있기 때문이니라.**

阿難當知如來正覺 其智難量 無有障礙. 能於念頃 住無量億劫. 身及諸根
無有增減. 所以者何 如來定慧 究暢無極. 於一切法 而得最勝自在故.

[解] 부처님께서는 아난에게 말씀하셨다. “여래께서는 우주와 인생의
진상을 철저하게 깨달으셔서, 그분의 지혜는 일체 대보살조차도
추측하거나 헤아리기 어렵고, 구경원만하여 걸림이 없음을 알아야
한다. 그는 매우 짧은 시간을 무량한 억겁의 시간으로 연장할 수
있고, 또 능히 아주 긴 시간을 일념에 단축할 수 있느니라. 색신과
모든 감각이 더하거나 줄어드는 일이 없고, 생하지도 멸하지도 않느
니라.

부처님께서는 왜 이렇게 큰 지혜와 도덕과 능력을 지니고 계신 것인가? 부처님의 지혜는 구경에 막힘이 없어 국한됨이 없으므로 일체 법 가운데 계시면서 가장 수승한 대자재大自在를 얻으셨느니라."

「구창무극究暢無極」 필경 잘 통해 장애가 없음을 뜻함.

"아난아, 자세히 듣고서 잘 사유하고 억념하라! 내 마땅히 그대를 위하여 분별하여 해설하리라.

阿難諦聽. 善思念之. 吾當爲汝. 分別解說.

[解] "아난아, 너는 진실하고 성실한 마음으로 자세히 새겨듣고 세심하게 체득하여야 하나니, 부처님께서 강설하신 이치와 방법은 그대라야만 진정으로 수용할 수 있느니라. 나는 꼭 너희들 대중을 위하여 상세하게 설명해 주겠노라."

부처님께서 여기서 설명하겠다고 하신 것은 바로 이 경전의 희유한 방편이자 가장 수승하여 견줄 수 없는 염불법문으로 일체 중생으로 하여금 일생에 왕생하여 물러남 없이 평등하게 성불할 수 있도록 하시겠다는 말씀이다.

「체청諦聽」 진성심眞誠心으로 자세히 들음을 뜻한다.

[법장인지法藏因地 제4]

제4품 법장 비구의 발원과 수행

[解] 이 품의 경문에서는 법장 비구가 인지因地에 있을 때 발심 수학하던 상황을 설명하고 있다.

「법장法藏」「법法」은 세간과 출세간의 일체 만법이고, 「장藏」은 함장함이다. 자성自性 중에 일체 만법을 함장含藏하고 있으므로 법장이라 칭하나니, 이는 아미타부처님께서 성불하시기 이전의 법명이다.

「인지因地」 범부지凡夫地에서 처음 발심하여 수학하는 것에서부터 원만히 성불하는 이전에 이르기까지 일단의 수학기간을 모두 인지因地라 부른다.

부처님께서 아난에게 말씀하시기를, "과거 무량 불가사의 무앙수 겁 이전에 부처님께서 세상에 출현하셨나니, 이름이 세간자재왕여래 · 응공 · 등정각 · 명행족 · 선서 · 세간해 · 무상사 · 조어장부 · 천인사 · 불세존으로 42겁 동안 세상에 머물러 계시면서 가르침을 펼치셨느니라. 이때 제천과 세간 사람들을 위하여 경전을 강설하시고 불도를 말씀하셨느니라.

佛告阿難. 過去無量不可思議, 無央數劫. 有佛出世. 名世間自在王如來 · 應供 · 等正覺 · 明行足 · 善逝 · 世間解 · 無上士 · 調禦丈夫 · 天人師 · 佛 · 世尊. 在世教授四十二劫. 時爲諸天及世人民說經講道.

[解] 부처님께서 아난에게 말씀하셨다. "과거 무량하고 불가사의한 무수 겁 이전에 한 분 부처님께서 세간에 출현하였으니, 세간자재왕여래 · 응공 · 등정각 · 명행족 · 선서 · 세간해 · 무상사 · 조어장부 · 천인사 · 불 · 세존이라 하였다. 세존께서는 42겁 동안 세간에 계

시며 중생을 교화하셨나니, 언제나 중단 없이 천인들과 세간의 사람들을 위해 경전을 강론하시고 설법하셨다."

「무앙수無央數」 무량무진의 수량으로 매우 오랜 시간을 형용한다.

「세간자재왕世間自在王」 「세간世間」은 인사人事환경과 물질환경으로, 이 두 가지 환경에서 모두 원만 자재한 까닭에 세간자재왕이라 칭한다.

「여래如來」 지금의 부처는 마치 과거의 부처가 다시 온 것과 같으므로 여래라 칭한다. 아래는 부처의 열 가지 보통 명호로 일체 제불은 모두 이 열 가지 다함이 없는 덕능德能을 구족하고 있음을 표시한다.

「응공應供」 응應은 응당, 공供은 공양. 부처님은 세간의 덕행과 학문이 가장 원만한 사람으로 일체 중생의 공양을 받아야 한다.

「명행족明行足」 부처님의 지혜와 덕행을 모두 원만구족한 까닭에 명행족이라 칭한다. 「선서善逝」 선善은 선교善巧, 서逝는 망상을 멀리 여읨. 부처님은 중생을 선교방편으로 교화하시고 또한 망상·번뇌, 분별·집착을 멀리 여의신 까닭에 선서라 칭한다.

「세간해世間解」 부처님은 세간 일체법의 사리事理를 다 능히 통달하고 요해하신 까닭에 세간해라 칭한다.

「무상사無上士」 부처님은 최상의 원만한 덕행을 구족하신 지식인이시다.

「조어장부調御丈夫」 부처님은 대장부의 힘으로 각종 법문을 설하시고 능히 일체 중생의 번뇌를 조복 제어하시어 대열반을 얻게 하신다.

「천인사天人師」 천은 천계, 인은 인간. 부처님은 천계와 인간의 모범이신 스승님으로 천인사라 칭한다.

「불佛」 부처님은 자기 자신과 자기 생활환경에 대해 진정으로 잘 아는 사람이다.

「세존世尊」 위에서 말한 열 가지 지덕을 구족하여 세상 사람의 존경을 받으므로 세존이라 칭한다.

그때 큰 나라의 왕이 있었으니, 이름이 세요왕으로 부처님의 설법을 듣고 법안이 열려서 환희심에 위없는 대보리심을 일으켰느니라.

그리하여 국왕의 자리를 포기하고 출가하여 사문이 되었으니, 명호가 법장이었고 보살도를 닦았느니라.

有大國主名世饒王. 聞佛說法 歡喜開解. 尋發無上眞正道意. 棄國捐王 行作沙門. 號曰法藏. 修菩薩道.

[解] 당시에 국왕이 한 분 계셨으니, 세요왕世饒王이라 이름하였다. 항상 부처님께 가서 경법을 강설하시는 말씀을 들었고, 듣고 난 이후에 크게 환희심을 내었으며, 게다가 부처님께서 말씀하신 이치에 대하여 다 명백하게 이해할 수 있었다. 이에 위없는 보리심을 발하여, 왕위를 포기하고 세간자재왕부처님을 따라서 출가하여 수행하니, 법명을 법장이라 하였다. 언제나 보살이 깨달아 성불하는 방법을 수학하였다.

「세요왕世饒王」 世세는 세간, 饒요는 풍요. 이 국왕이 통치하여 업적을 쌓아 나라가 부강하게 된 모습을 형용함. 그래서 세간을 풍요하게 한 왕이란 좋은 평판을 얻었다.

「기국연왕棄國捐王」 국가와 왕위를 포기함을 뜻함.

「행작사문行作沙門」 사문沙門은 옛날 인도 수행인의 통칭이다. 계정혜를 부지런히 닦아 탐·진·치의 뜻을 그친다는 뜻이 있으나, 여기서는 출가하여 수행하는 사람을 가리킨다.

「수보살도修菩薩道」 보살이 수학하는 일체 법문으로, 능히 중생으로 하여금 깨달아 성불하는 방법.

법장 비구는 뛰어난 재주와 용맹 명석함이 세간 사람을 뛰어넘었고, 믿음·이해·명확한 기억력이 모두 다 제일이었느니라. 또한 수승한 행원 및 염력·혜력을 지니고 있어 그 마음이 날로 증진하여 견고하고 여여부동하였나니, 수행정진이 그를 앞지르는 자가 없었느니라.

高才勇哲, 與世超異. 信解明記, 悉皆第一. 又有殊勝行願. 及念慧力. 增上
其心, 堅固不動. 修行精進, 無能逾者.

[解] 법장 비구의 지혜와 재능은 세간의 모든 사람을 뛰어넘었다.
믿음·이해능력·기억력(信解明記)이 동학同學 중에서 모두 제일이었
다. 게다가 그는 수승한 행원이 있고, 염혜念慧의 힘을 구족하여
능히 자신의 신심·원심·행심을 증장하게 할 수 있었고 견고하여
물러남이 없었다. 이와 같은 정진수행으로 그를 앞지르는 사람이
없었다.

「고재용철高才勇哲」 고재高才는 재덕이 남보다 뛰어남. 용勇은 큰 뜻 큰 원으로 일체
중생을 돕고자 하는 강렬한 원망이 있음을 뜻한다. 철哲은 일체 깊고 광대하며 끝이
없는 도리를 모두 명백히 앎을 뜻한다. 여기서는 법장 비구가 재주가 뛰어나고,
일체 중생을 돕고자 하는 굳고 강렬한 큰 뜻과 큰 원을 갖추었고, 또한 일체의 사리에
대하여 모두 능히 명료하게 통달하였음을 찬탄한다.

「신해명기信解明記」 「신信」은 부처님께서 설한 법을 믿고(信他), 자신이 스승님의 가르
침과 인도를 받을 능력이 있음을 믿는 것(信自)이고, 「해解」는 자기가 믿는 불법에
대해 모두 이해하는 것이며, 「명明」은 명료함이고, 「기억記」은 잊지 않고 기억하는
것이다. 이는 법장 비구의 신심, 이해능력과 기억력을 말한다.

「수승행원殊勝行願」 이는 법장 비구가 발한 일체 여러 보살들을 뛰어넘는, 인지에
계실 때 발한 대행大行과 대원大願을 가리킨다. (이후의 사십팔원을 가리킴)

「염혜력念慧力」 오근五根·오력五力 가운데 염력과 혜력을 말한다. 「근根」은 능생能生의
뜻으로 일체 불법을 능히 생하므로 근이라 한다. 「오근五根」에는 1) 믿음信: 깊이
믿어 의심치 않음, 2) 정진進: 정진하여 물러나지 않음 3) 념念: 억념하여 잊지 않음,
4) 정定: 일심으로 전념함, 5) 혜慧: 지혜이다. 「역力」은 선법이 생하면 강함을
낳아 힘의 작용이 있어 번뇌를 끊으므로 역이라 한다. 이 다섯 가지는 번뇌를 끊고
지혜를 여는 기본 조건이다.

그는 부처님의 처소로 가서 정례하고, 무릎 꿇고 부처님을 향하여

합장하면서 가타로써 부처님을 찬양하고 광대한 원을 발하였느니라. 게송으로 말하기를,

往詣佛所 頂禮長跪 向佛合掌 卽以伽他贊佛. 發廣大願. 頌曰.

[解] 법장 비구가 스승이신 세간자재왕부처님께서 머무시는 곳으로 돌아갔다. 스승님을 뵙고는 공경하는 마음으로 머리 조아려 예를 올리고 무릎 꿇고 앉아 부처님을 향해 합장한 채로 게송으로 부처님을 찬탄하면서, 부처님 앞에서 광대한 심원을 발하였다. 그 게송의 내용은 다음과 같다.

「가타伽他」 한자 말로 고기송孤起頌이라 하는데, 「고기孤起」는 경문의 전후에 중복되지 않고 독립적으로 나타나고, 「송頌」은 찬송으로서 중국의 시가詩歌와 유사하다.

여래의 미묘한 상호, 단정 장엄하여
일체 세간에 견줄 사람이 없사옵니다.
여래의 무량한 광명, 시방세계 비추니
해와 달, 불꽃과 보석 모두 빛을 감추고 맙니다.

如來微妙色端嚴 一切世間無有等
光明無量照十方 日月火珠皆匿曜

[釋] 여래의 신상身相은 단정하고 장엄하여, 일체 세간에 그 누구라도 부처님과 필적할 수가 없다. 여래의 지혜광명이 무량하여 두루 시방 세계에 비추니, 해와 달과 불꽃과 구슬의 광명이 부처님의 광명 가운데 모두 먹통이 되고 마니, 마치 등불 빛이 햇볕 아래 있으면 보이지 않는 것과 같다.

「익요匿曜」 광명(曜)이 은장隱藏되어 드러나지 않음.

세존께서는 능히 한 언어로 연설하시어
유정들 각각 부류 따라 이해하게 하고,
또한 능히 한 미묘 색신으로 나타내시어
두루 중생들 부류 따라 보게 합니다.

世尊能演一音聲　有情各各隨類解
又能現一妙色身　普使衆生隨類見

[解] 세존께서는 하나의 음성으로 미묘한 법문을 연설하시나, 중생은 각각 부류에 따라 모두 다 부처님께서 자기 언어로 말씀하시는 것처럼 들려서 모두 다 부처님께서 말씀하시는 이치를 명백하게 이해할 수 있다. 동시에 부처님께서 미묘한 모습을 보여주셔서 일체 중생이 부처님께서 자신과 같은 부류의 모습을 하고 계시고, 또한 자신이 가장 환희하는 모습을 하고 계시다고 생각하며 볼 것이다. 위의 두 수는 부처님께서 놓은 광명의 여러 모습을 찬탄한 것이다. 아래 일곱 수는 법장 비구가 발한 대원에 관한 것이다.

「수류隨類」 각각 다른 종류 중생의 언어에 따름.

원하옵건대, 제가 부처님 청정한 음성 얻고
법음이 가없는 세계에 두루 미쳐서
계율·선정·정진의 법문을 선양하여
깊고 깊은 미묘한 법문 통달케 하옵소서.

願我得佛淸淨聲　法音普及無邊界
宣揚戒定精進門　通達甚深微妙法

[解] 법장 비구는 자신이 부처님과 같은 청정한 음성을 얻어서, 설법하는 음성이 가없는 법계에 두루 전해지길 발원하고 희망하였다. 삼학三學(계·정·혜)과 육도六度(육바라밀)의 대승법문을 선양하려는 목적은 일체 중생이 모두 깊고 광대하며 다함이 없는 우주와 인생의 진상을 명료하게 통달할 수 있도록 하기 위함이다.

「청량성淸淨聲」 과실이 없고 번뇌가 없는 음성.

「계정정진문戒定精進門」.「계정」은 계정혜 삼학을 가리킴. 정진은 보시 지계 인욕 정진 선정 지혜 육바라밀을 포괄하는 보살수학의 6대 강령.

　저의 지혜, 바다처럼 광대하고 깊어지며
　저의 마음, 오염 여의고 번뇌 끊고 청정하여,
　무량무변 악취문 뛰어넘고
　보리의 구경언덕에 속히 이르며,
　무명·탐욕·성냄, 영원히 없게 하고
　염불삼매의 힘으로 미혹이 다하고 과실이 없게 하옵소서.
　　智慧廣大深如海　內心淸淨絶塵勞
　　超過無邊惡趣門　速到菩提究竟岸
　　無明貪瞋皆永無　惑盡過亡三昧力

[解] 법장 비구는 부처님과 같이 광대무변한 지혜를 구족해 마음속이 청정하고 일체 번뇌를 끊고 구법계九法界를 초월하여 신속히 원만구경의 위없는 불과를 성취하길 발원하였다. 무명과 탐욕·성냄을 영원히 끊어서 이제부터 더이상 미혹迷惑하지 않고, 일체 잘못된 행위를 짓지 않게 되니, 이것이 모두 염불삼매를 수학한 효과이다.

[무변악취문無邊惡趣門]「무변無邊」은 단지 삼악도만 가리키는 것이 아니라 무릇 번뇌가

다함이 없음도 악취임을 설명한다. 그래서 구법계(보살 · 연각 · 성문 · 천 · 인 · 아수라 · 축생 · 아귀 · 지옥)이 모두 악취이다. 단지 불법계만 가장 선하고 원만한 과보이다.

[무명탐진개영무無明貪瞋皆永無] 일체 번뇌가 영원히 모두 끊어짐을 뜻함. 「무명」은 사실의 진상을 잘 알지 못함으로 바로 치痴이다. 「무명번뇌」는 바로 탐진치 세 가지 근본번뇌를 말함.

[혹진과망惑盡過亡] 「혹惑」은 일체 무명번뇌, 「과過」는 과실 · 죄업을 가리킴. 이는 일체 무명번뇌와 몸과 말의 과실과 죄업을 모두 더 이상 짓지 않음을 말한다.

또한 과거 무량제불과 같이
구법계 일체 중생의 대도사가 되어
생로병사의 온갖 고뇌로부터
일체 세간중생을 구제하며
　亦如過去無量佛　爲彼群生大導師
　能救一切諸世間　生老病死衆苦惱

[解] 법장 비구는 과거 무량한 모든 부처와 같이 구법계 일체 중생의 대도사가 되기를 발원하였다. 수행하여 부처가 되어야 비로소 일체 중생의 생로병사 등 갖가지 고통과 번뇌를 구제할 수 있는 능력이 있게 된다.

「대도사大導師」는 일체중생을 인도하여 평등하게 성불시키는 사람을 말함. 법장 비구는 대서원을 발하여 수행하고 성불하여 일체 중생의 대도사가 되었다.

보시와 지계 · 인욕, 정진과 선정 · 지혜의
육바라밀 영원히 행하여
아직 제도 받지 못한 유정, 제도 받게 하옵고

이미 제도 받은 자, 성불하게 하옵소서.

常行布施及戒忍　精進定慧六波羅
未度有情令得度　已度之者使成佛

[解] 법장 비구는 언제나 중단 없이 보시·지계·인욕·정진·선정·지혜의 보살수행 6대 강령을 수학하기를 발원하였다. 육도 가운데서 생사를 윤회하는 중생을 도와, 그들이 생사를 벗어나 마칠 수 있도록 인도하였다. 이미 생사를 벗어나 윤회를 넘어서면 다시 그들을 도와 원만하게 불도를 성취할 수 있도록 하였다.

[보살수행의 6대강령]

「보시布施」 세 가지가 있다. 1) 재시財施: 재물로 일체 중생을 도우면 그 과보로 재물을 모자람 없이 사용한다. 2) 법시法施: 일체 중생을 위해 불법과 세간법을 전수하면 그 과보로 총명한 지혜를 얻는다. 3) 무외시無畏施: 중생의 근심 공포를 여의는 것을 도우면 그 과보로 건강장수를 누린다.

「지계持戒」 총 세 가지로 귀납된다. 1) 섭율의계攝律儀戒: 부처님께서는 '모든 악은 짓지 말라'와 같이 하지 말아야 할 일로 중생을 가르치고 인도하신다. 2) 섭선법계攝善法戒: 부처님께서는 '온갖 선을 봉행하라'와 같이 꼭 해야 할 일로 중생을 가르치고 인도하신다. 3) 요익유정계饒益有情戒: 부처님께서는 '두루 중생을 제도하라'와 같이 일체 중생을 이롭게 함으로써 계를 삼으신다. 「지계」는 법을 수호한다는 뜻도 있다. 국가의 법률·도덕관념·풍속습관 등은 반드시 존중하고 준수하여야 하는 것으로 모두 지계의 범위에 들어간다.

「인욕忍辱」 「인忍」은 참아야 하는 일이 매우 많은데, 대체로 세 가지로 분류된다. 1) 사람이 가한 해 2) 자연재해 3) 수행 중 갖가지 곤란 등은 모두 인내를 요한다. 「욕辱」: 유학자의 경우 "선비는 죽을지언정, 욕을 보여서는 안된다(士可殺 不可辱)"는 기개(氣節)가 있는데, 이 욕은 목을 베는 것과 비교되는 것으로 보아 매우 엄중을 요한다. 이런 까닭에 경전을 번역하는 법사는 특별히 '인'자 뒤에 '욕'자를 첨가하였는데, 이는 특별히 유학자에게 해당되는 설명이다.

「**정진精進**」「정精」은 순수하여 잡스럽지 않아서, 하나의 문으로 깊이 들어간다. 「진進」은 전진하여 물러나지 않고 용감히 곧바로 앞으로 나아간다. 이에는 세 가지가 있다. 1) 피갑정진披甲精進: 큰 의지와 발원이 있어 갖가지 행하기 어려운 일을 두려워하지 않는다. 2) 섭선정진攝善精進: 부지런히 선법을 닦아 싫증내지 않는다. 3) 이락정진利樂精進: 중생을 권유해 교화함에 피곤해 하지 않는다.

「**선정禪定**」 선禪은 인도어 「선나禪那」의 약칭이고, 정定은 인도어 「삼매三昧」의 한자어다. 바깥으로 상에 집착하지 않는 것이 선이고, 안으로 마음을 움직이지 않는 것이 정이다. 선정은 한마음으로 전념하여 산란하지 않아, 속마음이 청정하고, 외경에 대해 망상집착을 일으키지 않는 것이다.

「**지혜智慧**」 인도어 「반야般若」의 번역어이다. 반야에는 세 가지가 있다. 1) 문자반야文字般若: 부처님께서 설한 일체 경전과 조사 및 대덕의 저술로 능히 중생의 지혜를 계몽할 수 있다. 2) 관조반야觀照般若: 경전 중의 의리와 방법에 의지하여 자기 일상생활 중에 관조를 학습한다. 3) 실상반야實相般若: 우주와 만법의 본체를 설한 것으로, 일체 제불과 중생의 자성 가운데 갖추고 있는 지혜이다.

**설령 항하사 성인께 공양해도
굳건한 믿음 발원으로 용맹정진하여
정각(왕생성불) 구함만 못하옵니다.**
假令供養恒沙聖　不如堅勇求正覺

[解] 부처님께서는 설령 어떤 사람이 마치 항하의 모래알 숫자만큼 그토록 많은 부처·보살·나한들에게 공양을 올릴지라도, 여전히 자기 자신이 굳은 결의로 용맹스럽게 불도를 성취하길 구하는 것만 못하다고 말씀하신다. 이 말씀은 우리에게 꼭 염불하여 정토에 태어나길 구하여 물러남 없이 성불할 것을 권유하신다는 뜻이다.

원하옵건대, 삼마지에 안온히 머물러
늘 광명 놓아 일체 중생 비추게 하옵소서.
광대하고 청정한 국토를 감득하여 얻으니,
그 수승한 장엄함, 견줄 수 없사옵니다.

願當安住三摩地　恒放光明照一切
感得廣大淸淨居　殊勝莊嚴無等倫

[解] 법장 비구께서는 스스로 언제나 삼마지에 안온히 머물러서 늘 광명을 놓아 시방세계 일체 중생을 섭수하길 발원하였다. 자신이 수지하고 있는 대원으로 하나의 광대하고 청정한 불국토를 감응하여 얻으니, 이 불정토의 수승한 장엄함은 일체 제불정토의 그것과 견줄 수가 없다.

[감득광대청정거感得廣大淸淨居] 이치대로 여법한 수행으로 자성 가운데 감응함으로 말미암아 광대·청정한 불국토가 현현하여 성취할 수 있으니 현재의 극락세계이다.

[무등륜無等倫] 「륜倫」은 동류. 이는 동류 중에서 수승하여 견줄 수 없음을 말함

육도에 윤회하는 모든 갈래 중생부류,
저의 찰토에 빨리 태어나 안락케 하옵고,
늘 자비심으로 유정의 고통을 뽑아내어
가없는 고난 중생 다 제도하게 하옵소서.

輪回諸趣衆生類　速生我刹受安樂
常運慈心拔有情　度盡無邊苦衆生

[解] 법장 비구께서는 육도에서 윤회 중인 유정중생을 제도·해탈하게 하여 그들로 하여금 모두 신속히 그가 성취하는 광대하고도 청정한

극락세계에 왕생하여 구경의 안락을 누릴 수 있길 발원하셨다. 또한 항상 대자·대비·대원·대력으로 중생을 도와서 육도의 무량무변한 고난의 중생을 다 제도하겠다고 서원하였다.

저의 행으로 결정되고 견고한 힘,
부처님 거룩한 지혜라야
증명하고 이해할 뿐입니다.
설사 여러 괴로움(지옥)에 있다 해도
이러한 원심 영원히 물러나지 않겠나이다.
我行決定堅固力 唯佛聖智能證知
縱使身止諸苦中 如是願心永不退

[解] 법장 비구는 발원하여 말씀하셨다. "나의 발원과 수행은 영원히 굳건히 정해져 옮겨가지 않나니, 이 일은 오직 (세간자재왕) 부처님의 거룩한 지혜라야 나를 위해 증명할 수 있다. 설사 내 자신이 갖가지 극한 고통과 큰 재난에 처해 있을지라도 위에서 발원한 것과 같은 대원은 영원히 물러나지 않을 것이다."

이 품의 경문에서는 법장 비구의 출가와 아울러 대원을 발한 정황을 설명하고 있다. 아래 품의 경문에서는 그가 자신의 발원한 마음에 비추어 정진수행 노력하는 상황을 설명할 것이다.

[지심정신至心精進 제5]

제5품 지심至心으로 정진하다

[解] 법장 비구께서는 지극한 진성심眞誠心으로 정진하고 수행하셨다.
「지심至心」 진성심眞誠心이 최고조에 이름.

법장 비구가 이 게송을 읊고 나서 부처님께 아뢰기를, "제가 지금 보살도를 위해 이미 무상정각의 마음을 발하였사오니, 이 서원을 성취해 부처가 되고 일체 중생이 다 부처님과 같아지게 하옵소서.

　法藏比丘說此偈已, 而白佛言. 我今爲菩薩道, 已發無上正覺之心, 取願作佛, 悉令如佛.

[解] 법장 비구가 세간자재왕불 면전에서 이상의 게송을 말한 후 또 부처님께 아뢰었다. "저는 현재 보살들에게 모범적인 수행의 길을 가르치기 위해 이미 진실로 보리심을 내었사오니 성불하겠다고 발원하고, 일체의 심행이 모두 다 부처님과 같게 하소서."

부처님이시여, 원하옵건대 저를 위해 경법을 자세히 설해 주시옵소서. 저는 받들어 지녀서 여법하게 수행하여 수고로이 고통 받는 모든 생사윤회의 근본뿌리를 뽑아버리고, 속히 무상정등정각을 성취하도록 하겠나이다.

　願佛爲我廣宣經法. 我當奉持 如法修行. 拔諸勤苦生死根本 速成無上正等正覺.

[解] "세존께 희구하옵니다. 저를 위해서 경법을 상세하게 깊이 설하여 주시옵소서. 저는 꼭 여법하게 법에 의지하여 받들어 수행하겠습니다. 일체 수고로이 악업을 짓는 생사의 근본 뿌리를 뽑아 버리겠습니다. 탐진치 등 모든 번뇌를 끊어 버리겠습니다. 어서 빨리 성불하길 희망합니다."

「경법經法」 제불여래께서 일체 중생을 위해 우주와 인생의 진상을 강해한 언어와 문자를 가리킨다.

「여법수행如法修行」 부처님께서 설한 교법에 의지하여 자신의 잘못된 사상·견해·행위를 수정해 나가는 것이다.

원하옵건대, 제가 부처 될 적에 저의 지혜, 저의 광명, 제가 머무는 국토, 저의 명호가 시방세계에 들리도록 하고, 제천·사람들과 기어다니고 꿈틀거리는 벌레의 부류들까지도 저의 국토에 와서 태어나 모두 다 보살이 되게 하여 주시옵소서. 제가 세운 이 서원은 모두 무수한 제불국토보다 수승하나니, 어찌 이 서원을 이룰 수 있겠사옵니까?"

欲令我作佛時, 智慧光明, 所居國土, 教授名字, 皆聞十方. 諸天人民及蜎蠕類, 來生我國, 悉作菩薩. 我立是願, 都勝無數諸佛國者, 寧可得否.

[解] "제가 성불할 때에는 저의 지혜광명, 제가 거주하는 국토, 저의 명호 모두 다 시방제불의 국토에 두루 전해질 수 있기를 희망합니다. 시방세계 일체 육도 중생이 저의 국토에 와서 태어나기를 발원하여 한 명도 빠짐이 없이 모두 다 보살이 되게 하여 주십시오. 제가 세운 이 서원은 모두 일체 제불세계를 넘어서는 것이니, 발원대로 될 수 있을지 모르겠습니다."

「교수명자教授名字」 성불한 후의 명호 및 관음·대세지보살 등의 명호를 말한다.

세간자재왕부처님께서 곧 법장 비구를 위해 경을 설하시면서 말씀
하시기를, "비유컨대, 마치 한 사람이 큰 바닷물을 한 말씩 헤아려
몇 겁의 세월이 지나면 마침내 그 바닥이 다 드러날 수 있는 것처럼,
누구든지 지심至心으로 도를 구하여 정진해 그치지 않는다면 반드시
불과를 증득할 수 있나니, 어떤 원인들 이루지 못하겠는가!

世間自在王佛, 即爲法藏而說經言, 譬如大海一人斗量, 經歷劫數, 尚可
窮底. 人有至心求道, 精進不止, 會當剋果, 何願不得.

[解] 세간자재왕부처님께서 법장 비구에게 말씀하셨다. "비유컨대
너무나 깊고 넓은 큰 바다를, 한 사람이 말(계량그릇)을 사용해 그
바닷물의 분량을 헤아려서 여러 겁의 시간을 경과하여 바닷물의
양이 다하도록 헤아릴 수 있을 것이다. 만약 어떤 사람이 굳건한
뜻과 원을 세워 지심至心으로 구도에 용맹정진하여 영원히 중도에
그치지 않는다면, 반드시 불과佛果를 증득할 수 있을 것이다. 그리하면
무슨 서원인들 성취하지 못하겠는가!"

[회당극과會當剋果]「회會」는 필연,「극剋」은 득得,「과果」는 원망願望의 원만해짐을
뜻한다. 즉 반드시 불과를 증득한다는 뜻이다.

그대는 어떤 방편을 닦아야 불국토의 장엄을 이룰 수 있는지 스스로
사유해보고, 그대가 수행하고자 하는 방법을 스스로 알아야 하며,
청정한 불국토를 스스로 섭수해야 하느니라."

汝自思惟 修何方便 而能成就佛刹莊嚴. 如所修行 汝自當知. 淸淨佛國
汝應自攝.

[解] 부처님께서 말씀하셨다. "그대 스스로 세심히 깊이 들어가 생각해 보도록 하여라. 어떠한 방편의 법문으로 수행하여야 부처님 국토의 갖가지 장엄을 성취할 수 있는지? 어떠하여야 여법하게 수행하는 것인지, 그대 스스로 알고 있을 것이다. 어떠하여야 청정한 부처님의 국토를 건립할 수 있는지, 그것 또한 그대 스스로 결정코 선택해야만 하느니라."

법장 비구가 부처님께 아뢰기를, "그 뜻은 크고 깊어서 저의 경계가 아니옵니다. 오직 여래ㆍ응공ㆍ정변지께서 무량하고 미묘한 제불 찰토를 널리 연설하여 주시옵소서. 제가 만약 이와 같은 법을 듣게 된다면 사유하고 수습하여 맹세코 저의 서원을 이루겠나이다."

法藏白言 斯義宏深 非我境界. 惟願如來ㆍ應ㆍ正遍知, 廣演諸佛無量妙刹. 若我得聞 如是等法 思惟修習 誓滿所願.

[解] 법장 비구는 대답하여 말씀하셨다. "부처님께서 말씀하시는 경의 의리는 매우 깊고 광대하여서 저의 경계로는 이해할 수 있는 것이 아닙니다. 오직 원하옵건대 여래ㆍ응공ㆍ정변지께서는 저를 위하여 모든 부처님의 무량무변한 장엄찰토를 광범위하게 연설해 주십시오. 제가 만약 부처님께서 저를 위해 상세하게 말씀하신 묘법을 청문한다면 저는 꼭 진지하게 사유하고 학습하여서, 제가 발한 대원을 원만히 성취하겠습니다."

「사유학습思惟修習」 깊이 들어가 이해하고 잘못된 행위를 수정하여 일상생활 중에 실행에 옮긴다.

세간자재왕부처님께서는 그의 덕행이 높고 지혜가 밝으며, 뜻과

원이 깊고 넓음을 아시고, 그를 위해 210억 제불찰토의 공덕·장엄
과 청정·광대·원만한 모습을 상세하게 말씀하여 주셨고, 그 심원
에 응하기 위해 제불찰토를 빠짐없이 다 보여 주시니, 부처님께서
이 법을 설하실 때 천억 년의 세월이 흘렀느니라.

世間自在王佛知其高明, 志願深廣. 即爲宣說二百一十億諸佛刹土功德
嚴淨廣大圓滿之相. 應其心願, 悉現與之. 說是法時, 經千億歲.

[解] 세간자재왕부처님께서는 법장 비구의 덕행이 고상하고 지혜가
총명하며, 그가 발한 대원은 깊고도 넓어 비할 데가 없음을 아시고,
그를 위하여 시방세계 제불 찰토의 갖가지 공덕과 엄정·광대·원만
한 가없는 묘상妙相을 상세하게 말씀하여 주셨다. 부처님께서는 법장
비구의 심원을 만족시켜 주시기 위하여, 신통력으로 제불 세계를
가져다 그의 얼굴 앞에 펼쳐 보여 주시어 그로 하여금 직접 보고
듣게 하셨다. 또 다시 그를 위해 설법하시니, 시간이 천억 년이나
장구하였다(그 시대 사람들의 수명은 매우 길었다).

「공덕엄정광대원만지상功德嚴淨廣大圓滿之相」「공功」은 닦는 인因이고, 「덕德」은 얻
는 과果이다. 「공덕」은 제불국토의 사리와 인과事理因果를 가리킨다. 「엄정」은 제불
국토의 인사·물질 등 일체의 환경이 청정하고 아름다움을 가리킨다. 「광대」는
국토의 대소를 가리키고, 「원만」은 제불의 세계가 아름답고 흠결이 없음을 가리킨다.

그때 법장 비구는 부처님의 설법을 잘 듣고, 저 천인의 선악이나
국토의 거침과 미묘함에 대해 빠짐없이 다 보고서, 위없는 수승한
서원을 일으켰느니라. 깊이 사유하여 구경에 도달한 후 곧 일심으로
[중생이] 바라는 바를 선택하여 48대원을 형성하였느니라.

爾時法藏聞佛所說, 皆悉睹見, 起發無上殊勝之願. 於彼天人善惡, 國土
粗妙, 思惟究竟. 便一其心, 選擇所欲, 結得大願.

[解] 법장 비구는 배움을 구하는 시절에 부처님께서 소개해 주신 제불 세계의 갖가지 현상에 대하여 모두 또렷하게 분명하게 이해하고서 이로 인해 더없이 수승한 대원을 일으켰다. 또한 제불 세계에 사는 천인들의 선악과 국토의 굵고 현묘함 등에 대하여 그는 모두 다 충분히 이해하여 매우 철저함을 얻었다. 그래서 일심으로 자기 자신이 희망하는 청정하고 아름다운 세계를 선택하여, 비할 데 없이 위대한 「사십팔대원四十八大願」을 형성하였다.

정진하며 열심히 대원을 찾았고, 공경심으로 신중히 잘 보임하여 공덕을 수습하고 만족하게 하는데 5겁이 걸렸느니라. 저 21구지 불찰토의 공덕을 장엄하는 일에 대해 마치 하나의 불찰토인 양 또렷하게 통달하였고, (이렇게) 섭수한 불국토는 저 불찰토보다 뛰어났느니라.

精勤求索. 恭愼保持. 修習功德, 滿足五劫. 於彼二十一俱胝佛土, 功德莊嚴之事, 明了通達, 如一佛刹. 所攝佛國, 超過於彼.

[解] 법장 비구가 대원을 굳건히 세운 후에 정성을 다하여 부지런히 해태하지 않고 학습하며 탐구하여 찾아서, 마침내 일체 중생에게 수습할 수 있는 좋은 환경을 제공하여 줄 수 있게 되었다. 그래서 공경하고 신중하게 일심을 모아서 부처님의 가르침과 인도를 받들어 지녔다. 그리하여 5겁이란 장구한 시간이 경과하도록 공덕을 닦고 쌓았다. 210억 제불국토의 공덕·장엄·인연·과보에 대하여 모두 명료하게 통달하여, 마치 하나의 불국토를 마주 보는 것처럼 그렇게 또렷하게 분명히 이해하게 되었다. 그가 건립한 서방극락세계는 자연히 일체 제불국토를 뛰어넘는다.

[정근구색精勤求索] 「정精」은 선택이다. 조금도 소홀히 하지 않고 반드시 매우 잘

수승하게 선택해야 한다. 「근근勤」은 꾸준함이다. 진지하게 노력하여 게으르지 말아야한다. 여기서 탐구하여 찾는다.

[수습공덕修習功德 만족오겁滿足五劫] 「수修」는 수행함이고, 「습習」은 학습함이며, 「공덕」은 수습하여 성취한 48원을 가리킵니다. 이는 법장 비구가 오겁의 시간에 수행하고학습하여 48원을 성취함으로써 일체 세계의 중생을 도와 불과를 증득함을 말함.

[21구지二十一俱胝] 「21」은 원만을 나타내는 뜻이고, 「구지俱胝」는 인도 말로 「천만千萬」이란 문자이다. 「21구지」는 앞 경문에서 설한 210억이다.

모두 다 섭수하고서, 다시 세자재왕여래의 처소로 가서 머리를조아려 부처님의 발에 절하고, 부처님의 주위를 세 번 돌며, 합장하고멈추어 서서 말하기를, "부처님이시여, 저는 이미 불토장엄과 청정행을 성취하였나이다."

既攝受已, 複詣世自在王如來所. 稽首禮足, 繞佛三匝, 合掌而住. 白言世尊. 我已成就莊嚴佛土, 淸淨之行.

[解] 법장 비구가 불국토(극락세계)를 거두어 받아들이겠다는 구체적인대원을 완성한 후에 그는 또 다시 스승이신 세간자재왕불 앞으로가서, 머리를 조아리고 부처님 발에 예를 올린 연후에 다시 부처님주위를 세 번 돌며 최고 공경의 예를 올리고 똑바로 서서 합장하며말하였다. "저는 이미 장엄한 극락세계(의보장엄依報莊嚴)를 성취하였고, 동시에 저는 이미 가장 지극하고 청정한 수행(정보장엄正報莊嚴)을성취하였나이다."

[청정지행淸淨之行] 마음에 잡념을 여의어 신심과 경계가 모두 청정한 행지行持를 말함.

부처님께서 말씀하시기를, "참으로 훌륭하도다! 지금이 바로 좋은

때이다. 그대는 자세히 설명하여 대중이 기뻐하도록 할지니라. 또한 대중이 이 법문을 듣고서 (왕생불퇴 성불의) 크고 좋은 이익을 얻도록 하고, 극락정토에 태어나 수습하도록 하며, 대중을 모두 섭수하여 무량한 대원을 만족하게 할 수 있도록 할지니라."

佛言善哉. 今正是時. 汝應具說, 令衆歡喜. 亦令大衆, 聞是法已, 得大善利. 能於佛刹, 修習攝受, 滿足無量大願.

[解] 부처님께서 법장 비구를 찬탄하시며 말씀하셨다. "지금은 그야말로 좋은 때이니, 그대는 마땅히 그대의 서원과 수행의 결과를 구체적으로 설명하여, 그대의 동학 대중에게 환희심이 들게 하고, 지금 이 법회에 참석한 대중과 장래에 인연이 있어 이 경전의 경법을 듣게 될 대중으로 하여금 일생에 평등하게 성불하는 큰 이익(大善利)을 얻게 해야 할 것이다. 시방세계 중생이 극락세계(佛刹)에 왕생하여 수습하고 섭수하여 자기 성불의 대원도 만족시키고, 또한 널리 중생을 구제하겠다는 그대의 대원도 만족시킬 것이다."

[대중大衆] 여기서 대중은 법회에 모인 보살, 성문 및 장래 일체 인연이 있어 이 경을 보고 듣는 중생을 가리킨다.

[대선리大善利] 「십념필생十念必生 불퇴성불不退成佛」의 아미타부처님 본원으로 시방의 중생으로 하여금 이번 생에 모두 평등하고 구경원만한 해탈을 얻을 수 있음을 가리킨다.

[섭수攝受] 「섭攝」은 섭취, 「수受」는 수지受持로 아미타부처님의 본원을 섭취하고, 나아가 수지하여 자신의 공덕이 됨을 말한다.

[만족무량대원滿足無量大願] 중생이 정토에 왕생하는 원 하나를 만족시키면 일체 대원을 모두 다 만족시킨다.

[발대서원發大誓願 제6]

제6품 48대원을 발하다

[解] 이 품이 바로 유명한 48대원이다. 발원문의 항목이 많고 적음에 있어 다섯 종 원역본은 각각 다르다. 한 역본은 24원이고, 두 역본은 24원이며, 두 역본은 48원이고 한 역본은 36원이다. 항목의 많고 적음은 다르지만, 그 내용은 대체로 차이가 많지 않고 같다. 말하자면 어떤 것은 두 개, 세 개 원이 합쳐서 하나의 원이 되고, 어떤 것은 하나의 원이 나뉘어 두 개, 세 개 원이 되어서 그 항목이 달라졌다. 하련거夏蓮居 거사께서 이 품의 경문을 회집하면서 고심하셨다고 한다. 매광희梅光羲 거사의 서문에서 보면 이 단락의 경문은 하 거사와 매 거사님, 그들의 스승(혜명慧明 법사), 이 세 사람이 3개월에 걸쳐 이 단락을 회집하셨다고 한다. 이로부터 그들이 이 단락의 경문을 특별히 중시하셨음을 짐작할 수 있다. 왜냐하면 이것은 정종의 가장 근본적인 토대라고 말할 수 있으므로 결코 소홀히 할 수 없다. 이 단락의 회집은 크게 24원으로 구분하였는데, 24원을 강綱으로 삼고 48원을 목目으로 삼았다. 하나의 원 뒤에 주를 단 것이 48원으로, 이로써 24원과 48원을 모두 유지하여, 다섯 종 역본의 본래면목을 여기서 모두 드러내 보이도록 하였다. 이 회집은 대단히 훌륭하다. 확실히 심혈을 기울여서 회집하였다.

법장 비구가 부처님께 아뢰기를, "세존이시여, 오직 원하옵건대, 대자비로 저의 서원을 듣고 자세히 살펴 주시옵소서."

法藏白言. 唯願世尊. 大慈聽察.

[解] 법장 비구께서 부처님을 향하여 아뢰었다. "존경하는 스승님, 오직 원하옵건대 대자대비로 저를 위하여 평가(鑑定)하여 주십시오. (제가 말한 바를 들으시고 저의 성심을 살펴 주십시오)"

제1 국무악도원國無惡道願 · 제2 불타악취원不墮惡趣願

제가 만약 무상보리를 증득하고 정각을 이룬다면 제가 머무는 불국토에 무량 불가사의 공덕장엄을 구족하겠나이다.

我若證得無上菩提 成正覺已. 所居佛刹 具足無量不可思議 功德莊嚴.

[解] 법장 비구께서는 말씀하셨다. "제가 만약 무상정등정각을 증득하여 성불할 때 거주하는 국토(극락세계)가 무량무변하고 불가사의한 갖가지 공덕장엄을 구족하여 인사人事와 사물을 수학修學하고 생활하는 환경이 모두 다 일체 제불국토를 뛰어넘어야 합니다."

「공덕장엄功德莊嚴」 「공덕」이란 십념이면 반드시 왕생하고 서방극락세계에 태어나 반드시 성불함을 가리킨다. 「장엄」은 극락세계의 수도 환경이 인사이든 사물이든 상관없이 모두 다 제불찰토보다 뛰어나야 함을 말한다.

지옥 · 아귀 · 축생과 기거나 날거나 꿈틀거리는 벌레의 부류들이 없도록 하겠나이다.

無有地獄 餓鬼 禽獸 蜎飛蠕動之類.

[解] 이것은 법장 비구가 발원한 제1 「국무악도원國無惡道願」이다. "원하옵건대 저의 불국토(극락세계)에는 지옥 · 아귀 · 축생 이 세 가지 악도惡道가 없도록 하겠나이다."

모든 일체 중생, 염마라계까지도 삼악도에서 저의 국토로 와서 태어나게 하고, 저의 법으로 교화를 받아 누구나 다 아뇩다라삼먁삼보리를 성취하여서 다시는 악취에 떨어지지 않도록 하겠나이다. 만약 이 서원을 이루면 부처가 될 것이며, 이 서원을 이루지 못한다면 무상정각을 성취하지 않겠나이다.

所有一切衆生 以及焰摩羅界 三惡道中 來生我刹. 受我法化. 悉成阿耨多羅三藐三菩提. 不複更墮惡趣. 得是願 乃作佛. 不得是願 不取無上正覺.

[解] 이것은 제2 「불타악취원不墮惡趣願」이다.

"극락세계에는 삼악도가 없을 뿐만 아니라 심지어 지옥계 등까지도 악도로부터 나의 국토에 태어나길 발원하는 일체 중생은 나의 교화를 받아, 그들이 시방세계에 이르러 모든 부처님께 공양하고, 중생을 교화 인도하여서 영원히 다시는 삼악취에 떨어지지 않을 뿐만 아니라 누구나 다 일생에 원만히 성불할 수 있도록 하겠습니다. 이상의 두 가지 서원을 실현할 수 있어야 저는 성불하고, 만약 실현할 수 없다면 저는 성불을 이루지 않겠습니다. (말미의 네 구절은 이 두 가지 서원의 총괄적 결론이다.)"

「염마라계焰摩羅界」 십법계 중에서 가장 고통스러운 세계인 지옥법계를 가리킨다.

제3 신실금색원身悉金色願 · 제4 삼십이상원三十二相願 · 제5 신무차별원身無差別願

제가 부처 될 적에 저의 국토에 태어난 시방세계 모든 중생이 자마진금 색깔의 몸을 구족하도록 하겠나이다.

我作佛時. 十方世界 所有衆生 令生我刹. 皆具紫磨眞金色身,

[解] 이것은 제3 「신실금색원身悉金色願」이다.

"제가 성불할 때 시방세계 일체 중생이 저의 극락국토에 왕생할 때에 모두 다 영원히 변하지 않고 무너지지 않는 (자마진금 색깔의) 몸을 구족하도록 하겠습니다."

「자마진금색신紫磨眞金色身」 「자마진금」은 적색의 금으로 최상등급의 황금이다. 여기서는 부처님의 몸은 변하지 않고 무너지지 않음을 나타낸다.

32종 대장부상을 구족하도록 하겠나이다.

三十二種 大丈夫相.

[解] 이것은 제4 「삼십이상원三十二相願」이다.

"내가 성불할 때 시방세계 일체 중생은 나의 극락세계에 왕생할 때 누구나 다 32종 대장부의 상을 갖추도록 하겠습니다."

단정·정결하여서 모두 같은 부류가 되도록 하겠나이다. 만약 생김새에 아름답고 추한 차이가 있다면 정각을 성취하지 않겠나이다.

端正淨潔 悉同一類. 若形貌差別 有好醜者 不取正覺.

[解] 이것은 제5 「신무차별원身無差別願」이다.

"제가 성불할 때 시방세계 일체 중생이 나의 극락 국토에 왕생할 때 생김새가 단정하고 신심이 정결하여 누구나 같은 몸을 갖도록 하겠습니다. 생김새가 누구나 차별이 없어서 아름답고 추한 구분이 없도록 하겠습니다. 이상의 세 가지 서원을 실현할 수 없다면 저는 성불을 이루지 않겠습니다."

제6 숙명통원宿命通願 · 제7 천안통원天眼通願 · 제8 천이통원天耳通願

제가 부처 될 적에 저의 국토에 태어난 모든 중생이 모두 무량겁 동안 전생에 지은 바 선과 악을 알도록 하겠나이다.

我作佛時. 所有衆生 生我國者. 自知無量劫時宿命 所作善惡.

[解] 이것은 제6「숙명통원宿命通願」이다.

"제가 부처될 적에 극락세계에 왕생하는 모든 중생은 누구나 다 자기가 과거 무량겁 동안 여러 생, 여러 세대에 지었던 일체의 선악 과보를 알 수 있도록 하겠습니다."

누구나 다 능히 꿰뚫어 보고, 철저히 들어서 시방세계 과거 · 미래 · 현재의 일을 알도록 하겠나이다. 만약 이 서원을 이루지 못한다면 정각을 성취하지 않겠나이다.

皆能洞視 徹聽 知十方去來現在之事. 不得是願 不取正覺.

[解] 누구나 다 꿰뚫어 본다는 것은 제7「천안통원天眼通願」이고, 철저하게 듣는다는 것은 제8「천이통원天耳通願」이다.

법장 비구께서는 말씀하셨다. "제가 성불할 때 극락세계에 왕생하는 모든 중생은 누구나 다 꿰뚫어 보고 철저하게 들어 시방세계 과거 · 현재 · 미래의 일을 알 수 있도록 하겠습니다. 만약 이상의 세 가지 서원을 실현할 수 없다면 저는 성불을 이루지 않겠습니다."

「통시철청洞視徹聽」「통시洞視」, 장단이 같지 않은 일체의 광파에 어떠한 장애도 없이 모두 분명하게 볼 수 있음이니, 천안통을 가리키는 말이다. 「철청徹聽」, 장단이 같지 않은 일체의 음파를 어떠한 장애도 없이 모두 명백하게 들을 수 있음이니, 천이통을 가리키는 말이다. 「통洞」과 「철徹」의 동일하다는 뜻이고, 보는 것과 듣는 것에 모두 어떠한 장애도 없이 능력이 모두 시방 삼세에 모두 도달할 수 있어 한계가 없다는 말이다.

제9 타심통원他心通願

제가 부처 될 적에 저의 국토에 태어난 중생이 다른 사람의 마음을 아는 신통력을 얻도록 하겠나이다. 만약 백천억 나유타의 수많은 불국토에 있는 중생의 마음과 생각을 빠짐없이 다 알지 못한다면 정각을 성취하지 않겠나이다.

> 我作佛時. 所有衆生 生我國者 皆得他心智通. 若不悉知億那由他百千佛 刹 衆生心念者 不取正覺.

[解] 이것은 제9「타심통원他心通願」이다.

"제가 성불할 때에 극락세계에 왕생하여 존재하는 모든 중생은 누구나 다 타심지통他心智通을 얻도록 하겠습니다. 만약 무량무변의 제불찰토에 있는 일체 중생의 마음과 생각을 완전히 알 수 없다면 저는 성불을 이루지 않겠습니다."

[타심지통他心智通] 다른 사람이 마음을 일으키고 생각을 움직일 때마다 모두 엿볼 수 있다.

[나유타那由他] 인도의 수량을 계산하는 단위로 중국의 「천만千萬」에 해당함. 여기서는 수량이 매우 많음을 형용함.

제10 신족통원神足通願 · 제11 공제불원供諸佛願

제가 부처 될 적에 저의 국토에 태어난 모든 중생이 신통자재 바라밀다를 얻도록 하겠나이다.

我作佛時. 所有衆生 生我國者 皆得神通自在. 波羅密多.

[解] 이것은 제10 「신족통원神足通願」이다.

"제가 성불할 때에 극락세계에 왕생하는 모든 중생은 누구나 다 신통자재를 원만하게 구족하여서 아주 원만한 경지를 얻어 어떠한 장애도 없도록 하겠습니다."

지극히 짧은 순간에 무수 억 나유타 무량무변 불찰토를 뛰어넘어 두루 다니면서 제불께 공양을 올릴 수 없다면 정각을 성취하지 않겠나이다.

於一念頃 不能超過億那由他百千佛刹 周遍巡曆供養諸佛者 不取正覺.

[解] 이것은 제11 「공제불원供諸佛願」이다.

"제가 성불할 때 극락세계에 왕생하는 모든 중생이 누구나 매우 짧은 시간 내에 만약 시방국토에 도달하여 두루 다니면서 여러 부처님께 공양을 올리지 못한다면, 저는 성불을 이루지 않겠습니다." 부처님께 공양하는 것은 큰 복을 닦는 것이고, 부처님의 설법을 듣는 것은 큰 지혜를 얻는 것이다.

[일념경一念頃] 지극히 짧은 시간을 가리킴.

제12 정성정각원定成正覺願

제가 부처 될 적에 저의 국토에 태어난 모든 중생이 분별을 멀리 여의고, 모든 근이 적정에 들도록 하겠나이다. 만약 결정코 등정각을 성취하여 대열반을 증득하지 못한다면 정각을 성취하지 않겠나이다.

我作佛時. 所有衆生 生我國者 遠離分別 諸根寂靜. 若不決定成等正覺 證大涅槃者 不取正覺.

[解] 이것은 제12 「정성정각원定成正覺願」이다.

"제가 성불할 때 극락세계에 왕생하는 모든 중생은 누구나 다 일체 분별심을 멀리 여의고 육근이 고요히 안정하도록 하겠습니다. 만약 결정코 성불할 수 없다면, 저는 정각을 취하지 않겠습니다."

이 원은 아미타부처님께서 왕생을 보증한다는 것은 반드시 일생에 성불한다는 보증서임을 말한다.

[분별分別] 일체 사물과 도리에 대해 잘못 분판分辨하고 사유思惟함을 말한다.

[제근적정諸根寂靜]「제근」은 안이비설신의 육근六根을 가리킨다.「적정」에서 번뇌를 여읨을「적寂」이라 하고, 망상을 끊어 없앰을「정靜」이라 한다.

제13 광명무량원光明無量願 · 제14 촉광안락원觸光安樂願

세가 부처 될 석에 광녕이 무량하여 시방세계를 두루 비추어서 제불의 광명보다 훨씬 수승하고, 해와 달보다 천만 억 배나 더 밝도록 하겠나이다.

我作佛時. 光明無量 普照十方 絶勝諸佛 勝於日月之明 千萬億倍.

[解] 이것은 제13 「광명무량원光明無量願」이다.

"제가 성불할 때에 자신의 광명이 한계가 없어 시방세계 일체 불찰토를 두루 비추어서, 그 광명이 일체 부처님의 광명보다 절대로 뛰어넘고, 해와 달의 광명보다 천만 억 배나 더 밝을 것입니다."

만약 어떤 중생이 저의 광명을 보아 그의 몸에 비추어 닿기만 해도 안락함을 느끼지 않음이 없고, 자비심으로 선을 행하여 저의 국토에 태어나도록 하겠나이다. 만약 이와 같이 되지 않는다면 저는 정각을 성취하지 않겠나이다.

若有衆生 見我光明 照觸其身. 莫不安樂. 慈心作善. 來生我國. 若不爾者 不取正覺.

[解] 이것은 제14 「촉광안락원觸光安樂願」이다.

"제가 성불할 때 만약 어떤 중생이 나의 광명을 보게 되거나 그의 몸에 광명이 비추어 닿게 되어도 안락함을 얻지 못함이 없고, 자연히 자비심으로 선을 행할 수 있어, 장래에 반드시 극락세계에 왕생할 것입니다. 이상의 두 가지 서원을 실현할 수 없다면 저는 성불을 이루지 않을 것입니다."

제15 수명무량원壽命無量願 · 제16 성문무수원聲聞無數願

제가 부처될 적에 저의 수명이 무량하고, 저의 국토에 성문과 천인이 무수하며, 그들의 수명 또한 모두 무량하도록 하겠나이다.

我作佛時. 壽命無量 國中聲聞天人無數 壽命亦皆無量.

[解] 이것은 제15 「수명무량원壽命無量願」이다.

"제가 성불할 때 저의 수명이 무량할 것이며, 국토에는 무수한 천인·성문들의 수명도 나와 똑같이 무량하도록 하겠습니다."

가령 삼천대천세계 중생이 다 연각을 성취하고 백천 겁 동안 다

같이 계산하여 만약 그 양과 수를 알 수 있다면 정각을 성취하지
않겠나이다.

假令三千大千世界衆生 悉成緣覺 於百千劫 悉共計校. 若能知其量數者
不取正覺.

[解] 이것은 제16 「성문무수원聲聞無數願」이다.

"제가 성불할 때 국토에는 성문과 천인들이 수없이 많아, 가령 일
대천세계의 중생이 모두 연각을 이루고 그들이 백천 겁의 긴 시간
동안 함께 극락세계의 성문·천인 두 부류의 수명과 사람의 수를
계산하여, 그들이 만약 이 두 부류의 수명과 사람 수를 계산할 수
있다면 저는 성불을 이루지 않겠습니다."

[삼천대천세계三千大千世界] 불경에서는 수미산(황념조黃念祖 거사는 이것이 근대 천문
학상의 은하 중심에 있는 블랙홀이라고 설명함)을 중심으로 하는 성좌를 한 단위의
세계라 칭하고 이런 단위의 세계를 일 소천세계小千世界, 일천의 소천세계를 중천세계中
千世界, 일천의 중천세계를 일 대천세계大千世界라 칭함. 천의 수를 3배 한 까닭에
일 대천세계를 삼천대천세게라 칭함.

제17 제불칭탄원諸佛稱嘆願

제가 부처 될 적에 시방세계 무량찰토에 계시는 무수한 제불께서
만약 다 같이 저의 이름을 칭양·찬탄하지 않고, 저의 공덕과 국토의
선을 말하지 않는다면 정각을 성취하지 않겠나이다.

我作佛時. 十方世界無量刹中 無數諸佛. 若不共稱歎我名 說我功德國土
之善者 不取正覺.

[解] 이것은 제17 「제불칭탄원諸佛稱嘆願」이다.

"만약 제가 부처 될 적에 시방세계 무량무수의 제불께서 다 함께 저의 이름을 칭양하고 찬탄하며, 극락세계의 공덕과 국토의 선묘함을 연설·추천·소개(일체 제불께서 모두 다 중생을 위해 정토삼부경을 선양하고, 중생에게 염불하여 정토에 왕생하길 구하라고 권유하심을 가리킴)하지 못한다면, 저는 성불을 이루지 않겠습니다."

「아명我名」 아미타불의 명호 및 공덕을 가리킴.

[국토지선國土之善] 극락세계의 갖가지 의정장엄依正莊嚴의 훌륭하고 미묘함(선묘善妙).

제18 십념필생원十念必生願

제가 부처 될 적에 시방세계 중생이 저의 명호를 듣고서 지심至心으로 믿고 좋아하여 일체 선근을 순일한 마음으로 회향하고 저의 국토에 태어나길 발원하여, 내지 십념에 저의 국토에 태어나지 못한다면 정각을 성취하지 않겠나이다. 다만 오역죄를 짓고 정법을 비방하면 제외될 것이옵니다.

　我作佛時. 十方衆生 聞我名號 至心信樂. 所有善根 心心回向 願生我國.
　乃至十念 若不生者 不取正覺. 唯除五逆 誹謗正法.

[解] 이것은 제18「십념필생원十念必生願」이다.

"제가 부처 될 적에 시방세계의 모든 중생이 저(아미타불)의 명호를 들은 후에 단지 지극한 성심과 깊은 믿음으로 즐거이 염불법문을 수학하고, 또한 자기가 닦은 일체의 선근을 마음마다 생각마다 회향하여 저의 국토에 태어나길 발원하고 간구하도록 하겠습니다. 그가 염불을 얼마나 많이 하였는지 상관없이 심지어 임종할 때 부처님 명호를 열 마디만 칭념하여도 모두 극락세계에 왕생할 수 있습니다. 만약 왕생할 수 없다면 저는 성불을 하지 않겠습니다. 그러나 오역죄

를 범한 사람은 제외되며, 덧붙여 정법을 비방한 사람도 왕생을
얻을 수 없을 것입니다."

「선근善根」 신구의 삼업에서 탐진치 등 모든 번뇌를 영원히 끊고, 부지런히 청정심으로
생하는 일체의 선법을 가리킨다.

「심심心心 」 순일한 마음.

「회향回向」 돌려서 취향함(回轉趣向)으로, 자신이 닦은 선근공덕을 돌려서 기대하는
목표에 돌리는 것이다.

「십념十念」 임종시에 열 번 소리내어 아미타불 명호를 연속으로 염불함을 가리킴.

「오역五逆」 아버지와 어머니, 아라한을 살해하고 화합승을 파괴하며 부처님의 몸에 피를
내는 등의 다섯 가지 중죄.

제19 문명발심원聞名發心願 · 제20 임종접인원臨終接引願

**제가 부처 될 적에 시방세계 중생이 저의 명호를 듣고서 보리심을
발하여 여러 공덕을 닦고, 육바라밀을 봉행하여 굳건히 물러나지
않으며 또 일체 선근을 회향하여 저의 국토에 태어나기를 발원하도
록 하겠나이다.**

我作佛時. 十方衆生 聞我名號 發菩提心. 修諸功德. 奉行六波羅密. 堅固
不退. 複以善根回向 願生我國.

[解] 이것은 제19 「문명발심원聞名發心願」이다.

"제가 부처 될 적에 시방세계 중생이 저의 명호를 듣고 수승한 보리심
을 발하여서, 청정한 마음으로 일체 선행을 닦고 보살의 육바라밀을
받들어 행하도록 하겠습니다. 또 그들의 신심이 견고하여 물러나지
않고, 또한 닦은 바 일체의 선근을 회향하여 극락세계에 태어나길
발원하고 간구하도록 하겠습니다."

「보리심菩提心」 깨달음을 구하여 성불하는 마음을 내는 것으로, 우익대사께서는 "발원하고 염불하여 극락세계에 왕생하길 간구하는 것이 바로 대보리심을 발하는 것이니라." 말씀하셨다.

「공덕功德」 청정심으로 일체 선행을 닦는 것이 「공」이고, 선과善果를 얻는 것이 「덕」이다.

일심으로 저를 염하여 밤낮으로 끊어지지 않는다면 목숨이 다하는 때 저는 여러 보살성중과 함께 그 사람 앞에 나타나 맞이하여 매우 짧은 시간에 곧 저의 국토에 태어나 불퇴전지 보살이 되도록 하겠나이다. 만약 이 서원을 이루지 못한다면 정각을 성취하지 않겠나이다.

一心念我 晝夜不斷. 臨壽終時 我與諸菩薩衆 迎現其前. 經須臾間 卽生我刹 作阿惟越致菩薩. 不得是願 不取正覺.

[解] 이것은 제20「임종접인원臨終接引願」입니다.

법장 비구께서 말씀하셨다. "제가 부처 될 적에 시방세계 중생이 저의 명호를 듣고 일심으로 전념하여 밤낮으로 모두 중단하지 않고 염불하게 하겠습니다. 그 사람이 임종할 때에 내가 보살 성중과 함께 가서 마중 나와 그의 면전에 나타날 것입니다. 그의 왕생을 접인하고, 매우 짧은 시간에 극락 국토에 태어나서 세 가지 불퇴전의 아유월치 대보살을 원만하게 증득하도록 하겠습니다. 이상의 두 가지 원을 실현할 수 없다면 저는 성불을 이루지 않겠습니다."

「제보살중諸菩薩衆」 관세음보살·대세지보살 및 극락세계에 왕생하는 자와 인연이 있는 보살들을 말한다. 「수유간須臾間」 매우 짧은 시간을 말함.

「아유월치阿惟越致」 인도어로 번역하면 불퇴전. 칠지 이상의 대보살 칭호.

제21 회과득생원悔過得生願

제가 부처될 적에 시방세계 중생이 저의 명호를 듣고서 저의 국토에 생각을 매어두고, 보리심을 발하여 견고한 신심으로 물러나지 않으며 온갖 공덕의 근본을 심어 기르고 지심至心으로 회향하여 극락세계에 태어나고자 한다면 그 원을 이루지 못하는 이가 없도록 하겠나이다. 만약 과거 숙세에 악업이 있다 할지라도 저의 명호를 듣고서 곧바로 스스로 잘못을 참회하고 불도를 위해 선을 지으며, 곧 경전의 가르침을 수지하고 계를 지녀서 저의 찰토에 태어나기를 발원한다면, 그 사람은 목숨이 다할 때 다시는 삼악도에 떨어지지 않고 즉시 저의 국토에 태어나도록 하겠나이다. 만약 이와 같이 되지 않는다면 정각을 성취하지 않겠나이다.

我作佛時. 十方眾生 聞我名號. 繫念我國. 發菩提心 堅固不退. 植眾德本 至心回向. 欲生極樂 無不遂者. 若有宿惡 聞我名字 即自悔過. 爲道作善. 便持經戒. 願生我刹. 命終不複更三惡道 即生我國. 若不爾者 不取正覺.

[解] 이것은 제21 「회과득생원悔過得生願」이다.

"제가 부처 될 적에 시방세계 중생이 저의 명호를 듣고 일심으로 극락세계의 의정장엄依正莊嚴에 전념하고, 보리심을 발하여 견고한 신심으로 물러나지 않으며, 지명염불로써 공덕의 근본을 심어 기르며, 다시 지극한 성심으로 회향하여 극락세계에 태어나길 구한다면, 그 원을 만족시키지 못함이 없도록 하겠습니다. 만약 이러한 사람이 과거 생에 지극히 무거운 죄악을 지었다면 아미타부처님의 명호를 듣는 즉시 잘못을 회개하고 경전의 가르침과 경고를 받아 지녀서 극락세계에 왕생하기를 발원한다면, 이 사람이 명이 다할 때 다시는 삼악도를 경험하지 않고 즉시 저의 국토에 왕생할 것입니다. 만약 이와 같이 되지 않는다면 저는 성불하지 않겠습니다."

「계념繫念」 마음을 한곳에 쏟아부음.

[식중덕본植衆德本] 중덕본衆德本은 온갖 공덕의 근본으로 바로 아미타불.「식중덕본植衆德本」은 지명(칭명)염불을 가리킴.

[변지경계便持經械] 경전에 있는 교훈을 받아지닐 수 있음.

제22 국무여인원國無女人願 · 제23 염녀전남원厭女轉男願 · 제24 연화화생원蓮花化生願

제가 부처 될 적에 저의 국토에는 여성이 없도록 하겠나이다.

我作佛時. 國無婦女.

[解] 이것은 제22 「국무여인원國無女人願」이다.

"제가 부처 될 적에 저의 국토에는 부녀자가 없게 하여 극락세계에 왕생한 모든 여인들은 누구나 부처님과 똑같이 32가지 대장부상을 구족하게 하겠습니다."

만약 어떤 여인이 저의 명호를 듣고서 청정한 믿음을 얻고 보리심을 발하여 여자의 몸을 싫어하고 근심하여 저의 국토에 태어나기를 발원한다면, 목숨이 다하는 즉시 바로 남자로 변하여 저의 찰토에 태어나도록 하겠나이다.

若有女人 聞我名字 得清淨信. 發菩提心. 厭患女身 願生我國. 命終卽化男子 來我刹土.

[解] 이것은 제23 「염녀전남원厭女轉男願」입니다.

"제가 부처 될 적에 만약 어떤 여인이 아미타부처님의 명호를 듣고서 청정한 믿음을 얻고, 또 깨끗한 믿음으로 보리심을 내며, 여자의 몸을 싫어하고 근심하여 극락세계에 태어나길 발원하고 간구한다면 이 사람의 수명이 다할 때 곧 바로 남자로 바꾸어져 저의 국토에 태어나도록 하겠습니다."

시방세계 모든 중생 부류로 저의 국토에 태어나는 이는 모두 칠보 연못의 연꽃에서 화생하도록 하겠나이다. 만약 이와 같이 되지 않는다면 정각을 성취하지 않겠나이다.

十方世界諸衆生類. 生我國者 皆於七寶池蓮華中化生. 若不爾者 不取正覺.

[解] 이것은 제24「연화화생원蓮花化生願」이다.

"제가 부처 될 적에 시방세계 어떤 중생이든 무릇 극락세계에 태어나는 사람은 누구나 칠보 연못의 연꽃에서 화생하도록 하겠습니다. 이상의 세 가지 원을 실현할 수 없다면 저는 성불을 이루지 않겠습니다."

제25 천인예경원天人禮敬願 · 제26 문명득복원聞名得福願 · 제27 수수승행원修殊勝行願

제가 부처 될 적에 시방세계 중생이 저의 명호를 듣고서 환희심을 내어 믿고 좋아하며, 예배하고 귀의하며, 청정한 마음으로 보살행을 닦아서 제천 · 세간 사람들이 공경하지 않는 이가 없도록 하겠나이다.

我作佛時. 十方衆生 聞我名字 歡喜信樂 禮拜歸命. 以清淨心 修菩薩行. 諸天世人 莫不致敬.

[解] 이것은 제25「천인예경원天人禮敬願」이다.

"제가 부처 될 적에 시방세계 중생이 아미타부처님의 명호를 들은 후에 능히 환희심을 일으켜서 깊이 믿고 염불법문을 좋아하며, 아울러 경건히 정성을 다해 예배하고 귀의하며, 청정한 마음으로 보살의 삼복三福·육화六和·삼학三學·육도六度·보현십원대행十願代行의 법을 닦고 익히도록 하겠습니다. 그들이 비록 정토에 태어나길 발원하고 간구하지 않았다 하더라도 그들의 행지行持는 이미 천인과 세상 사람의 존경을 획득하였습니다."

만약 저의 명호를 들으면 수명이 다한 후에 존귀한 집에 태어나도록 하고, 육근에 결함이 없도록 하겠나이다.

若聞我名 壽終之後 生尊貴家. 諸根無缺.

[解] 이것은 제26「문명득복원聞名得福願」이다.

"제가 부처 될 적에 시방세계 중생이 만약 아미타부처님의 명호를 들으면 환희심이 일으켜서 깊이 믿고 좋아하도록 하겠습니다. 만약 왕생하길 발원하고 간구하지 않았다 하더라도 그의 수명이 다한 후에 존귀한 가문에 태어나서 육근에 결함이 없고 상호가 원만한 큰 공덕의 과보를 얻도록 하겠습니다."

「존귀가尊貴家」 선을 좋아하고 덕을 좋아하며 적선하는 가문을 말함.

늘 수승한 범행을 닦도록 하겠나이다. 만약 이와 같이 되지 않는다면 정각을 성취하지 않겠나이다.

常修殊勝梵行. 若不爾者 不取正覺.

[解] 이것은 제27 「수수승행원修殊勝行願」이다.

"제가 부처될 적에 시방세계 중생이 저의 명호를 듣고서 환희심을 내어 믿고 좋아하며, 예배하고 귀명하도록 하겠습니다. 비록 왕생하길 발원하고 간구하지 않았다 하더라도 다음 생에 계속해서 염불법문을 수학할 수 있도록 하겠습니다. 이상의 세 가지 소원을 실현할 수 없다면 저는 성불을 이루지 않겠습니다."

제28원 국무불선원國無不善願 · 제29원 주정정취원住正定聚願 · 제30원 낙여누진원樂如漏盡願 · 제31원 불탐계신원不貪計身願

제가 부처 될 적에 저의 국토에 선하지 않은 이름이 없도록 하겠나이다.

我作佛時. 國中無不善名.

[解] 이것은 제28 「국무불선원國無不善願」이다.

"제가 성불할 때 저의 극락세계에는 선하지 않은 일이 없을 뿐만 아니라 선하지 않은 이름조차도 모두 들리지 않도록 하겠습니다."

저의 국토에 태어난 모든 중생이 다 함께 일심으로 정정취正定聚에 머물도록 하겠나이다.

所有衆生 生我國者 皆同一心. 住於定聚.

[解] 이것은 제29 「주정정취원住正定聚願」이다.

"제가 성불할 때 시방세계 모든 중생이 저의 극락세계에 왕생하여, 모두 같은 마음, 같은 공덕으로 정정취에 머물도록(일생에 결정코 성불하도록) 하겠습니다."

「정취定聚」 정정취正定聚를 가리킴. 의거하는 이론과 수행하는 방법이 정확한 까닭에 반드시 (성불이란) 과보가 결정되어 있다.

영원히 뜨거운 번뇌를 여의고 청정하고 시원한 마음을 얻으며, 느끼는 즐거움이 마치 누진비구(아라한)와 같아지도록 하겠나이다.

永離熱惱 心得淸凉. 所受快樂. 猶如漏盡比丘.

[解] 이것은 제30 「낙여누진류樂如漏盡願」이다.

"제가 부처 될 적에 극락세계에 태어나는 모든 중생은 일체 번뇌를 영원히 여의어서 청량하고 자재한 마음을 얻게 하고, 누리는 즐거움이 수승하여 견줄 수 없어 누진비구와 같아지도록 하겠습니다."

「누진비구漏盡比丘」「누漏」는 번뇌의 대명사임.「누진비구」는 번뇌를 다 끊어버리고 아라한을 증득한 비구임.

만약 상념이 일어나 몸에 탐착하는 이가 있다면 정각을 성취하지 않겠나이다.

若起想念 貪計身者 不取正覺.

[解] 이것은 제31 「불탐계신원不貪計身願」이다.

"제가 부처 될 적에 극락세계에 태어나는 중생은 세간과 출세간의 일체 법에 대하여 다시는 분별심을 일으키지 않고, 신체에 대해서도 다시는 집착하는 생각을 일으키지 않도록 하겠습니다. 이상의 네 가지 서원을 실현할 수 없다면 저는 정각을 성취하지 않겠습니다."

「상념想念」분별·집착의 생각을 가리킨다.

제32원 나라연신원那羅延身願 · 제33원 광명혜변원光明慧辯願 · 제34원 선담법요원善談法要願

제가 부처 될 적에 저의 국토에 태어난 모든 중생이 선근이 무량하고 금강나라연신의 견고한 힘을 얻도록 하겠나이다.

我作佛時. 生我國者 善根無量. 皆得金剛那羅延身 堅固之力.

[解] 이것은 제32 「나라연신원那羅延身願」이다.

"제가 부처 될 적에 극락세계에 태어나는 중생은 누구나 무량한 선근을 구족하고 있으므로 금강역사처럼 무너지지 않는 몸을 얻어서 아주 견고한 체력을 지니도록 하겠습니다."

「금강나라연신金剛那羅延身」「나라연」은 인도어로 견고하여 파괴되지 않음을 뜻한다. 「금강나라연신」은 부처님의 파괴되지 않는 몸을 가리킨다.

몸과 정수리에서 광명이 밝게 비추고 일체 지혜를 이루며, 가없는 변재를 획득하도록 하겠나이다.

身頂皆有光明照耀. 成就一切智慧. 獲得無邊辯才.

[解] 이것은 제33 「광명혜변원光明慧辯願」이다.

"제가 부처 될 적에 극락세계에 태어나는 중생은 모두 부처님과 똑같이 몸과 정수리에서 광명이 밝게 비추고, 원만한 지혜를 구족하여 성취하며, 부처님과 똑같이 막힘없는 변재를 획득하여 중생을 위해 여러 가지 법문을 설법할 수 있도록 하겠습니다."

모든 불법의 비요를 잘 말하고 경전을 설하며 불도를 행하여서 그 말씀이 마치 종소리처럼 널리 퍼지도록 하겠나이다. 만약 이와 같이 되지 않는다면 정각을 성취하지 않겠나이다.

善談諸法祕要. 說經行道 語如鍾聲. 若不爾者 不取正覺.

[解] 이것은 제34 「선담법요원善談法要願」이다.

"제가 부처 될 적에 저의 국토에 태어나는 이는 누구나 근기와 이치에 맞게 여러 부처님의 깊고 은밀하며 정요精要한 불법을 연설할 수 있게 하리니, 바로 이 《무량수경》을 연설하는 것입니다. 진실과 정성을 다해 언어와 몸으로 행하여서 일체 중생에게 모범을 보여 교화·인도하고, 설법 소리가 마치 종소리와 같이 매우 멀리 전파되어서, 중생이 재빨리 알아차리게 하여 악을 끊고 선을 닦으며, 이고득락離苦得樂 하도록 하겠나이다. 이상의 세 가지 서원을 실현할 수 없다면 저는 정각을 성취하지 않겠습니다."

「설경행도說經行道」「설경說經」은 경전을 강론하고 법문을 설하는 것으로 언교言敎이고, 「행도行道」는 교에 의지하여 받들어 행하는 것으로 신교身敎이므로, 「설경행도說經行道」는 신구의 삼업으로 중생을 교화한다는 뜻이다.

제35원 일생보처원一生補處願 · 제36원 교화수의원教化隨意願

제가 부처 될 적에 저의 국토에 태어난 모든 중생이 구경에는 반드시 일생보처에 이르도록 하겠나이다.

我作佛時. 所有衆生 生我國者 究竟必至一生補處.

[解] 이것은 제35 「일생보처원一生補處願」이다.

"제가 부처 될 적에 시방세계 모든 중생이 극락세계에 왕생하면 누구나 일생보처 등각보살等覺菩薩의 과위果位를 증득하여 기필코 일생에 성불할 수 있습니다."

「일생보처一生補處」 이번 생만 지나 다음 생에는 부처가 될 수 있는 보살의 최고 지위. 다시 말해 한 생에 부처의 후보 자리에 오르는 지위. 곧 미륵보살이나 관세음보살 같은 등각보살等覺菩薩이 일생보처 지위에 있다. 극락세계에 왕생한 사람들은 모두 한 생에 부처를 이루며, 사람마다 반드시 일생보처를 이룬다.

다만 그의 본원이 중생을 위하는 까닭에 사홍서원의 갑옷을 입고 일체 유정을 교화하여 그들이 모두 신심을 내고 보리행을 닦아 보현의 도를 행하도록 하는 이는 제외될 것이옵니다. 비록 타방세계에 태어날지라도 영원히 악취를 여의도록 하며, 혹은 법문 설하기를 좋아하고, 혹은 법문 듣기를 좋아하며, 혹은 신족통을 보여 뜻하는 대로 수습하여서 원만하지 않음이 없도록 하겠나이다. 만약 이와 같이 되지 않는다면 정각을 성취하지 않겠나이다.

除其本願爲衆生故 被弘誓鎧 敎化一切有情 皆發信心 修菩提行. 行普賢道. 雖生他方世界 永離惡趣. 或樂說法. 或樂聽法. 或現神足. 隨意修習 無不圓滿. 若不爾者 不取正覺.

[解] 이것은 제36「교화수의원敎化隨意願」이다.

"제가 부처될 적에 모든 중생이 극락세계에 왕생하면 구경에 반드시 일생보처를 얻게 될 것입니다. 다만 그들이 본원을 실천하고자 하는 경우는 제외하나니, 견고한 대원의 힘을 빌어서 일체중생을 교화하여 중생으로 하여금 불법에 대해 청정한 신심을 낼 수 있도록 하고, 그들이 깨달음의 행위를 수학하도록 권유하고 인도하며, 더 나아가 보현보살의 십대원왕十大願王을 수학하여 극락세계 왕생하길 발원하고 간구하도록 할 것입니다.

이들 보살이 설사 타방세계에 나타나서 중생을 교화하더라도, 육도에 윤회하는 괴로움의 과보를 받지 않도록 하겠습니다. 그들 중 어떤 이는 법을 설하는 신분으로 나타나기도 하고, 또 어떤 이는 법을 듣는 신분으로 나타나기도 하고, 또 어떤 이는 중생을 이롭게 하는 신통력을 나타내기도 하며, 어떠한 신분으로 나타나든 어떠한 법문으로 교화하든 상관없이 모두 다 갖가지 선교방편으로 중생으로 하여금 자신이 서원한 뜻대로 수습하도록 하여, 최종목표는 모두 다 중생을 왕생극락으로 인도하는 것이므로 보살의 대원이 원만하지 않음이 없도록 하겠습니다. 이상의 두 가지 서원을 실현할 수 없다면 저는 성불을 이루지 않겠습니다."

[피홍서개被弘誓鎧]「홍서弘誓」는 사홍서원四弘誓願을 가리키고,「개鎧」는 개갑鎧甲으로 고대의 전쟁에서 적군과 대적하여 전쟁을 할 때 방어의 용도로 입었던 갑옷임. 여기서는 보살이 큰 서원을 갑옷으로 삼아서, 삼계·육도를 출입하며 일체 중생을 교화함에 비유함.

제37원 의식자지원衣食自至願 · 제38원 응념수공원應念受供願

제가 부처 될 적에 저의 국토에 태어난 중생에게 구하는 음식과 의복과 갖가지 공양구가 뜻하는 대로 즉시 이르게 하여 그의 원을 만족하게 하지 못함이 없도록 하겠나이다.

我作佛時. 生我國者 所須飮食 衣服 種種供具 隨意卽至. 無不滿願.

[解] 이것은 제37「의식자지원衣食自至願」이다.

"제가 부처될 적에 일체 중생이 극락세계에 태어나면 정신·물질·음식이나 의복과 갖가지 공양구와 같은 생활에 필요한 물건들이 모두 자기 마음에서 원하는 대로 눈앞에 만족시키지 못함이 없도록 하겠습니다.

「종종공양種種供具」 향香과 꽃花, 깃대와 당번幢幡, 보배 덮개寶蓋, 침상臥具, 천상의 음악天樂 등을 가리킴.

시방세계 제불께서 그들의 생각에 감응하여 그 공양을 받아 주시도록 하겠나이다. 만약 이와 같이 되지 않는다면 정각을 성취하지 않겠나이다.

十方諸佛 應念受其供養. 若不爾者 不取正覺.

[解] 제38 「응념수공원應念受供願」이다.

"제가 성불할 때 저의 국토에 태어나는 일체의 중생이 만약 여러 부처님께 공양을 올리겠다고 생각만 하면 시방세계 제불께서 모두 다 그들의 마음속 생각에 감응하여 공양을 받아 주실 것입니다. 이상의 두 가지 원을 실현할 수 없다면 저는 정각을 성취하지 않겠습니다."

제39원 장엄무진원莊嚴無盡願

제가 부처될 적에 국토의 만물은 장엄·청정하고, 빛나고 화려하며 형상과 색깔이 수승하고 특별하며, 미세함이 궁진하고 미묘함이 지극하여 말할 수도 없고 헤아릴 수도 없도록 하겠나이다. 여러 중생이 비록 천안을 구족하였다 할지라도 그 형상과 색깔, 광명과 모습, 이름과 수량을 분별하고 전부 상세하게 말할 수 있다면 정각을 성취하지 않겠나이다.

我作佛時. 國中萬物 嚴淨 光麗 形色殊特. 窮微極妙 無能稱量. 其諸衆生 雖具天眼 有能辨其形色 光相 名數 及總宣說者 不取正覺.

[解] 이것은 제39 「장엄무진원莊嚴無盡願」이다.

"제가 부처 될 적에 극락세계 일체 만물은 장엄하여 청정하고, 광명이 화려하고, 형상과 색깔이 수승하고 기특하며, 진정으로 미묘함이 지극한 경지에 이르러서, 이루 말할 수 없고 헤아릴 수 없을 것입니다. 극락세계의 중생이 비록 천안을 갖추어도 국토의 만물에 대하여 만약 형상·색깔·광명상태·이름·수량 등을 분별해 내거나 아울러 통틀어 설명할 수 있다면, 저는 정각을 성취하지 않겠습니다."

「국중만물國中萬物」 극락세계의 거주·수학·생활 등 의보환경依報環境을 가리킨다.

제40원 무량색수원無量色樹願 · 제41원 수현불찰원樹現佛刹願

제가 부처 될 적에 저의 국토에는 무량한 색깔의 보배나무가 있어서, 그 높이가 혹 백천 유순이나 되고, 도량의 나무는 높이가 4백만 리나 되며, 여러 보살 중에서 비록 선근이 하열한 이가 있을지라도 또한 그것을 알 수 있도록 하겠나이다.

我作佛時. 國中無量色樹 高或百千由旬. 道場樹高 四百萬裏. 諸菩薩中 雖有善根劣者 亦能了知.

[解] 이것은 제40 「무량색수원無量色樹願」이다.

"제가 부처 될 적에 극락 국토에는 광명과 색깔이 고운 무량한 보배수가 있을 것입니다. 그 나무의 높이는 어떤 것은 백 유순이나 되고, 어떤 것은 천 유순이나 될 것입니다. 도량 옆에 서 있는 보리수는 그 높이가 4백만 리나 될 것입니다. 극락세계의 보살 중에 비록 선근이 하열한 이가 있다 하더라도 그들도 이들 보배수의 장엄에 대해서 모두 이해하여 알 수 있도록 하겠습니다."

「무량색수無量色樹」 극락세계의 일체 보배수를 가리킴. 극락세계의 나무는 모두 칠보가
모여서 이루어진 것이므로 광채가 환하고 색깔이 아름답고 고운 까닭에 보배수라
부른다.

「유순由旬」 인도의 길이 측도 단위로, 대·중·소 세 가지가 있으니, 대유순大由旬은
80리에 해당하고, 중유순中由旬은 60리에 해당하며, 소유순小由旬은 40리에 해당함.

제불의 청정국토 장엄을 보고자 한다면 마치 맑은 거울에 얼굴을
비추어 보듯이 모두 다 보배 나무 사이로 볼 수 있도록 하겠나이다.
만약 이와 같이 되지 않는다면 정각을 성취하지 않겠나이다.

欲見諸佛淨國莊嚴 悉於寶樹間見. 猶如明鏡 睹其面像. 若不爾者 不取正
覺.

[解] 이것은 제41 「수현불찰원樹現佛刹願」이다.

"제가 부처 될 적에 극락세계의 중생이 시방세계 모든 불국토의
사람·일·물질 등 갖가지 장엄을 보려고 한다면 마치 밝고 깨끗한
거울에 자기 자신의 얼굴을 비춰보듯이 누구나 다 보배 나무가 열
지어 있는 사이로 볼 수 있도록 하겠습니다. 만약 이상의 두 가지
서원을 실현할 수 없다면 저는 성불을 이루지 않겠습니다.

제42원 철조시방원徹照十方願

제가 부처 될 적에 제가 머무는 불국토는 광대하고 넓으며 장엄하고
청정하며, 광명이 마치 거울처럼 밝고 투명하여 시방세계 무량무수
·불가사의 제불세계를 철저히 비추어서 중생이 이를 본다면 희유한

마음을 내도록 하겠나이다. 만약 이와 같이 되지 않는다면 정각을 성취하지 않겠나이다.

我作佛時. 所居佛刹 廣博嚴淨 光瑩如鏡. 徹照十方無量無數 不可思議 諸佛世界. 衆生睹者 生希有心. 若不爾者 不取正覺.

[解] 이것은 제42 「철조시방원徹照十方願」이다.

"제가 부처 될 적에 머무는 극락세계가 광활하여 변제가 없고, 장엄하고 청정하며, 광명이 마치 거울처럼 밝고 투명하여 시방세계 무량무수의 불가사의한 제불국토를 철저하게 비출 수 있도록 하겠습니다. 시방세계의 일체중생이 극락세계의 광명을 본다면 누구나 다 희유하고 수승하며 더 없는 보리심을 일으키도록 하겠습니다. 만약 이 서원을 실현할 수 없다면 저는 성불하지 않겠습니다."

제43원 보향보훈원寶香普熏願

제가 부처가 될 때 아래로는 땅에서부터 위로는 허공에 이르기까지 궁전과 누각, 칠보 연못과 보배 나무 등 국토에 있는 일체 만물이 모두 다 무량한 보배 향이 합하여 이루어지고, 그 향이 시방세계에 두루 퍼져서 그 향을 맡는 중생은 부처님의 행을 닦도록 하겠나이다. 만약 이와 같이 되지 않는다면 정각을 성취하지 않겠나이다.

我作佛時. 下從地際. 上至虛空. 宮殿 樓觀 池流 華樹 國土所有一切萬物 皆以無量寶香合成. 其香普熏十方世界. 衆生聞者 皆修佛行. 若不爾者 不取正覺.

[解] 이것은 제43 「보향보훈원寶香普熏願」이다.

"내가 부처가 될 때 극락세계의 지면에서 허공까지, 그 가운데 존재하는 궁전·누각·연못과 시냇물·꽃과 나무 등 일체 만물까지도 모두 다 무량한 보배 향이 화합하여 이루어지도록 하겠습니다. 보배 향의 냄새가 시방세계에 두루 퍼져서 일체 중생이 극락세계의 미묘한 향을 맡기만 하여도 자연히 몸과 마음이 청정해져서 부처님께서 가르치고 인도하신 갖가지 수승하고 청정한 행을 닦도록 하겠나이다. 만약 이 서원을 실현할 수 없다면, 저는 성불을 이루지 않겠나이다."

제44원 보등삼매원普等三昧願·제45원 정중공불원定中供佛願

제가 부처 될 적에 시방세계 불찰토의 여러 보살성중이 저의 명호를 듣고 나서 모두 다 청정·해탈·보등삼매를 체득하고, 여러 깊은 총지를 지니며 삼마지에 머물러 성불에 이르도록 하겠나이다.

我作佛時. 十方佛刹諸菩薩衆 聞我名已 皆悉逮得淸淨 解脫 普等三昧. 諸深總持. 住三摩地 至於成佛.

[解] 이것은 제44 「보등삼매원普等三昧願」이다.

"제가 부처 될 적에 시방세계 일체 불찰토에 있는 모든 보살들이 단지 저의 명호를 듣고 난 후 즉시 청정삼매·해탈삼매·보등삼매를 증득할 수 있고, 또 자연히 일체법의 총강령을 파악하여 염불삼매 가운데 안온히 머무르며 곧바로 원만히 성불할 수 있도록 하겠나이다."

「청정淸淨」 청정삼매. 일체 오염과 집착을 여읜 후의 정상적인 향수(正常享受; 바르고 변함이 없는 누림, 곧 삼매)를 말한다.

「해탈解脫」 해탈삼매. 일체 번뇌와 속박을 여의고서 자재한 삼매를 말한다.

「보등삼매普等三昧」 「보普」는 보편, 「등等」은 평등平等. 구법계의 일체 중생이 모두 이 법문을 의지하여 평등하게 성취할 수 있는 염불삼매를 말한다.

선정 속에서 항상 무량무변한 일체 제불께 공양드리고 선정을 잃지 않도록 하겠나이다. 만약 이와 같이 되지 않는다면 정각을 성취하지 않겠나이다.

定中常供無量無邊一切諸佛 不失定意. 若不爾者 不取正覺.

[解] 이것은 제45 「정중공불원定中供佛願」이다.

"제가 부처 될 적에 시방세계 일체 보살들이 단지 저의 명호를 듣기만 하면 바로 정정正定에 머무를 수 있고, 언제나 그 정정취에 있으면서 시방세계 무량무변한 일체제불께 공양을 올리며, 청정한 마음(定意)을 잃지 않도록 하겠습니다. 이상의 두 가지 서원을 실현할 수 없다면 저는 성불을 이루지 않겠습니다."

「부실정의不失定意」 항상 중단 없이 청정한 마음을 보호하고 유지할 수 있어서 바깥 경계에 따라 바뀌지 않는 것이니, 이것은 팔지보살八地菩薩 이상의 경계이다.

제46원 획다라니원獲陀羅尼願 · 제47원 문명득인원聞名得忍願 · 제48원 현증불퇴원現證不退願

제가 부처 될 적에 타방세계의 여러 보살성중이 저의 명호를 들으면 (십법계의) 생사를 여의는 법을 증득하고 다라니를 획득하도록 하겠나이다.

我作佛時. 他方世界諸菩薩衆 聞我名者 證離生法. 獲陀羅尼.

[解] 이것은 제46 「획다라니원獲陀羅尼願」이다.

"제가 부처 될 적에 타방세계 보살들이 저의 명호를 들으면 생사를 영원히 여의는 법을 증득하여 십법계를 벗어나고 일진법계一眞法界에 증득해 들어 갈 수 있도록 하겠나이다. 동시에 일체법의 총강령을 파악하여 일체의 중생에 대해 근기와 이치에 맞게 묘법을 상세하게 말씀할 수 있도록 하겠나이다."

청정하고 환희하여 평등에 안온히 머물며 보살행을 닦고 공덕의 근본을 구족하여 감응할 때 일(음향인)·이(유순인)·삼(무생법인)의 법인을 획득하도록 하겠나이다.

清淨歡喜. 得平等住. 修菩薩行 具足德本. 應時不獲一二三忍,

[解] 이것은 제47 「문명득인원聞名得忍願」이다.

"제가 부처 될 적에 타방세계 보살들이 저의 명호를 들으면 몸과 마음이 자연히 청정하고 환희하여 부처님과 같이 평등 가운데 안온히 머물게 될 것입니다. 보살의 마음으로 중생을 이롭게 하고 자연히 공덕의 근본을 갖추게 될 것입니다. 그리고 곧바로 음향인音響忍·유순인柔順忍·무생법인無生法忍을 획득하게 될 것입니다."(이 세 가지 인忍에 대한 해석은 제15품에서 살펴볼 것이다)

「득평등주得平等住」 평등은 불법계를 뜻함. 부처님과 같이 평등삼매 가운데 안온히 머무는 것을 말함.

「일이삼인一二三忍」 「인忍」은 인가한다는 뜻이니, 믿기 어려운 이치를 깊이 믿거나 의혹이 없음이고, 「일·이·삼의 인」은 음향인音響忍·유순인柔順忍·무생법인無生法忍을 가리킨다.

모든 불법에서 불퇴전을 현증할 수 없다면 정각을 성취하지 않겠나이다.

於諸佛法 不能現證不退轉者 不取正覺.

[解] 이것은 제48 「현증불퇴원現證不退願」이다.

"제가 부처 될 적에 타방세계 보살들이 저의 명호를 듣는다면 세 가지 불퇴전의 과위를 원만히 증득하도록 하겠습니다. 이상의 세 가지 서원을 실현할 수 없다면 저는 성불을 이루지 않겠습니다."

「불퇴전不退轉」 세 가지 불퇴전이 있다. 1) 위불퇴位不退: 수행의 과위 차제에서 물러나지 않음이니, 바로 소승의 초과인 수다원으로 다시는 범부의 자리로 물러나지 않을 것임을 가리킨다. 2) 행불퇴行不退: 보살행에서 물러나지 않음이니, 보살이 중생을 제도하는 행지行持에서 다시는 소승의 자리로 물러나지 않을 것이다. 3) 념불퇴念不退: 생각마다 원만하게 불도를 이루려 하여 다시는 십법계로 물러나 돌아가지 않을 것이다.

[필성정각必成正覺 제7]
제7품 반드시 정각을 이루리라

[解] 법장 비구는 선생님의 면전에서 「사십팔원」을 모두 말한 후 또한 게송의 형식으로 자신의 지성(至誠)을 다한 행원(行願)을 드러내 보인다. 그러자 즉시 감득하여 꽃비가 내리고, 땅이 진동하는 상서로운 모습이 나타나며, 공중에서는 반드시 성불할 것이라 찬탄하는 말이 울려 퍼진다.

부처님께서는 아난에게 말씀하시기를, "이때 법장 비구는 이 서원을 말하고 게송으로 노래하였느니라."

佛告阿難 爾時法藏比丘說此願已 以偈頌曰.

[解] 석가모니부처님께서 이난에게 말씀하셨다. "당시 법장 비구는 「48팔원」을 설한 후 또한 게송으로 찬탄하며 그의 심원을 드러냈다."

저는 일체 세간 뛰어넘는 뜻 세웠으니
반드시 위없는 불도를 이루겠나이다.
이러한 서원을 원만히 이루지 못한다면
저는 정각을 성취하지 않겠나이다.

我建超世志 必至無上道
斯願不滿足 誓不成等覺

[解] "나(법장 비구)는 일체 세간을 넘어서는 뜻과 원 세웠으니, 위없는 불도를 결정코 성취하리라. 이 사십팔 대원을 원만히 실현할 수 없다면, 나는 결정코 성불하지 않으리라."

[초세지超世志] 「초세超世」 일체 세간을 뛰어넘음. 「지志」는 뜻과 원. 성문 · 연각 · 보살을 넘어설 뿐만이 아니라 제불을 넘어섬을 가리킴.

또한 모든 중생의 대시주가 되어서
여러 궁한 자, 고생하는 자
두루 구제하겠나이다.
중생으로 하여금 기나긴 밤 동안
근심과 고뇌가 없도록 하겠나이다.
갖가지 선근이 생겨나도록 하여
보리과를 성취하도록 하겠나이다.

複爲大施主　普濟諸窮苦
令彼諸群生　長夜無憂惱
出生衆善根　成就菩提果

[解] "내가 성불할 때에는 십법계에 거하며 (일체중생에게 구경원만한 재財 · 법法 · 무외無畏의 세 가지 보시를 베풀어 주는) 대시주大施主가 되어서 그들이 받는 빈궁(貧窮; 복과 지혜가 원만하지 못함)과 곤고(困苦; 무명이 다하지 못함)를 다 구제하고, 각각 부류의 중생으로 하여금 생사 무명의 기나긴 밤과 같은 근심과 고뇌를 영원히 벗어나게 하며, 갖가지 선근을 생겨나게 하여 보리불과를 성취하게 하리라."

제가 무상정각을 성취한다면
저의 명호를 「무량수」라고 하겠나이다.
중생이 저의 명호를 들으면
저의 찰토에 함께 오도록 하겠나이다.
모두 부처님처럼 자마진금색의 몸과
미묘한 상호를 원만히 구족하도록 하겠나이다.

我若成正覺　立名無量壽
衆生聞此號　俱來我刹中
如佛金色身　妙相悉圓滿

[解] "내가 만약 성불한다면 명호를 「무량수無量壽」라고 하리라. 시방
세계 일체 중생이 나의 명호를 듣기만 하여도 환희심을 내어 믿고
받아들여 가르침에 따라 수행하고, 모두 나의 극락세계에 왕생하게
되리라. 나의 국토에 태어난 사람은 모두 부처님과 같이 자마진紫磨眞
황금색 몸을 지니고 삼십이 종 대장부의 원만한 상을 구족하게 되리
라."

또한 대비심으로
모든 품류의 중생을 이롭게 하도록 하겠나이다.
탐욕을 여의고 깊은 정념에 들어
청정심의 지혜로써 범행을 닦도록 하겠나이다.

亦以大悲心　利益諸群品
離欲深正念　淨慧修梵行

[解] 법장 비구께서 발원하며 말씀하셨다. "나의 국토에 왕생하는 사람들은 나와 같이 대자비의 마음으로 시방세계 일체중생을 이롭게 하리라. 그들을 이롭게 하기 위하여 먼저 자기 자신이 일체 세간의 탐욕을 멀리 여의는 수행을 모범으로 보이고, 정념正念에 깊이 들어가 청정한 지혜로써 청정한 무욕의 행을 부지런히 닦으리라."

「제군품諸群品」 위로 등각보살에서 아래로 지옥 중생을 가리킴.

「정념正念」 우주와 인생의 참모습과 상응하는 정확한 사상과 관념을 말한다.

원하옵건대, 저의 지혜광명이
시방세계에 널리 비추어서
탐진치 삼독의 어두움을 제거하고,
밝은 지혜로 온갖 액난을 구제하도록 하겠나이다.
　願我智慧光　普照十方刹
　消除三垢冥　明濟衆厄難

삼악도의 고통을 완전히 여의고,
여러 번뇌의 어두움을 소멸하도록 하여
저들이 갖춘 지혜의 눈을 열어주고
여래의 광명법신을 증득하도록 하겠나이다.
　悉舍三途苦　滅諸煩惱暗
　開彼智慧眼　獲得光明身

일체 악도의 문을 닫아 막고,
선취의 문을 활짝 열어 주며,
중생을 위해 법장을 열어

일체 공덕의 보배를 널리 베풀도록 하겠나이다.

閉塞諸惡道　通達善趣門
爲衆開法藏　廣施功德寶

[解] 원컨대 나의 무량한 지혜광명을 시방 제불의 세계에 두루 비추리라. 일체 중생의 탐·진·치 세 가지 물든 때가 만들어낸 우매한 어둠을 제거하리라. 십법계 일체 중생의 갖가지 고액과 재난을 구제하여 일체 중생이 모두 깨달음을 얻게 하고. 삼악도의 극렬한 괴로움을 버리고, 번뇌의 어두움을 없애버리게 하리라. 중생의 자성이 본래 갖추고 있는 지혜의 눈을 열고, 아울러 여래와 같은 광명·청정법신(光明身)을 증득하도록 도우리라.

일체 악취惡趣로 통하는 경로를 다 막아 버리고, 극락세계로 통하는 지극히 좋은 결정코 성불하는 문을 활짝 열어 주리라. 중생을 위해 갖가지 묘법을 열어 보이리니, 그 목적은 중생에게 염불로 성불하는 공덕의 보물을 광범위하게 베풀어 줌에 있느니라.

「삼구명三垢冥」 명冥은 무명無明으로, 진실한 지혜가 없어서 우주와 인생의 참모습을 밝게 알지 못함을 뜻한다. 「명제明濟」 밝은 지혜로 제도함을 말한다.

「번뇌암煩惱暗」 무명 등의 번뇌가 자성의 광명을 덮어버려서 사람을 우매하고 무지하게 함을 비유한 것이다. 「지혜안智慧眼」 오안五眼의 하나로 중생이 본래 갖추고 있는 여래의 지혜공능이다.

「공덕보功德寶」 염불로 공이 있으면 왕생은 그 덕이고, 왕생으로 공이 있으면 불퇴가 그 덕이며, 불퇴가 공이 있으면 성불이 그 덕이다. 「보寶」는 이 한 마디 부처님 명호가 위없는 공덕임을 비유한 것이다.

부처님처럼 지혜는 걸림 없고

행하는 일마다 자비를 행하여
항상 제천·인간의 스승이 되고
삼계의 영웅이 되도록 하겠나이다.

　如佛無礙智　所行慈愍行
　常作天人師　得爲三界雄

사자후처럼 설법하여
일체 유정을 널리 제도하도록 하겠나이다.
옛적에 발한 48원을 원만히 이루어
일체 중생이 모두 성불하도록 하겠나이다.

　說法獅子吼　廣度諸有情
　圓滿昔所願　一切皆成佛

[解] 원컨대 내가 여러 부처님들과 같이 자유자재하고 걸림이 없는 지혜를 지녀서, 대자비의 마음으로 일체 중생을 이롭게 하고, 항상 천인의 대도사가 되고 삼계의 큰 영웅이 되리라.

사자후처럼 설법하여서 일체 중생을 광범위하게 제도하리라. 내가 과거 발원한 48대원을 원만히 성취하여서, 일체 중생으로 하여금 일생에 평등하게 모두 다 불도를 이루게 하리라.

「사자후獅子吼」 사자가 한번 포효하면 온갖 짐승들이 다 겁을 먹듯이 세존께서 설하신 법문이 대중을 움직이게 하고 외도들을 항복시킴을 비유한 것이다.

이 서원을 원만히 성취해내면
삼천대천세계 제불 성중이 마땅히 감동하고,

허공에서는 제천의 선신·호법신들이 환희하며,
진기하고 미묘한 천상의 꽃을 비오듯 내리오리다.

斯願若剋果　大千應感動

虛空諸天神　當雨珍妙華

[解] 내가 발한 이 대원이 원만히 성취될 수 있다면 삼천 대천세계의
일체 천인·사람·신·신선 모두 마땅히 감동하게 되리라. 그리고
공중에서는 여러 분의 천신들이 자연히 환희하면서 서상을 나타내
보이고, 천상에서 진기하고 미묘한 하늘 꽃을 내려 주리라. (그를
위하여 모든 서원이 다 원만하게 실현되어 허망하지 않을 것임을
증명해 보이는 것이다)."

부처님께서 아난에게 말씀하시기를, "법장 비구가 이 게송을 읊고
나자, 이때 상스러운 감음이 있어 두루 대지가 6종으로 진동하였고,
하늘에서는 미묘한 꽃이 비 오듯 내려와 법회가 열리는 상공 위로
흩날렸으며, 공중에서 저절로 음악이 울리면서 찬탄하여 말하기를,
「법장 비구는 반드시 무상정각을 성취하리라.」"

佛告阿難. 法藏比丘 說此頌已. 應時普地六種震動. 天雨妙華 以散其上.
自然音樂空中讚言 決定必成無上正覺.

[解] 석가모니부처님께서 아난에게 말씀하셨다. "법장 비구께서 그의
원망願望을 설하여 마치자 곧바로 서상이 감응하여, 대지에는 여섯
가지 진동이 두루 나타났고, 하늘에서는 미묘한 꽃들이 내려와 법회
가 열리는 상공으로 흩날렸으며, 공중에서는 자연히 음악이 울리면서
법장 비구가 반드시 결정코 무상정각을 성취할 것이라고 찬탄하였느

니라."

「응시應時」 감응할 때를 말함.

[육종진공六種震動] 진동하는 것에 「동動, 기起, 용涌, 진震, 후吼, 격擊」의 여섯 가지 형상이 있으니, 동動은 동요이고 기起는 상승이며, 용涌은 파동이니, 이 세 가지는 형체의 변화이고, 진震은 소리가 나는 것이며, 후吼는 거대한 소리이고, 격擊은 마치 치는 듯한 소리이니, 이 세 가지는 소리의 변화이다.

[적공누덕積功累德 제8]

제8품 무량한 공덕을 쌓다

아난아, 법장 비구는 세자재왕여래 앞에서 제천·인간 대중 가운데서 이러한 대원을 발하고서 진실의 지혜에 머물며 용맹 정진하며 심지心志를 한결같이 힘차게 나아가 미묘한 국토를 장엄하였느니라. 그가 수행하여 성취한 불국토는 확 트여 통해 있고 끝도 없이 광대하며 제불국토보다 수승하고 홀로 미묘하며, 건립된 국토는 영원히 변치 않아 일체 만물이 쇠하지도 않고 변하지도 않았느니라.

阿難 法藏比丘 於世自在王如來前. 及諸天人大衆之中. 發斯弘誓願已. 住眞實慧. 勇猛精進. 一向專志莊嚴妙土. 所修佛國 開廓廣大. 超勝獨妙. 建立常然 無衰無變.

[解] 부처님께서 아난에게 말씀하셨다. "법장 비구께서는 세자재왕여래 앞에서, 그리고 법회에 있던 천인 대중 가운데에서 이상의 크고 깊은 서원을 발하셨다. 이에 진실의 지혜 가운데 안온히 머물렀고, 아무런 두려움 없이 정진 수지하셨으며, 한마음 한뜻으로 청정하고 미묘한 국토를 장엄하셨다. 이렇게 수행하여 이룬 불국토(극락세계)는 아무런 걸림도 없이 확 트여 통해 있고 끝도 없이 광대하여, 제불 국토보다 수승하게 뛰어나서, 오승五乘의 사람들이 왕생하여 평등하게 성불하나니, 특히 홀로 미묘하다. 또한 건립된 국토는 영원하여 항상 변하지 아니하여, 일체의 만물이 모두 변하지도 무너지지도 않느니라."

「진실혜眞實慧」 진여실상眞如實相과 상응하는 지혜.

[일향전지一向專志] 심지心志를 한결같이(心志專一) 힘차게 나아간다(一往直前)는 뜻.

[초승독묘超勝獨妙] 오승五乘(인간 · 천인 · 성문 · 연각 · 보살)이 나란히 보토에 들어감을 「초승超勝」이라 하고, 오직 극락세계 오승의 대중만이 왕생하여 물러남 없이 평등하게 성불하므로 「독묘獨妙」라고 한다.

법장 비구는 무량겁에 덕행을 쌓고 심어서 (안으로) 탐진치 · 욕망, 온갖 망상을 일으키지 않았고, (바깥으로) 색성향미촉법에 집착하지 않았으며, 다만 기뻐하며 과거 제불께서 닦으시던 선근을 억념하였느니라. 또한 (열반) 적정의 행을 행하여 헛된 망상을 멀리 여의었고, 진제의 문에 의지하여 온갖 덕의 근본을 심었느니라.

於無量劫 積植德行. 不起貪瞋癡欲諸想. 不著色聲香味觸法. 但樂憶念. 過去諸佛 所修善根. 行寂靜行 遠離虛妄. 依眞諦門 植衆德本.

[解] 이 단의 경문에서부터 청정무염清淨無染까지는 모두 법장 비구께서 인지因地에 계실 때 하신 수행에 대하여 설명하고 있다. 원래 그분께서는 무량겁 이전에 이미 덕행을 쌓고 길렀다. 이 덕행으로 마음속으로는 탐 · 진 · 치 삼독三毒의 생각이 일어나지 않고, 밖으로는 자연히 색깔 · 소리 · 냄새 · 맛 · 감촉 · 대상에 집착하지 않을 수 있었다. 법장 비구께서 일심으로 우러러 그리워하며 좋아하신 것은 오직 과거의 여러 부처님께서 닦으시던 갖가지 선근뿐이었으므로 스스로 행하고 남을 교화할 때에 안으로는 마음이 일어나지도 생각이 움직이지도 않으며, 밖으로는 경계와 인연에 미혹되지 않아서 적정의 행을 행할 수 있었다. 그리하여 일체의 헛된 망상을 멀리 여의고, 사리와 진상에 상응하는 진실한 방법과 방도에 의지하여 일체 덕행의 근본을 길렀다.

「탐진치욕제상貪瞋痴欲諸想」「탐貪」은 분에 넘치는 것을 희구하는 것이고, 「진瞋」은 자기 자신의 마음과 뜻에 거슬리는 인사와 환경에 대하여 원망하고 한탄하는 평화롭지 않은 심리가 일어나는 것이고, 「치痴」는 사리와 진상에 밝지 못함을 가리키고, 「욕欲」은 갖가지 욕망을 가리킨다.

「색성향미촉법不著色聲香味觸法」 육진六塵을 말함. 눈으로 보는 대상을 색진色塵이라 하고, 귀로 듣는 대상을 성진聲塵이라 하고, 코로 냄새 맡는 대상을 향진香塵이라 하고, 혀로 맛보는 대상을 미진味塵이라 하고, 몸으로 감각하는 대상을 촉진觸塵이라고 하며, 뜻으로 분별하는 대상을 법진法塵이라 한다. 이러한 바깥의 경계가 청정한 마음을 오염시킬 수 있으므로 「먼지(塵)」에 비유한다.

「적정행寂靜行」 진지하게 적극적으로, 스스로 행하고 남을 교화시키는 것이니, 남을 위하여 연설하며 마음속에 망상과 분별이 일어나지 않아 밖으로는 육진경계에 집착하지 않고, 안으로는 마음을 일으키고 생각을 움직이지 않는 심행心行을 적정행이라 한다.

「진제문眞諦門」 성불을 수행하는 진실한 방법의 문이자 지름길(方法門徑). 「제諦」는 「진실眞實」의 뜻.

온갖 괴로움을 헤아리지 않고, 작은 욕망에 만족할 줄 알며, 선법을 전일하게 구하며, 모든 중생에게 이익을 베풀었고, 뜻을 두어 발원함에 싫증내는 마음이 없이 인욕하는 힘을 성취하였느니라.

不計衆苦. 少欲知足. 專求白法 惠利群生. 志願無倦 忍力成就.

[解] 법장 비구께서는 갖가지 고뇌를 따지지도 않고, 작은 것에 만족할 줄 알며, 일심으로 오로지 선법善法을 구하여, 일체 중생에게 진실한 이익을 베풀어 이롭게 한다. 자신이 발원한 대원에 영원히 지치거나 싫증내지 않고, 결연하며 의지가 굳건하여 인내력을 성취하였다.

「백법白法」 옛날 인도인들은 검은 색과 흰색으로 선과 악을 나타내었기에 선법을 백법이라 하였다.

[인력성취忍力成就] 「인력忍力」은 육도에서 인욕하는 힘으로 물질환경, 인사환경 그리고 수학상 마주치는 순경·역경 모두를 참아낼 수 있는 힘을 가리킨다. 인력공부가 원만함을 인력성취라 함.

일체 유정에게 늘 자비심과 참고 용서하는 마음을 품고, 온화한 얼굴과 따뜻한 말로 권유하고 격려하며, 삼보를 공경하고 스승과 부모를 받들어 모심에 허위와 아첨의 마음이 없었느니라.

於諸有情, 常懷慈忍. 和顔愛語, 勸諭策進. 恭敬三寶. 奉事師長. 無有虛僞諂曲之心.

[解] 일체 중생에게 마음속에 늘 자비와 인내하고 양보하는 마음을 품었고, 늘 온화하고 기쁜 얼굴로 다른 사람을 상대하였다. 진성眞誠·배려·애호를 담은 언어로 권유하고 채찍질하여 중생이 괴로움을 여의고 즐거움을 얻도록 도와주었다. 또한 스승과 어른을 공경하고 존중하며 받들어 모시고, 가르침에 따라 받들어 행함에 겉으로는 받드는 척하면서 속으로는 거스르는 거짓된 마음이 전혀 없었다.

[화안애어和顔愛語] 「화안和顔」은 온화한 얼굴, 「애어愛語」는 참 정성을 담아 관심을 갖고 아끼고 보호하는 말.

[권유책진勸諭策進] 「권勸」은 노력하라고 권하는 것이고, 「유諭」는 알아듣도록 설득하는 것이며, 「책진策進」은 채찍질하며 촉진하는 것을 말한다.

[첨곡諂曲] 「첨諂」은 아첨하고 아양을 부리며 따르는 것이고, 「곡曲」은 사실을 왜곡하는 것이다.

법장 비구는 지혜와 복덕으로 (육도만행 등) 온갖 행지를 장엄하여 흠결 없이 모범을 보일 수 있었으니, (안으로는) 일체제법이 환화幻化 같다 조견하여 상적常寂의 깊은 삼매에 머물렀고, (밖으로는) 구업을 잘 지켜서 남의 허물을 비난하지 않았고, 신업을 잘 지켜서 계율 위의를 잃지 않았으며, 의업을 잘 지켜서 청정하고 물들지 않았느니라.

莊嚴衆行, 軌範具足. 觀法如化. 三昧常寂. 善護口業 不譏他過. 善護身業
不失律儀. 善護意業 淸淨無染.

[解] 법장 비구께서는 생활·행위는 복덕·지혜와 상응(복덕·지혜를
원만하게 구족)하여 이로써 장엄을 삼았다. 그분의 언행이 모두 십법계
일체 중생의 모범이 될 수 있었던 것은, 즉「온갖 행을 장엄하고
궤범을 구족(莊嚴衆行 軌範具足)」할 수 있었던 것은 모두 다「법을 환과
같다 관하여 바르고 변함없이 적정을 누림(觀法如化 三昧常寂)」으로써
가능하였다. 여러 가지 법이 다 환幻 같고, 화化 같다고 관찰하여
알게 되어야만, 망상·분별·집착을 영원히 끊고, 바르고 변하지
않는 적정을 누릴 수 있다. 구체적으로 실제 생활에 맞아 떨어져서,
자연히 성취하였나니 구업(口業)을 잘 지켜서 다른 사람의 과실을
비난하지 않았고, 신업(身業)을 잘 지켜서 계율의 위의를 범하지 않았
으며, 의업(意業)을 잘 지켜서 망상과 분별을 일으키지 않아서 마음속
이 청정하여 물들지 않았다.

「관법여화觀法如化」지혜로써 세간 일체의 사물이 마치 꿈·한영·물거품·그림자와
같이 진실하지 않고, 정지함이 없이 변화하며, 진실로 존재하는 것이 아니라고 관찰함을
말한다.

「삼매상적三昧常寂」「삼매三昧」는 바르고 변함이 없는 향수를 가리키고,「상적常寂」은
항상하고 청정함이 지극한 곳을 적정이라 부르나니, 이는 평상 생활에서 누리는
것으로 신심이 영원히 최고의 청정을 유지하고 있음을 말한다.

**모든 대도시와 작은 촌락, 가족·권속과 진귀한 보배 등에 결코
집착하지 않았으며, 항상 보시·지계·인욕·정진·선정·지혜의
육바라밀 행으로 중생을 교화하여 안온히 건립하도록 하고 위없는
진정한 도에 머물렀느니라.**

所有國城 聚落 眷屬 珍寶 都無所著. 恒以布施 持戒 忍辱 精進 禪定
智慧 六度之行. 教化安立衆生 住於無上眞正之道.

[解] 법장 비구께서는 모든 큰 도시와 작은 촌락, 그리고 가족, 권속들
과 세간의 보물들까지도 모두 집착하지 않았다. 이 모든 것을 다
언제나 가져다 보시하였다. 보시·지계·인욕·정진·선정·지혜
는 보살들이 생활하면서 수학하는 여섯 가지 행위로써 무량한 중생을
인도하고 교화하시어, 일체 중생으로 하여금 모두 다 서방극락세계에
왕생하여 안온히 머물 수 있도록 하였다.

[교화안립敎化安立]「교敎」는 교도함이니, 생활하면서 수학하는 방법을 사회 대중에게
전수하고 교도하는 것이다.「화化」는 가르치고 배우는 성과를 가리키는데 중생을
도와 악을 선으로 바꾸고 범부를 성인으로 바꾸는 것이다.「안립安立」이란 세움이니
보리심을 세운다는 뜻임.

이와 같이 여러 선근을 성취하였기에 태어나는 곳마다 무량한 보배
창고가 저절로 감응하여 나타났나니, 혹은 장자나 거사·부유한
집안이나 존귀한 신분이 되기도 하였고, 혹은 찰제리 국왕이나
전륜성왕이 되기도 하였으며, 혹은 육욕천의 천주 내지 범왕이
되기도 하였느니라.

由成如是諸善根故. 所生之處 無量寶藏 自然發應. 或爲長者居士 豪姓尊
貴. 或爲刹利國王 轉輪聖帝. 或爲六欲天主 乃至梵王.

[解] 법장 비구께서는 위에서 말한 모든 선근을 성취함으로 말미암아
그분이 얻은 과보는 태어나는 곳마다 무량한 복덕과 지혜의 보배
법장이 자연히 열리며 드러난다. 감득하여 태어날 때마다 존귀한
가문에서 태어나고, 덕망이 높고 존중 받으며, 재물이 충족하다.
혹 어떤 이는 국왕이나 전륜성왕이기도 하고, 혹 어떤 이는 육욕천의

왕 내지 대범천왕이 되기도 하신다.

또한 제불의 처소에서 일체 제불을 존중하고 공양하기를 중단한
적이 없었나니, 이와 같은 공덕은 이루 다 말로 설명할 수 없느니라.

於諸佛所 尊重供養 未曾間斷. 如是功德 說不能盡.

[解] 여러 부처님의 처소에서 그분께서는 영원히 중단하지 않고 여러
부처님들께 존중하며 공양하셨다. 이상에서 말한 바와 같이 (법장
비구의) 공덕은 무량무변이라, 이를 말로 다 설명할 수가 없다.

그의 몸과 입에서는 전단향과 우발라화처럼 늘 무량한 미묘한 향기
가 흘러 나왔고, 그 향기가 무량한 세계에 두루 배였느니라. 태어나는
곳마다 상호가 단정 장엄하여 32상 80종호를 모두 다 구족하였느니
라. 그의 손에서는 늘 다함이 없는 보배와 장엄 도구들이 흘러나왔으
니, 일체가 구하는 것들이고 최상의 물건들로 유정에게 이롭고
그들이 좋아하는 것이었느니라.

身口常出無量妙香. 猶如栴檀, 優鉢羅華. 其香普熏無量世界. 隨所生處,
色相端嚴. 三十二相, 八十種好, 悉皆具足. 手中常出無盡之寶, 莊嚴之具.
一切所須, 最上之物, 利樂有情.

[解] 법장 비구의 입에서는 늘 중단 없이 한량없는 미묘한 향이
흘러나와서 전단과 우발라화의 향기와 똑같이 그분의 향기가 무량한
세계에 두루 배이게 할 수 있다. 어느 지방에서 출생하여 부처가
되든지 상관없이 그분의 몸은 단정하고 장엄하여, 32상 80종호를
모두 다 구족하는 과보를 얻었다. 그분의 두 손은 만능이어서, 항상

다함이 없는 장엄도구들이 창조되어 나왔다. 만들어내는 물건들은
모두 사람들이 필요로 하는 것들이고, 게다가 가장 좋아하는 물건들
이었다. 그분의 갖가지 재주와 예능은 모든 중생을 이롭게 할 수
있으니, 대중을 위하여, 사회를 위하여, 국가를 위하여, 세계를 위하
여 복을 만든다.

[수중상출무진지보手中常出無盡之寶 장엄지구莊嚴之具] 이 두 구절이 함축하고 있는
의미는 법장 비구가 다재다능하여서 두 손으로 못하는 일이 없었으며, 많은 중생들을
위하여 좋은 일을 하였다는 것이다.

**이러한 인연으로 무량한 중생이 모두 다 아뇩다라삼먁삼보리심을
발하도록 하였느니라."**

由是因緣 能令無量衆生 皆發阿耨多羅三藐三菩提心.

[解] 법장 비구께서 이상의 갖가지 공덕을 쌓은 인연으로 인하여
능히 무량무수의 중생을 감화시키고 모두 다 성불의 마음을 일으키도
록 할 수 있다.

(보충 주석) 이 품의 경문은 법장 비구께서 사십팔원을 발원하신
이후에 구체적으로 효과를 성취하는 것입니다. 무량겁을 경과하면서
공덕을 쌓아 심고 수많은 덕을 누적하면서 그 의보依報와 정보正報가
수승한 장엄을 구족하여 일체 중생들이 이로 말미암아 감화 받고
위없는 정각의 마음을 발하게 되는 것입니다.

[원만성취圓滿成就 제9]

제9품 수행과 공덕을 원만하게 성취하다

[解] 앞에서는 법장 비구께서 인지因地에서 하신 수행을 소개하였고, 이 품의 경문에서는 그분께서 수행으로 획득한 원만한 성취를 보여주시니, 법장 비구께서 성불한 이후의 원만한 과덕果德을 설명한다.

부처님께서 아난에게 말씀하시기를, "법장 비구는 보살행을 닦고 공덕을 쌓음이 무량무변하여 일체 제법에 자재함을 얻었으니, 이는 언어로 분별하여 알 수 있는 것이 아니니라. 그가 발한 서원을 원만히 이루어서 제법실상의 이치에 안온히 머물러 있었던 까닭에 장엄·위덕·광대함이 무량무변한 청정불토를 구족하였느니라."

佛告阿難. 法藏比丘 修菩薩行. 積功累德. 無量無邊. 於一切法 而得自在. 非是語言分別之所能知. 所發誓願 圓滿成就. 如實安住 具足莊嚴 威德廣大淸淨佛土.

[解] 부처님께서 아난에게 말씀하셨다. "법장 비구께서는 보살의 육도만행六度萬行을 닦으면서 무량무변한 공덕을 쌓은 까닭에 일체 법에서 대자재를 얻으셨나니, 이 같은 과보는 언어나 사상으로는 표현할 수도 이해할 수도 없다. 그분은 자신이 발한 사십팔 대원을 이미 원만하게 성취하였다. 극락세계 일체는 모두 제법의 진여실상인 일진법계一眞法界에 여실히 안온히 머무는 까닭에 장엄·위덕·광대함이 어떠한 변재로도 표현할 수 없는 청정불토를 구족하였다.

[여실안주如實安住]「여실如實」은 진여실상. 이는 제법실상의 이치에 안온히 머뭄.

[위덕威] 「위威」는 절복折伏의 뜻이고 「덕德」은 섭수攝受의 뜻이다.

아난은 부처님께서 하신 말씀을 듣고 세존께 여쭈기를, "법장보살이 원만한 대 보리를 성취하나니, 이분은 과거의 부처님이옵니까? 미래의 부처님이옵니까? 지금 현재 타방세계에 계시는 부처님이옵니까?"

阿難聞佛所說. 白世尊言. 法藏菩薩成菩提者. 爲是過去佛耶. 未來佛耶. 爲今現在他方世界耶.

[解] 아난이 부처님께서 하신 말씀을 듣고 나서, 세존께 여쭈었다. "법장보살께서 수학하여 성취한 대각大覺의 불과佛果는 과거불입니까? 미래불입니까? 아니면 지금 현재에 타방세계의 부처입니까?"

세존께서 말씀하시기를, "저 불·여래께서는 오셔도 오신 바가 없고, 가셔도 가신 바가 없으며, 생함도 멸함도 없으니, 과거의 부처님도 현재의 부처님도 미래의 부처님도 아니니라.

世尊告言. 彼佛如來. 來無所來. 去無所去. 無生無滅. 非過現未來.

[解] 세존께서 대답하여 말씀하셨습니다. "아미타부처님의 법신은 일체 처에 두루 하시기 때문에, 오시어도 오신 곳이 없고, 가시어도 가신 곳이 없으며, 소위 생함도 없고 이른바 멸함도 없어, 그분이 과거불인지 현재불인지, 혹은 미래불로 나투실지 말할 수 없느니라."

[내무소래來無所來 거무소거去無所去] 부처님의 법신은 일체 처에 두루 하신 까닭에 오시는 것도 가시는 것도 없다.

[무생무멸無生無滅] 생겨나지도 멸하지도 않으니, 부처님 구경의 열반경계를 말함.

단지 중생 제도의 본원을 실행함으로써 현재 서방에 나타나 계심을 보이시느니라. 염부제에서 백천구지 나유타(십만억) 불찰토나 떨어진 곳에 세계가 있나니, 「극락」이라 이름하느니라.

但以酬願度生 現在西方. 去閻浮提百千俱胝那由他佛刹. 有世界名曰極樂.

[解] 아미타부처님께서는 그가 발원한 중생 제도의 서원을 실천하기 위하여 서방세계에 나투어 계시니, 우리들의 이 세계에서 거리가 10만억 불국토인 곳에 「극락세계」라 부르는 그분께서 건립하신 세계가 있다.

"법장 비구가 성불하시고, 명호를 「아미타」라 하였느니라. 성불하신 이래 지금까지 십 겁이 지났으며, 지금 그곳에서 안온히 주지하시면서 법을 설하고 계시느니라. 무량무수한 보살과 성문대중이 있어 아미타부처님을 공경하며 둘러싸고 있느니라."

法藏成佛 號阿彌陀. 成佛以來 於今十劫. 今現在說法. 有無量無數菩薩聲聞之衆 恭敬圍繞.

[解] 법장 비구께서 이미 철저하게 깨달아서 구경에 성불하시고 명호를 「아미타불」이라 부른다. 그분께서 성불한 지는 지금까지 십겁이 지났으며, 지금 현재 극락세계에 계시면서 경전을 강하고 법문을 설하고 계신다. 극락세계에는 무량무변의 보살·성문 성중께서 계시는데, 그들은 부처님을 공경하며 에워싸고 설법을 듣고 계신다.

[개원작불皆願作佛 제10]

제10품 모두 부처가 되길 발원하다

[解] 앞에서는 아미타부처님께서 수행한 인연과 증득한 과보에 대하여 말씀하셨다. 이 품의 경문에서는 중생이 다만 왕생을 발원하기만 하면 모두 두루 성취하여 평등하게 성불할 수 있다는 석가모니부처님의 설법을 듣는다.

부처님께서 아미타부처님이 보살이 되어 이 대원을 구해 성취하셨다고 말씀하셨을 때, 아사세 왕자와 5백 명의 대 장자들은 이 말씀을 듣고 모두 크게 환희하였다.

> 佛說阿彌陀佛爲菩薩求得是願時. 阿闍王子 與五百大長者 聞之皆大歡喜.

[解] 세존께서는 아미타부처님께서 과거 보살로 인지因地에 계셨을 때에 발원하고 수행하여 과보를 증득한 사실을 소개하셨다. 당시에 법회에 참가하여 경전을 듣던 아사세 왕자와 오백 대 장자들은 이 말씀을 들은 후에 모두 대환희심을 일으켰다.

각자 금빛 화개를 하나씩 가지고 모두 부처님 앞으로 와서 예를 올렸나니, 화개를 부처님께 공양하고 나서 바로 한쪽 자리로 물러나 앉아 경전을 듣고서 마음속으로 발원하기를, "저희들이 부처 될 적에 모두 아미타부처님과 같게 하옵소서."

> 各持一金華蓋 俱到佛前作禮. 以華蓋上佛已 卻坐一面聽經. 心中願言.

令我等作佛時 皆如阿彌陀佛.

[解] 들은 한 사람 한 사람 모두 한 개씩 금빛 연화덮개를 잡고서
일제히 부처님 앞으로 와서 예배를 드렸다. 금빛 연화덮개를 부처님
께 공양하고, 연이어 자기의 자리로 돌아가서 한쪽에 편안히 앉아서
경전을 청하였다. 이때에 그들은 마음속으로 모두 발원과 희망이
있었으니, 자기 자신이 장차 성불할 때에도 일체가 모두 아미타부처
님과 같아지기를 희망하였다.

**부처님께서 즉시 그들의 마음을 알아차리시고 여러 비구들에게
말씀하시기를, "이들 왕자 등은 나중에 부처가 되리라. 그들은 이전
세상에서 보살도에 머물렀고, 무수겁 이래로 4백억 부처님께 공양하
였느니라. 가섭부처님 때 그들은 나의 제자였고, 지금도 내게 공양하
러 와서 다시 만나게 되었느니라."**

佛卽知之. 告諸比丘 是工了等 後當作佛. 彼於前世住菩薩道 無數劫來
供養四百億佛. 迦葉佛時 彼等爲我弟子. 今供養我 複相値也.

[解] 아사세 왕자 등은 마음속으로 대원을 일으킨 후, 세존께서는
바로 알아차리셨다. 그리하여 법회에 참여한 비구 대중에게 이르셨
다. "아사세 왕자와 오백인 등은 이후에 결정코 성불하게 될 것이다.
그들은 이전 세상에서도 보살의 대행大行을 줄곧 모두 수습하며 보살
의 도에 편안히 머물렀다. 무수한 겁을 지나오면서 일찍이 사백억
부처님께 공양을 하였고 공덕을 폭넓게 닦았다. 과거 가섭부처님이
세상에 머물러 계시던 시대에 그들은 나의 제자였나니, 그들이 오늘
나에게 와서 공양함으로써 우리가 또 다시 서로 만나게 되었으니,
이것이야말로 수승한 인연인 것이다.

「가섭불伽葉佛」현겁賢劫의 제3존불로 석가모니부처님 이전의 일존불一尊佛이심.

그때 모든 비구들은 부처님 말씀을 듣고서 그들을 대신하여 모두 기뻐하였다.

時諸比丘聞佛言者 莫不代之歡喜.

[解] 당시 법회에 참가한 비구 대중은 부처님의 말씀을 듣고, 아사세 왕자 등 오백 인을 대신해 모두 기쁨과 안심을 느끼게 되었다.

[국계엄정國界嚴淨 제11]

제11품 극락세계의 장엄청정

[解] 이 품의 경문에서는 세존께서 극락세계 환경의 장엄 청정을 소개하신다.

부처님께서 아난에게 말씀하시기를, "저 극락세계는 무량한 공덕장엄을 구족하고 있느니라."

佛語阿難 彼極樂界 無量功德 具足莊嚴.

[解] 세존께서 아난존자에게 말씀하셨다. "극락세계는 무량한 공덕과 장엄을 구족하고 있기 때문에 일체가 아름답고 어떠한 결함도 없느니라."

온갖 괴로움과 여러 고난, 악취와 마장·번뇌의 이름도 영원히 없느니라.

永無衆苦 諸難 惡趣 魔惱之名.

[解] 극락세계에는 삼고三苦·팔고八苦 등의 갖가지 고뇌가 영원히 없고, 삼재三災·팔난八難 등의 갖가지 재난도 없으며, 삼악도三惡道와 마구니 번뇌 등의 명칭조차도 없나니, 이 일들이 있겠는가?

또한 사계절, 추위와 더위, 흐리고 비 오는 등의 기후변화도 없느니

라. 또 크고 작은 강과 바다, 구릉과 구덩이, 가시나무와 자갈밭, 철위산·수미산·토석산 등의 지리환경의 차이도 없느니라.

亦無四時 寒暑 雨冥 之異. 複無大小江海 丘陵坑坎 荊棘沙礫 鐵圍 須彌 土石等山.

[解] 극락세계 내에는 사계절이 바뀌고, 추위와 더위가 오며, 흐리고 비 오는 등의 이러한 기후변화가 없다. 또 크고 작은 강과 바다, 구릉과 구덩이, 가시나무와 자갈밭, 철위산, 수미산, 토석 등의 이러한 지리환경의 차이가 없다.

「철위鐵圍」 하나의 단위 세계 바깥을 에워싼 큰 산.

「수미須彌」 인도어로 신묘하고 높은 산이란 뜻으로 이것은 하나의 소세계의 중심이다.

극락국토는 오직 저절로 칠보로 원만히 성취되어 있고 황금으로 땅이 포장되어 있으며, 관활·광대하고 평등·정대하여 한계가 없으며, 미묘·기특·화려하여 장엄청정이 시방 일체 세계를 뛰어넘느니라."

唯以自然七寶 黃金爲地. 寬廣平正 不可限極. 微妙 奇麗. 淸淨 莊嚴. 超逾十方一切世界.

[解] 서방극락세계의 물질 환경은 모두 칠보로 자연히 이루어진 것들이다. 황금으로 땅을 포장하고, 면적이 광대하여 계산할 수 없을 뿐만 아니라, 국토가 미묘·기특·화려하여 청정 장엄이 시방세계를 뛰어넘었다.

「칠보七寶」 금·은·유리·수정·호박·미옥·마노를 말한다. 「칠七」이란 여기서는 원만을 표시하고, 「七寶」도 한량없이 많은 진기한 보배를 가리킨다.

아난이 부처님의 말씀을 듣고 나서 세존께 여쭈기를, "만일 저 국토에 수미산이 없다면 그 사천왕천과 도리천은 무엇에 의지하여 머무옵니까?"

阿難聞已 白世尊言. 若彼國土無須彌山. 其四天王天 及忉利天 依何而住.

[解] 아난이 부처님의 말씀을 들은 후에 세존께 여쭈었다. "만일 극락세계에 수미산이 없다면, 사천왕천과 도리천은 어느 것에 의지하여 머무는 것입니까?"

「사천왕천四天王天」 욕계의 첫 번째 층에 있는 하늘로, 수미산 산허리에 있음.

「도리천忉利天」 욕계의 두 번째 층에 있는 하늘로, 수미산의 정상에 있음. 이 두 하늘은 모두 땅에 의지하고 있는 지거천地居天이다.

부처님께서 아난에게 말씀하시기를, "야마천과 도솔천, 내지 색계·무색계의 일체 제천들은 무엇에 의지해 머무느냐?" 아난이 부처님께 아뢰기를, "불가사의한 업력의 소치이옵니다."

佛告阿難. 夜摩兜率 乃至色無色界 一切諸天 依何而住. 阿難白言. 不可思議業力所致.

[解] 부처님께서 아난에게 반문하였다. "야마천과 도솔천 그리고 색계천과 무색계의 모든 제천들은 어느 것에 의지하여 머무는가?" 아난이 대답하여 말하였다. "중생의 불가사의한 선정·공덕의 힘에 의지하여 머뭅니다."

부처님께서 아난에게 말씀하시기를, "그대는 불가사의한 업력을 알고 있느냐? 그대 자신의 과보도 불가사의하고, 중생의 업보 또한 불가사의하며, 중생의 선근도 불가사의하고, 제불의 위신력과 제불의 세계 또한 불가사의하니라. 그 국토의 중생은 공덕과 선근의 힘에 의지하고, 아미타부처님의 행업으로 성취한 땅이며, 아미타부처님의 위신력으로 성취한 까닭에 이렇게 안온히 머물 수 있느니라."

佛語阿難. 不思議業 汝可知耶. 汝身果報 不可思議. 衆生業報 亦不可思議. 衆生善根 不可思議. 諸佛聖力 諸佛世界, 亦不可思議. 其國衆生. 功德善力. 住行業地. 及佛神力. 故能爾耳.

[解] 부처님께서 아난에게 말씀하셨다. "불가사의한 업력이 포괄하는 범위는 매우 깊고도 매우 넓다는 것을 너는 알고 있느냐? 그대 자신의 과보가 불가사의하다면, 왜 무량무변의 세계가 있는가? 왜 삼도三途와 육도六道가 있는가? 중생의 업인·과보의 차이가 불가사의함으로 인하여, 중생이 불교공부를 하는 선근이 불가사의하니라. 시방 삼세의 일체 제불께서 그들의 대원, 대행 및 진실한 공덕으로 성취한 지혜·자비·덕능德能·국토가 모두 불가사의하니라.

극락세계의 사람들이 모두 보리심을 발하고 한마디 부처님 명호로 아미타부처님 본원의 바다(彌陀願海)에 계입契入할 수 있으므로 그들은 아미타부처님의 대원·대행·대업으로 성취한 자리에 안온히 머물 수 있느니라. 극락세계는 중생의 공덕·선근의 힘 및 아미타부처님 본원의 위신력으로 성취한 것이므로 반드시 수미산에 의지하지 않더라도 자연히 안온히 머무를 수 있느니라."

「업業」 조작의 뜻이나, 일반적으로는 행위와 언어와 사상을 말한다.

「과보果報」 과거에 지은 선하고 악한 일의 업이 지금 세상에서의 결과와 회보回報를 불러일으킴을 가리킨다.

「업보業報」 업인業因과 과보果報. 선과 악을 짓는 것이 업인이고, 괴로움과 즐거움을 감수하는 것이 과보이다.

「성력聖力」힘은 능력과 역용力用으로, 여기에서는 여러 부처님의 위신력을 말한다.

「선력善力」법에 의지하여 선을 닦아 얻은 힘이다.

「행업지行業地」아미타부처님의 대원·대행·대업이 성취한 땅을 가리킨다.

아난이 아뢰기를, "중생의 업인과보는 불가사의하옵니다. 저는 이 법에 대하여 실로 어떤 의혹도 없사오나, 미래 중생을 위해 의혹의 그물을 찢어버리고자 하는 까닭에 이 질문을 하였을 따름이옵니다."

阿難白言. 業因果報不可思議. 我於此法. 實無所惑. 但爲將來衆生破除疑網 故發斯問.

[解] 아난이 말하였다. "중생의 불가사의한 업인과보에 대하여 저는 한 점의 의혹도 전혀 품지 않습니다. 중생을 위하여, 특히 말법시대의 중생을 위하여 그들이 정념과 집착이 너무나 무거워 사리事理에 대해 자주 의혹을 품어서, 저는 그들이 의혹을 깨뜨리고 제거하는 것을 돕고자 하므로 비로소 부처님께 법문을 청하옵니다."

[광명변조光明遍照 제12]

제12품 광명이 시방세계에 두루 비추다

[解] 이 품의 경문에서는 아미타부처님의 위신 광명이 시방의 일체 제불세계에 두루 비추고 있음을 설명하고 있다.

부처님께서 아난에게 말씀하시기를, "아미타부처님의 위신 광명은 가장 존귀하고 제일로 뛰어나서 시방제불의 광명은 미칠 수 없느니라. 아미타부처님의 광명이 동방세계 항하사만큼 많은 불찰토를 두루 비추고, 남·서·북방과 사유·상하도 또한 이와 같이 비추느니라."

佛告阿難. 阿彌陀佛威神光明. 最尊第一. 十方諸佛, 所不能及. 遍照東方 恒沙佛刹. 南西北方 四維上下 亦復如是.

[解] 부처님께서 아난에게 말씀하셨다. "아미타부처님의 위신 광명은 가장 존귀하고 제일 수승하여, 시방의 일체제불도 견줄 수 없다. 아미타부처님의 광명이 동방의 무량 무수한 불국토를 두루 비추고, 그 나머지의 남방·서방·북방과 동남방·서남방·동북방·서북방·상방·하방도 이와 같으니라."

제불의 정수리 위에 화현한 원광은 그 크기가 혹 일·이·삼·사 유순이고 혹 천만 억 유순이며, 제불의 광명은 혹 일·이 불찰토를 비추고 혹 백천 불찰토를 비추느니라. 오직 아미타부처님의 광명만 이 무량무변 무수 불찰토를 두루 다 비추느니라.

若化頂上圓光. 或一二三四由旬. 或百千萬億由旬. 諸佛光明 或照一二佛
刹 或照百千佛刹. 惟阿彌陀佛 光明普照無量無邊無數佛刹.

[解] 제불의 정수리 위로 화현하는 원광의 경우 어떤 것은 일이삼사
유순이고, 어떤 것은 백천만억 유순이다. 모든 부처님 광명의 경우
어떤 것은 하나 둘 부처님 찰토를 비추고, 어떤 것은 백천 불찰토를
비추기도 한다. 오직 아미타부처님 광명만이 무량무변무수의 불찰토
를 두루 비춘다.

**제불의 광명이 비추는 거리가 멀고 가까운 것은 본래 이전 세상에서
도를 구할 때 일으킨 서원과 공덕의 크기가 크고 작아 같지 않기
때문이니라. 그들이 부처 될 적에 각자 다른 과보를 얻게 되나니,
이는 저절로 성취된 것이지 미리 예상한 것이 아니니라.**

諸佛光明所照遠近. 本其前世求道 所願功德大小不同. 至作佛時. 各自得
之. 自在所作不爲預計.

[解] 모든 부처님의 광명이 비추는 거리가 멀고 가까운 것은 그가
인지因地에서 도를 구할 때에 발한 서원과 닦은 공덕의 크기가 같지
않음에 근거하므로, 성불할 때에 이르면 각자 자연히 같지 않은
과보를 얻게 된다. 이들은 모두 자연히 성취 되는 것이지, 미리
안배 되어 만들어지는 것이 아니다.

**아미타부처님의 광명은 아름답고 보기 좋아서 해와 달의 광명보다
도 천억 배나 더 밝고, 광명 중에 지극히 존귀하며, 부처님 중의
왕이니라.**

阿彌陀佛. 光明善好. 勝於日月之明. 千億萬倍. 光中極尊. 佛中之王.

[解] 아미타부처님의 광명은 미묘하고 아름답고 좋아서 세간의 해와 달의 광명보다 천억 배나 더 밝으므로 석가세존께서는 아미타부처님의 광명을 찬탄하시길, 일체 제불의 광명 중에 최고로 존귀하며, 부처님 중의 왕이시라고 찬탄하신 것이다. 석가모니부처님께서 찬탄하심은 일체 제불께서 아미타부처님을 찬탄하는 것을 대표하는 것이다.

이런 까닭에 무량수불은 또한 명호가 무량광불이고, 또한 명호가 무변광불·무애광불·무등광불이고, 또한 명호가 지혜광·상조광·청정광·환희광·해탈광·안은광·초일월광·부사의광이니라.

是故無量壽佛 亦號無量光佛. 亦號無邊光佛. 無礙光佛. 無等光佛. 亦號 智慧光 常照光 淸淨光 歡喜光 解脫光 安隱光 超日月光 不思議光.

[解] 이들은 모두 아미타부처님의 별호이다. 왜 이렇게 많이 설하였는가? 광명 중의 덕을 드러내기 위함이다. 앞 단락의 「광명선호光明善好」에서 「선善」은 총설로 세부적으로 설하지 않았다. 도대체 어떤 부분이 아름답고 좋은가? 아래 12가지 명호는 바로 이것을 잘 드러내 보여준다. 이로써 세존께서 그에 대해 "광명 중에 지극히 존귀하다"고 찬탄한 것은 함부로 말한 것이 아니다. 이는 12가지 명호를 나타내 보인 것으로 아미타부처님의 광명은 확실히 지극히 존귀하고 모든 부처님의 광명과 견줄 수가 없다.

[무량광無量光] 광光은 지혜를 대표하니, 부처님의 지혜 광명은 그 한도를 정할 수 없으므로 무량광이라 칭함.

[무변광無邊光] 부처님의 광명이 두루 비추어 광대하고 끝이 없음.

[무애광無礙光] 부처님의 광명이 자재로와 비추지 않는 곳이 없고 막힘이 없음.

[무등광無等光] 부처님의 청정 광명은 어떤 광명도 이와 대등할 수 없음.

[지혜광智慧光] 부처님의 광명은 능히 일체 중생의 무명 번뇌를 깨뜨릴 수 있음.

[상조광常照光] 부처님의 광명은 모든 시간, 모든 장소에서 항상 끊어지는 일이 없이 일체의 중생을 두루 비춤.

[청정광淸淨光] 부처님의 광명은 중생들이 탐진치 삼독의 번뇌를 끊어 제거해 주어서 몸과 마음의 청정을 얻을 수 있게 함.

[환희광歡喜光) 부처님의 자애로운 광명은 일체 중생에게 널리 베풀어져 중생들이 환희를 얻게 할 수 있음.

[해탈광解脫光] 부처님의 광명은 능히 중생들이 죄업을 소멸하고 생사를 해탈하여 대자재를 얻게 할 수 있음.

[안온광安穩光] 부처님의 광명은 중생들이 삼계 안에서 진정한 안락을 얻게 함.

[초일월광超日月光] 부처님의 광명이 해와 달을 비롯한 세간의 일체 광명을 뛰어넘고, 비할 데 없이 수승함.

[부사의광不思議光] 부처님의 광명은 아름다워, 상상을 할 수도 의논할 수도 없음.

이와 같은 광명이 시방 일체 세계를 두루 비추니, 인연이 있어 그 광명을 만나는 중생은 마음의 때가 멸하고, 선념이 생겨나며, 몸과 뜻이 부드러워지느니라. 만약 삼악도의 극심한 고통을 받는 곳에 있다 해도 이 광명을 보기만 하면 모두 휴식을 얻게 되며, 수명이 다한 뒤에는 모두 해탈을 얻게 되느니라.

如是光明, 普照十方一切世界. 其有衆生 遇斯光者. 垢滅善生. 身意柔軟. 若在三途極苦之處. 見此光明 皆得休息. 命終皆得解脫.

[解] 아미타부처님의 열두 가지 수승하고 미묘한 광명이 시방 일체 세계를 두루 비추고 있다. 인연이 있어 부처님의 광명을 보는 중생은 모두 다 번뇌가 소멸되고, 선근이 증장하며, 몸과 뜻이 부드러워진다. 설사 삼악도三惡道에서 너무나 심한 괴로움을 받는 중생이라 하더라도, 부처님 광명을 보기만 하면 모두 멈추어서 다시 괴로움을 받지 않고, 수명이 다한 뒤에는 모두 해탈을 얻게 된다(괴로움의 길에서 벗어난다).

[구멸선생垢滅善生] 탐진치 등 번뇌가 소멸하고, 선근이 자라난다는 뜻.

[신의유연身意柔軟] 신구의 삼업이 부드러워져 부처님의 가르침에 수군하게 됨.

만약 어떤 중생이 그 광명·위신·공덕을 듣고서 지심至心으로 중단하지 않고 밤낮으로 칭양·찬탄한다면 뜻하는 대로 그 국토에 태어나게 되리라."

若有衆生 聞其光明 威神 功德. 日夜稱說 至心不斷. 隨意所願 得生其國.

[解] 부처님과 인연이 있는 중생이 아미타부처님의 광명·위신·공덕을 듣고서, 능히 지극 정성의 마음으로 중단하지 않고 밤낮으로 칭양 찬탄한다면, 아미타부처님 위신력의 가피를 얻어서 자기 자신의 마음이 원하는 바에 따라 극락세계에 왕생하게 될 것이다.

[수중무량壽衆無量 제13]

제13품 극락세계에는 수명과 대중이 무량하다

[解] 이 품의 경문에서는 우리를 위해 아미타부처님의 수명이 무량하고, 극락세계의 사람 수가 무량함을 설명하고 계신다. 극락세계에 왕생하게 되는 사람들의 수명은 아미타부처님과 똑같아 모두 무량수無量壽이다.

부처님께서 아난에게 말씀하시기를, "무량수불께서는 수명이 무한히 길어서 말로 표현할 수도 숫자로 헤아릴 수도 없느니라."

佛語阿難 無量壽佛 壽命長久 不可稱計.

[解] 부처님께서 아난에게 말씀하십니다. "아미타부처님의 수명은 무한히 길어서, 일컬어 말할 수도 숫자로 헤아릴 수도 없느니라."

또한 무수한 성문대중은 모두 신통과 지혜에 통달하고, 그 위신력이 자재하여서 손바닥에 일체 세계를 수용할 수 있느니라.

又有無數聲聞之衆. 神智洞達 威力自在 能於掌中持一切世界.

[解] 극락세계에 있는 무수한 성문 대중은 모두 신통과 지혜를 확실하게 통달하고, 위덕신통의 힘이 자재하여 걸림이 없다. 여기에서 특별히 예를 하나 들면 그들은 충분히 손바닥 위에 일체 세계를 수용할 수 있다.

나의 제자 중 대목건련은 신통력이 제일인데 삼천대천세계에 존재하는 모든 일체 별자리 중생의 숫자를 하루 밤낮에 빠짐없이 다 알 수 있느니라.

我弟子中大目犍連 神通第一. 三千大千世界 所有一切星宿衆生 於一晝夜 悉知其數.

[解] 부처님께서 말씀하셨다. "나의 제자 중에 대목건련大目犍連은 신통력이 제일인데, 삼천대천세계에 얼마나 많고 작은 별자리가 있는지, 그 별자리에 얼마나 많고 적은 중생이 있는지, 목건련은 하루 밤낮으로 전부 그들을 또렷하게 계산해 내어서, 모든 별자리에 사는 중생의 숫자를 알 수 있다."

[성수중생星宿衆生] 「수宿」는 별자리의 집합체이고, 「성수중생星宿衆生」은 각 별자리의 중생을 말함.

설령 시방세계 중생이 빠짐없이 다 연각을 성취하여 하나하나 연각들의 수명이 만억 세가 되고 신통력도 모두 대목건련과 같다 할지라도, 그 수명이 다하고 그 지혜의 힘이 마르도록 다 같이 그 수를 세어본다 할지라도 저 부처님의 법회에 모인 성문 숫자의 천만분의 일에도 미치지 못하느니라.

假使十方衆生 悉成緣覺. 一一緣覺 壽萬億歲. 神通皆如大目犍連. 盡其壽命 竭其智力 悉共推算 彼佛會中聲聞之數. 千萬分中不及一分.

[解] 설사 시방세계 중생이 모두 연각을 이루고, 그 한 분 한 분의 연각들이 만억 세의 수명을 가지며, 신통력도 모두 대목건련과 똑같다고 하자. 이렇게 긴 시간 동안 그들의 지혜의 힘이 마르고 다하도록 함께 극락세계 성문의 수를 추산해 본다 하여도, 그들이 계산해

낼 수 있는 것은 극락세계 사람 수의 천만 분의 일에도 미치지 못한다.

비유컨대, 큰 바다가 깊고 광대하며 끝이 없는데, 가령 털 한 올을 취해 백 개로 등분하여 미진과 같이 부수어서 이 미진 털 한 올로 바닷물을 한 방울 적신다면, 이 미진 털의 물과 이 바닷물 중 어느 것이 더 많겠느냐? 아난아, 저 목건련 등이 알고 있는 숫자는 저 미진 털의 물과 같고, 아직 알지 못하는 것은 큰 바닷물과 같으니라.

譬如大海 深廣無邊. 設取一毛 析爲百分 碎如微塵. 以一毛塵 沾海一滴. 此毛塵水 比海孰多. 阿難 彼目犍連等所知數者 如毛塵水. 所未知者 如大海水.

[解] "비유컨대 깊고 광대하며 끝이 없는 큰 바다에 가령 솜털 하나를 수직으로 백 등분하여 나누어 그것의 미세함이 마치 미세한 먼지와 같다고 하자. 그리고 이 미세한 솜털을 쥐고서 큰 바다를 한 방울 저셔 이 한 방울의 물을 큰 바닷물과 서로 비교해본다면, 어느 것이 더 많겠느냐?"

부처님께서 아난에게 일러 말씀하셨다. "앞에서 목건련 등 무량한 연각들이 함께 추산해낸 성문의 숫자는 이 털 먼지 위의 한 방울 물과 같고, 알지 못하는 수량은 마치 큰 바닷물과 같으니라."

저 부처님의 수명과 여러 보살·성문·천인의 수명 또한 그러하나니, 계산이나 비유로 능히 알 수 있는 것이 아니니라."

彼佛壽量 及諸菩薩 聲聞 天人 壽量亦爾. 非以算計譬喻之所能知.

[解] 아미타부처님의 수명이 무량하고 극락세계의 일체 보살·성문

· 천인들의 수명도 또한 부처님과 같이 무량하여, 이 수량은 계산이
나 비유로 알아낼 수 있는 것이 아니다.

[보수변국寶樹遍國 제14]

제14품 보배 나무가 국토에 두루 퍼져있다

[解] 이 품의 경문에서는 극락세계의 보배 나무(寶樹)를 소개하고 있다. 이들 나무는 모두 갖가지 진귀한 보물이 자연히 화합하여 이루어질 뿐만 아니라 보배 나무는 극락세계에 두루 가득 차 있다.

저 여래의 국토에는 여러 보배 나무가 있는데, 혹은 순금나무·순은나무·유리나무·수정나무·호박나무·미옥나무·마노나무로 이들은 오직 한 가지 보배만으로 이루어져 있고 다른 보배가 뒤섞여 있지 않느니라.

彼如來國. 多諸寶樹. 或純金樹 純白銀樹 琉璃樹 水晶樹 琥珀樹 美玉樹 瑪瑙樹 唯一寶成 不雜余寶.

[解] 극락세계에는 갖가지 종류의 보배나무가 있는데, 어떤 것은 순금으로 이루어져 있고, 어떤 것은 순은·순유리·순수정·순호박·순미옥·순마노 등등으로 이루어져 있다. 이러한 보배 나무들은 모두 순수한 하나의 보배로 이루어져 있고, 다른 보배가 뒤섞여 있지 않다.

혹은 두 가지 보배, 세 가지 보배 내지 칠보가 바뀌가며 함께 합하여 이루어지나니, 뿌리·가지·줄기가 이런 보배로 이루어지면 꽃·잎·열매는 다른 보석으로 변화하여 만들어져 있느니라. 혹은 어떤 보배나무는 뿌리가 황금으로 되어 있고, 줄기는 백은으로 되어 있으며, 큰 가지는 유리로 되어 있고, 작은 가지는 수정으로 되어 있으며, 잎은 호박으로 되어 있고, 꽃은 미옥으로 되어 있으며, 열매는 마노로 되어 있느니라. 그 나머지 여러 나무들도 칠보가 서로 바꿔가며 뿌리·줄기·가지와 잎·꽃·열매가 되어서 갖가지로 함께 이루어져 있느니라.

或有二寶三寶 乃至七寶 轉共合成. 根莖枝幹 此寶所成. 華葉果實 他寶化作. 或有寶樹 黃金爲根 白銀爲身 琉璃爲枝 水晶爲梢 琥珀爲葉 美玉爲華 瑪瑙爲果. 其余諸樹 複有七寶 互爲根幹枝葉華果. 種種共成,

[解] 극락세계의 보배나무는 너무 아름다워 말로는 형용할 수 없다. 그리고 두 가지 보배나 세 가지 보배, 내지 일곱 가지 보배가 돌아가며 함께 합쳐 이루어지기도 한다. 뿌리와 줄기가 어느 한 가지 보배로 이루어지면 꽃잎과 열매는 그것과는 다른 보배로 변하여 이루어진다. 예를 들면, 어떤 보배 나무는 뿌리가 금으로 되어 있고, 줄기는 순전히 은으로 되어 있으며 가지는 유리로, 나무 끝은 수정으로, 잎은 호박으로, 꽃은 미옥으로, 과일은 마노로 되어 있다. 그 나머지 보배 나무도 또한 일곱 가지 보배가 서로 바꿔가며 뿌리와 몸통과 줄기와 잎과 꽃과 과일이 되며, 갖가지 다른 형색의 칠보 나무를 형성한다.

보배 나무는 각각 종류별로 줄지어 한 줄 한 줄 서로 알맞게 자리잡고 있느니라. 줄기와 줄기는 서로 잘 배열되어 있고, 나뭇가지와 잎은 서로 마주보고 있으며, 꽃과 열매는 서로 대칭이고 무성하게 자란 나무의 색깔 광명이 찬란하게 빛나니, 너무나 수승하여 바라볼 수가 없느니라.

各自異行. 行行相値 莖莖相望 枝葉相向 華實相當. 榮色光曜. 不可勝視.

[解] 극락세계의 보배나무는 단지 온갖 보석으로 이루어져 있을 뿐만 아니라, 종류별로 줄별로 배열되어 있어, 한 종류 한 종류 매우 가지런히 질서정연하고, 한 줄 한 줄 거리가 모두 똑같다. 보배 나무는 한 줄 한 줄 서로 똑바로 마주보고 있을 뿐만이 아니라 나무의 줄기가 이것저것 모두 대칭하여 있고, 나무의 가지와 잎도 모두 상대하여 서로 향하고 있다. 꽃과 열매의 위치가 모두 규율이 있어 이것저것 서로 자리잡고 있으며, 무성하게 자란 미묘한 색깔, 광명이 찬란히 빛나니, 사람의 눈으로는 모두 다 볼 수가 없고, 아름다워 이루다 거두어들일 수 없다.

맑은 바람이 때맞춰 일어나면 보배나무가 바람 따라 흔들리며 오음의 소리가 울려 나오고, 미묘한 궁상각치우의 소리가 저절로 서로 조화를 이루느니라. 이런 여러 보배나무가 그 국토에 두루 퍼져 있느니라."

淸風時發. 出五音聲. 微妙宮商. 自然相和. 是諸寶樹 周遍其國.

[解] 맑은 바람이 때맞춰 일어나면 보배 나무의 가지와 잎도 바람을 따라 이리저리 흔들리며 서로 부딪혀서, 자연히 다섯 가지 미묘한 악장이 울려나오며 오음이 서로 조화를 이루어 너무나 듣기에 좋다. 이와 같은 보배나무가 극락세계에는 고루 분포되어 있다.

「오음성五音聲」 오음은 곧 궁宮·상商·각角·치緻·우羽이다. 이것은 고대 악률樂律의 근본이 되는 다섯 가지 음계로 변궁變宮과 변치變緻를 더하면 바로 현대 음악의 칠음이 된다.

[보리도량菩提道場 제15]

제15품 극락도량의 보리수

[解] 이 품의 경문에서는 아미타부처님의 강당 옆에 있는 보리수를 소개하고 있다.

또 그 도량에는 보리수가 있나니, 높이가 4백만 리나 되고 그 몸통의 둘레가 5천 유순이나 되며, 나뭇가지와 잎이 사방으로 2십만 리나 뻗어 있느니라.

又其道場 有菩提樹. 高四百萬裏. 其本周圍五千由旬. 枝葉四布二十萬裏.

[解] 또 서방극락세계에는 아미타부처님의 강당 주위에 보리수 보배 나무가 있는데, 높이가 사백만 리나 달하고, 그 나무의 몸통이 굵어서 주위 한 바퀴가 오천 유순이나 되며, 가지와 잎이 사방을 향하여 뻗은 범위가 이십만 리나 된다.

일체 온갖 보배들이 저절로 합하여 이루어져 있고, 꽃과 열매가 열려서 무성하며 광채가 두루 비추고 있느니라. 게다가 온갖 보배 중의 왕인 홍·녹·청·백색의 여러 마니 보배로 된 영락이 있고, 운취보 사슬로 장식된 여러 보배 기둥이 있으며, 금·진주로 된 방울이 나뭇가지 사이에 두루 달려 있고, 진기하고 오묘한 보배 그물이 그 위를 덮고 있느니라. 백천만 가지 색깔이 서로 비추어 장식하고 있고, 무량한 광염이 끝닿는 데 없이 비추어서 일체 장엄이

중생의 마음에 따라 감응하여 나타나느니라.

一切衆寶自然合成. 華果敷榮. 光暉遍照. 複有紅綠靑白 諸摩尼寶 衆寶之
王 以爲瓔珞. 雲聚寶鏁. 飾諸寶柱. 金珠鈴鐸 周匝條間. 珍妙寶網 羅覆其
上. 百千萬色 互相映飾. 無量光炎 照耀無極. 一切莊嚴 隨應而現.

[解] 보리수는 일체 보배가 자연히 합쳐 이루어져서 그 꽃과 열매가
번영하여 무성하고, 또한 큰 광명을 놓아 곳곳마다 두루 비춘다.
또 온갖 보배의 왕인 홍색·녹색·청색·백색 등의 마니 보배가
있어 이로써 영락을 짓고 있고, 운취보로 만든 고리 사슬로 보리수
옆의 보배 기둥을 장식하고 있다. 그리고 순금과 진주로 만든 방울목
탁이 보리수 가지 사이에 두루 달려 있고, 희귀하고 기묘한 보배
그물이 보리수 위에 널려 덮고 있다. 그 나무는 온갖 보배로 이루어져
있어서 백천 만개 광색이 모습을 바꾸어 가며 비추고 있고, 자연히
무량한 빛을 놓아서 끝닿는 데가 없이 멀리 비추고 있다. 그리하여
일체의 장엄한 모습이 중생의 마음을 따라 자연히 감응하여 나타나게
된다.

「영락瓔珞」 구슬과 보석으로 엮어 만든 장식품. 「광염光炎」 찬란하게 빛나는 빛.
[호상영식互相映飾] 피차 서로 비추어 눈부시게 빛남.

**미풍이 서서히 불어와 여러 나뭇가지와 잎을 흔들어 무량한 묘법을
연주하고, 그 소리가 제불 국토에 두루 퍼져서 청정 상쾌하여 자비심
과 지혜가 일어나고 미묘·평안·단아하나니, 시방세계 소리 가운
데 가장 제일이니라.**

微風徐動 吹諸枝葉 演出無量妙法音聲. 其聲流布 遍諸佛國. 淸暢哀亮
微妙和雅. 十方世界音聲之中 最爲第一.

[解] 미풍이 서서히 스치어 보배 나무 위의 가지를 흔들면서 무량한 묘법의 소리를 쏟아내어 그 소리가 시방의 불국토에 두루 퍼져나간다. 그 소리를 듣는 자는 마음이 청정하고 상쾌하여 자비심과 지혜가 자연히 일어나며, 소리는 미묘하고 편안하고 바르며 시방세계의 소리 중에서 비교할만한 것이 없다.

「청창애량淸暢哀亮」「청창淸暢」은 청정함과 상쾌함을, 「애량哀亮」은 슬픔과 밝음을 뜻함. 이것은 이를 듣는 자가 대비심을 발하고 지혜를 열 수 있음을 말한다.

「화아和雅」평안하고(安和) 단아하고 곧다(雅正)

만약 어떤 중생이 보리수를 보거나 소리를 듣거나 향기를 맡거나 그 열매를 맛보거나 그 빛과 그림자에 닿거나 보리수의 공덕을 생각하면, 모두 다 육근이 청정ㆍ명철해져서 여러 번뇌와 근심이 없어지며 불퇴전의 자리에 안온히 머물러서 불도를 이루는 경지에 이르게 되느니라.

若有衆生 睹菩提樹. 聞聲 嗅香 嘗其果味 觸其光影 念樹功德 皆得六根淸徹. 無諸惱患. 住不退轉. 至成佛道.

[解] 만약 어떤 중생이 보리수를 보게 되거나, 보리수가 연주하는 미묘한 소리를 듣게 되거나, 보리수가 흩뿌리는 보배 향기를 맡게 되거나, 과실의 좋은 맛을 보거나, 몸이 보리수의 광명에 접촉하거나, 보리수의 갖가지 공덕을 억념하여도 모두 능히 육근六根이 청정 명철하여 번뇌와 우환을 영원히 끊을 수 있게 될 것이다. 그러므로 수행하면서 능히 불퇴전不退轉의 자리에 안온히 머무를 수 있어 바로 원만하게 성불할 수 있다.

또한 저 보리수를 보게 된 까닭에 세 가지 법인을 획득하나니,
첫째는 음향인이고, 둘째는 유순인이며, 셋째는 무생법인이니라."

複由見彼樹故 獲三種忍. 一音響忍. 二柔順忍. 三者無生法忍.

[解] 또 보리수를 본 인연 때문에 바로 초지初地에서 팔지八地에 이르는
대보살께서 증득하는 세 가지 경계를 획득할 수 있게 된다. 즉 음향(音
響; 초지·이지·삼지)·유순(柔順; 사지·오지·육지)·무생법인(無生法忍;
칠지·팔지·구지)을 따라서 우주와 인생의 진상을 증득한다.

「음향인音響忍」 믿기 어려운 이치를 믿어서 미혹되지 않음을 인忍이라 함. 불법을
듣고 도를 깨쳐서 마치 빈 골짜기에 메아리가 울리는 것과 같이 일체법이 실하지
않음을 아는 것을 음향인이라고 한다.

「유순인柔順忍」 순경順境을 대하고도 환희심을 일으키지 않고, 역경逆境을 대하여도
화내는 마음을 일으키지 않아서, 순역의 경계를 따르는 가운데 우주와 인생의 참
모습을 증득한다.

「무생법인無生法忍」 진실한 지혜로써 불생불멸의 사실과 진상에 안온히 머무는 것이다.
이 세 가지 인忍은 모두 지상 대보살이 증득하는 경계이다.

부처님께서 아난에게 말씀하시기를, "이와 같이 불찰토에는 꽃·열
매·나무가 여러 중생에게 불사를 짓게 하나니, 이것은 모두 무량수
불의 본원력인 까닭이며, 대원을 원만히 실현하신 까닭이고, 지혜를
성취하고 물러남 없이 견고하며 구경성불을 돕는 서원인 까닭이니
라."

佛告阿難 如是佛刹 華果樹木. 與諸衆生 而作佛事. 此皆無量壽佛 威神
力故. 本願力故. 滿足願故. 明了 堅固 究竟願故.

[解] 부처님께서 아난에게 말씀하셨다. "극락세계에서는 이와 같이

희유하고 불가사의한 보배나무 꽃과 열매로 모두 불사를 짓기 때문에 보고 듣는 사람들로 하여금 모두 미혹을 깨치게 하고 깨달음을 얻게 하는 것이다. 이것은 모두 아미타부처님의 위신력·본원력·만족원·명료원·견고원·구경원으로 성취한 것이다."

「불사佛事」 경전을 강의하고 법문을 설하여 중생으로 하여금 미혹을 깨뜨리고 깨달음을 얻게 하는 일.

「본원력本願力」 아미타불께서 인지因地에서 발한 48원의 원력을 가리키는 것으로, 본원은 총원總願이며 아래 네 가지 원은 별원別願임.

「만족원滿足願」 아미타불의 사십팔원이 다 원만히 실현됨을 가리킴.

「명료원明了願」 아미타불의 서원은 모두 지혜가 성취되는 것임을 가리킴.

「견고원堅固願」 아미타불께서 영원히 정진하여 물러나지 않는 견고한 원력.

「구경원究竟願」 모든 중생이 일생 동안 평등하게 성불하는 것을 돕는 대원.

[당사누관堂舍樓觀 제16]

제16품 극락도량의 당사와 누각

[解] 이 품의 경문에서는 서방극락세계의 강당·정사·누관樓觀이
아미타부처님과 보살들께서 머무시는 곳의 환경임을 소개하고 있다.

**또한 무량수불의 강당과 정사, 누각과 난순 또한 모두 다 칠보가
저절로 변화해서 이루어진 것이니라. 게다가 하얀 구슬·마니보로
된 영락이 그물처럼 교차하며 매달려 장식되어 있나니, 그 광명의
미묘함은 비할 데가 없느니라. 여러 보살성중이 거주하는 궁전도
또한 이와 같으니라.**

又無量壽佛講堂精舍 樓觀欄楯 亦皆七寶自然化成. 複有白珠摩尼以爲交
絡 明妙無比. 諸菩薩衆 所居宮殿 亦複如是

[解] 부처님께서 또 아난에게 말씀하셨다. "아미타부처님께서 설법하
시는 강당과 거주하시는 정사 및 일체의 누관·난순 또한 모두 칠보가
자연히 변화하여 이루어진 것이다. 또 하얀 구슬·마니보로 만든
영락이 있나니, 비단 그물처럼 엇갈리고 매달려서 서로 비추고 서로
장식하여 주니, 광명의 미묘함은 비할 데가 없다. 여러 보살 대중이
거주하는 궁전도 부처님 계시는 곳과 같아서, 서방극락세계가 평등한
법계라는 것을 나타내 보여주고 있느니라."

이 단락의 경문은 부처님과 보살들이 거주하는 장소의 장엄함을
설명하고 있습니다.

[누관난순樓觀欄楯] 누樓는 누대이고, 관觀은 정자. 난순欄楯은 난간이니, 수직을 난이라

하고, 가로를 순이라 함.

그 중에는 지상에서 경전을 강설하거나 경전을 암송하는 이도 있고, 지상에서 경전의 가르침을 받거나 듣는 이도 있으며, 경행하는 이도 있고, 경전의 뜻을 사유하기도 하며, 좌선을 하는 이도 있느니라. 허공에서 경전을 강설하거나 암송하거나 가르침을 받거나 듣는 이도 있으며, 경행하고 경전의 뜻을 사유하기도 하며 좌선을 하는 이도 있느니라.

中有在地講經 誦經者. 有在地受經 聽經者. 有在地經行者. 思道 及坐禪者. 有在虛空講誦受聽者. 經行. 思道及坐禪者.

[解] "극락세계의 대중은 시시때때로 모두 힘써 수행하고, 그 가운데 지상에서 경전을 강설하거나 경전을 암송하는 이가 있고, 또 지상에서 경전의 가르침을 받거나 경전의 설법을 듣는 이도 있다. 또 지상에서 경행이나 묵상이나 좌선을 하는 이도 있다. 또한 허공 가운데 선택하여 경전을 강설하거나 암송하고, 경전을 배우거나 듣고, 경행을 하거나 묵상을 하고 좌선을 하는 이도 있다." 이는 극락세계에서는 어떤 법문을 수학하더라도 어떤 장애도 있을 수 없음을 설명하는 것이다.

「수경受經」 경전의 이론과 교훈을 받아들이고, 또 실행하는 일.

「경행經行」 염불하면서 산보하는 것. 「사도思道」 경전 중의 의리를 생각하는 것.

「좌선坐禪」 조용히 앉아서 선정을 닦는 것으로, 마음을 한곳에 편안히 머무르며 산란한 상태를 멀리 여위고 마음이 청정에 도달하게 함.

혹은 수다원과를 증득한 이도 있고, 혹은 사다함과를 증득한 이도 있으며, 혹은 아나함과와 아라한과를 증득한 이도 있느니라. 그리고 아직 불퇴전지를 증득하지 못한 이도 바로 불퇴전지를 증득하게 되느니라. 각자 도를 염하고, 도를 설하며, 도를 행함이 자재하여, 환희하지 않는 사람이 없느니라."

或得須陀洹 或得斯陀含 或得阿那含 阿羅漢. 未得阿惟越致者 則得阿惟越致. 各自念道 說道 行道 莫不歡喜.

[解] 앞 단락에서는 수행하는 상황을 말씀하셨고, 이 단락에서는 수행하여 증득하는 과위를 말씀하신다. 어떤 이는 수다원과를 증득하고, 어떤 이는 사다함과를 증득하며, 어떤 이는 아나함과 · 아라한과를 증득한다. 그리고 아직 아유월치(阿維越致; 위位 · 행行 · 념念의 세 가지 불퇴전)를 증득하지 못한 사람은 바로 아유월치를 증득하게 된다. 이들 성중聖衆은 각자 염도하고, 설도하고, 행도하는 것이 모두 다 자신의 뜻에 따라 자재하여 환희하지 않는 사람이 없다.

「수다원과須陀洹果」예류預流라고 번역함. 범부가 처음으로 성류에 들어가서, 이미 삼계의 일체 잘못된 견해를 끊어버린 것으로, 초과初果의 나한.

「사다함과斯陀含果」일래—來라고 번역함. 이것은 욕계의 구품九品 사혹思惑 중에서 앞 육품의 이과二果 나한. 수행하여 이 과위를 증득하면, 욕계에 다시 와서 생사의 윤회를 한 번 더 받게 되기 때문에 일래과—來果라고 함. 사혹思惑은 사람이나 사물 등을 대할 때의 모든 잘못된 생각을 말함.

「아나함阿那含果」불래不來라 번역함. 이것은 욕계의 후 삼품三品 사혹을 끊고 다시는 욕계에 와서 생사를 받는 일이 없음. 이것은 제3과 나한으로 또한 불래과不來果라고 부르기도 함.

「아라한阿羅漢」소승 가운데 가장 높은 과위이며, 4과四果라고도 부름. 아라한은 세 가지 뜻이 있다. 1.「살적殺賊」곧 삼계 일체의 견사見思 번뇌를 끊어 제거함이며, 도적은 번뇌를 비유함. 2.「응공應供」은 천인과 인간의 공양을 받음. 3.「무생無生」은 일생에 생사를 해탈하고 재차 삼계 윤회수생輪迴受生을 할 수 없음.

「염도念道」 본경에서는 아미타불 성호를 염하는 것을 가리킴.

「설도說道」 경전을 설하고 불도를 강론하는 것으로 아미타부처님의 공덕장엄을 칭양함.

「행도行道」 몸으로 힘써 행함.

[천지공덕泉池功德 제17]

제17품 극락도량의 연못 팔공덕수

[解] 이 품의 경문에서는 서방극락세계에 있는 칠보 연못의 수승한 공덕을 소개하고 있다.

또한 그 강당의 좌우에는 칠보 연못이 교차하며 흐르고 있느니라.

又其講堂左右 泉池交流.

[解] "또한 아미타부처님 강당의 좌우 양쪽에는 연못이 둘러싸고 있고, 사방으로 통하고 팔방에 이릅니다." 이는 보배 연못의 공덕수功德水의 총상總相을 설명한 것이다.

보배 연못은 길이와 넓이, 깊고 얕음이 모두 각각 하나로 같아서 잘 어울리느니라. 그 크기는 혹 십 유순, 이십 유순, 내지 백천 유순이나 되기도 하느니라. 그 연못의 물은 맑고 투명하며 향기롭고 청결하며, 여덟 가지 공덕을 구족하고 있느니라.

縱廣深淺 皆各一等. 或十由旬 二十由旬 乃至百千由旬. 湛然香潔 具八功德.

[解] 칠보 연못의 길이와 넓이, 깊고 얕음은 모두 각각 하나로 같아서 잘 어울리고 조화롭다. 칠보 연못의 크기는 어떤 것은 십 유순이나 되고, 어떤 것은 이십 유순이나 되며, 내지는 백천 유순이나 되는 것도 있다. 그 물은 맑고 투명하며, 향기롭고, 청결하며, 깨끗하며,

감미롭고, 평안하며, 선근을 길러주는 등의 여덟 가지 공덕을 가지고 있다.

[종광심천縱廣深淺] 「종縱」은 수직이나 남북을 가리키는 말이나, 여기서는 길이를 가리키고, 「광廣」은 관할 광대(寬廣)한 넓이를 말함. 이는 칠보 연못과 샘이 길게 넓게 깊게 얕게 흐르는 것이 모두 각자 개인의 의향과 서로 배합될 수 있음을 말함.

[담연향결湛然香潔] 담湛은 맑고 투명함을, 결潔은 깨끗하고 청결함을 뜻함. 이것은 보배 연못의 물이 맑고 향기롭고 깨끗한 공덕이 있음을 말함.

[팔공덕수八功德水] 보배 연못의 물은 여덟 가지 수승한 공덕을 갖추고 있으니, 1. 맑고 투명하며澄淨, 2. 시원하며淸冷, 3. 감미로우며甘美, 4. 부드러우며淸軟, 5. 윤택하며潤澤, 6. 평안하며安和, 7. 배고픔과 목마름이 사라지며除饑渴, 8. 선근을 길러준다長養善根.

연못가 언덕에는 무수한 전단향 나무와 길상과 나무가 있어 꽃과 열매에서 항상 향기를 풍기고 광명이 밝게 비추고 있느니라. 긴 나뭇가지와 무성한 잎이 서로 교차하면서 연못을 덮고 있고, 갖가지 향기를 풍기니, 세상에 능히 비교할 만한 것이 없느니라. 바람을 따라 향기를 흩뿌리고, 물결을 따라 향기를 흘러 보내느니라.

岸邊無數栴檀香樹 吉祥果樹 華果恒芳. 光明照耀. 修條密葉 交覆於池. 出種種香 世無能喩. 隨風散馥 沿水流芬.

[解] 칠보 연못의 물가에는 전단향 나무와 길상과 나무가 무수히 많다. 나무의 꽃과 과일은 항상 향기를 풍기고 광명을 밝게 비추고 있다. 가늘고 긴 가지들과 빽빽한 나뭇잎이 있어 보배 연못 위를 서로 드리워 덮고 있다. 갖가지 미묘한 향기를 흩뿌리니, 이러한 미묘한 향기는 세간의 어떤 향기와도 비교할 수가 없다. 그 향기가 바람이 부는 대로 흩날려 물결을 따라 흐르면서 매우 진한 향내를

흩뿌린다.

「길상과수吉祥果樹」 인도가 원산으로 모양은 오이 같고 황적색이며, 중국의 석류에
해당함.

**또한 다시 연못은 칠보로 장식되어 있고, 연못 바닥에는 금모래가
깔려있으며, (푸른 연꽃인) 우발라화 · (붉은 연꽃인) 발담마화 · (노란
연꽃인) 구모두화 · (흰 연꽃인) 분다리화 등 갖가지 색과 광명의 연꽃들
이 무성하게 물 위를 두루 덮고 있느니라.**

又複池飾七寶. 地布金沙. 優鉢羅華 鉢曇摩華 拘牟頭華 芬陀利華 雜色光
茂 彌覆水上.

[解] 이들 연못은 모두 칠보로 장식되어 있다. 연못 바닥에는 금모래가
가득 깔려있고, 연못 물 위에는 청색 · 홍색 · 황색 · 백색 등 무량한
색깔의 연꽃이 피어 있다. 그리고 갖가지 색이 서로 교차하며 비추면
서 연못 위에 널리 퍼져서 두루 덮고 있다.

「우발라화優鉢羅華」는 청색의 연꽃, 「발담마화鉢曇摩華」는 홍색의 연꽃, 「구모두화拘牟
頭華」는 황색의 연꽃, 「분다리화(芬陀利華)」는 백색의 연꽃으로 여기서 경문은 네 가지
색의 연꽃이 서로 섞여 무량한 광색을 이룸을 약설하고 있음.

「미복彌覆」 널리 퍼져 두루 덮음을 뜻함.

**만약 저 중생이 그 물에서 목욕을 하려고 할 때, 발목까지 왔으면
하거나, 무릎까지 왔으면 하거나, 허리나 겨드랑이까지 왔으면 하거
나, 목까지 왔으면 하거나, 혹 온몸을 푹 담갔으면 하거나, 혹 차가왔
으면, 따뜻했으면, 급히 흘렀으면, 완만히 흘렀으면 하여도 그 물은
한 방울 한 방울 중생의 뜻에 따르느니라. 그 연못의 물에 목욕하면**

개오開悟하고 심신이 즐거워지느니라. 또한 연못의 물은 맑고 청정하여 마치 허공처럼 형상이 없느니라. 연못 바닥은 보배 모래가 환히 비추어 드러나고, 아무리 깊어도 비치지 않는 곳이 없느니라.

若彼衆生 過浴此水. 欲至足者 欲至膝者 欲至腰腋 欲至頸者 或欲灌身 或欲冷者 溫者 急流者 緩流者 其水一一隨衆生意. 開神悅體. 淨若無形. 寶沙映澈 無深不照.

[解] 만약 극락세계의 중생이 보배 연못에서 목욕을 한다면, 연못의 물이 발목에 이르거나, 무릎에 이르거나 허리나 겨드랑이, 목에 이르길 원하거나, 혹은 연못의 물이 약간 차갑거나 혹은 조금 더 따뜻해지길 원하거나, 급히 흐르거나 혹 완만히 흐르거나 보배 연못의 물은 곧 하나하나 마음이 원하는 바에 따른다. 더욱 수승한 것은 물이 사람의 마음을 쾌활하게 하고, 지혜의 힘을 증장하게 하며, 몸을 상쾌하게 만들어 준다. 연못의 물은 맑고 투명하며 청정하여서, 마치 허공과도 같이 어떤 형상도 없다. 물이 맑아 바닥이 보이니, 연못의 바닥에는 황금 보배 모래가 모두 환히 비추어서 드러나 보이니, 아무리 깊어도 모두 맑고 투명하게 비추어 보이니라.

칠보 연못에는 잔잔한 물결이 서서히 돌아 흐르고, 서로 번갈아 가며 흘러드느니라. 물결이 무량한 미묘 음성을 일으키나니, 듣는 사람에 따라 원하는 대로 혹은 불법승의 소리, 바라밀다의 소리, 망상을 그친 적정의 소리, 생함도 멸함도 없는 소리, 십력무외의 소리를 듣기도 하고, 혹은 무성·무작·무아의 소리, 대자대비·대희대사의 소리, 감로로 관정하여 과위를 받는 소리를 듣기도 하느니라.

微瀾徐回 轉相灌注. 波揚無量微妙音聲. 或聞佛法僧聲. 波羅蜜聲. 止息寂靜聲. 無生無滅聲. 十力無畏聲. 或聞無性無作無我聲. 大慈大悲喜舍聲. 甘露灌頂受位聲.

[解] 칠보 연못의 잔잔한 물결은 완만히 돌아 흐르며, 서로 바꾸어가며 쏟아 붓는다. 그 물결은 무량한 미묘 음성을 선양하며 법음을 광대히 연설하나니, 듣는 자들로 하여금 각자 자기가 원하는 대로 법음을 들을 수 있게 한다. 또 능히 불법승 삼보의 음성 및 바라밀다의 소리·망상을 그친 적정의 소리·생함도 멸함도 열반의 미묘한 소리·진리를 말하는 참 지혜인 십력무외十力無畏의 소리를 듣기도 한다. 혹 무성無性·무작無作·무아無我의 법음·대자대비 희사의 음성·감로로 관정하는 과위를 받는 밀법密法의 음성을 듣기도 한다.

전반적으로 말해서 극락세계 칠보연못의 물이 흐르는 소리는 그대가 어떤 법을 듣고 싶어 하면 어떤 법이라도 들을 수 있다는 것이다. 또한 대승과 소승, 권교權敎와 실교實敎의 무량한 법문을 모두 들을 수 있다는 것이다. 여기까지 부배연못 물의 덕용을 소개하였고, 아래에서는 물결 소리로 설법을 들을 때 얻는 이익을 말씀한다.

[미란서회薇欄徐廻] 「미란(薇欄)」은 작은 물결, 「서회徐廻」는 완만한 회류廻流를 뜻함

[전상권주轉相灌注] 물결이 서서히 왔다 돌아가며 교대로 흘러서, 일렁이는 모습을 가리킨다. 이리저리 뒤집히며 물결을 일으키고 물이 허공까지 상승하다가 후에 하강하는 것을 말한다.

[불법승佛法僧] 각정정覺正淨을 대표한다. 불교에서 수학하는 주요 강령으로 극락세계 중생도 또한 이 원칙에 의지하여 수행한다.

[바라밀성波羅蜜聲] 바라밀은 구경원만의 뜻으로, 여기서는 보살이 수학하는 여섯 가지 원칙을 가리킨다. 이것은 극락세계에서 보살 대승의 원만한 법음을 듣게 됨을 말한다.

[지식적정성止息寂靜聲] 「지止」는 정지, 「식息」은 갖가지 망상을 그쳐서 소멸시킴.

「적정寂靜」은 안으로는 마음이 움직이지 않고, 밖으로는 상에 집착하지 않는 것이니, 이것은 불법의 일체 법문을 수행하는 공부이다.

[십력무외성十力無畏聲] 이것은 부처님께서 증득한 경계이다. 극락세계 칠보 연못의 물결소리는 모두 이와 같은 수승한 대법음의 소리를 낸다.

[무성무작무아無性無作無我] 무성無性의 성은 성체性體이니, 일체의 법이 모두 실체가 없는 까닭에 무성을 설함. 무작無作은 무위無爲라고도 하는데, 일체 유위의 조작을 모두 여읜다는 뜻이다. 무아無我의 아我는 주재한다는 뜻이므로, 무아란 일체의 법은 다 인연에 따라 변화하는 것으로 자기가 능히 주재하여 얻게 되는 것이 아니라는 뜻이다. 우리들의 현전하는 신체도 오온五蘊이 임시로 합한 것으로 항상 변함없는 나의 몸은 없다. 인연에 따라 생겨나고 인연에 따라 소멸하며 업력의 지배를 받는 까닭에 무아를 설함.

[자비희사慈悲喜捨] 네 가지 무량심이 있나니, 1. 자慈는 중생과 더불어 함께 즐거워함이고, 2. 비悲는 중생을 고통에서 구제함이고, 3. 희喜는 다른 사람이 괴로움을 여의고 즐거움 얻는 것을 보면 자신의 마음에 환희가 일어나는 마음. 4. 사捨는 마음이 평등하게 아무런 집착이 없어서, 중생에게 원망이나 사랑 등등의 분별을 버리고, 일체의 탐진치 등의 과실을 버림. 중생이 이것을 익혀 수행하면 한량없는 복의 과보福果가 있다.

[감로관정수위성甘露灌頂受位聲] 이것은 관정하는 법을 나타낸 것이다. 「감로」는 천인의 불사약이니 능히 먹으면 장생불로하고, 힘이 세어지고 몸에 빛이 난다고 하나니, 이는 불생불멸의 큰 법을 비유함. 「관정수위灌頂受位」의 관灌은 대자비 가지加持의 뜻이고, 정頂은 지극히 높아서 위가 없음을 말함이니, 부처님께서 대자비심으로 장차 위없는 정법頂法을 보살에게 전해주시는 것을 관정灌頂이라고 함. 보살이 부처님께서 관정으로 과위를 전해주는 법을 받아들이는 것을 관정수위라고 함.

이와 같이 갖가지 소리를 듣고 나서 그 마음이 청정해져서 여러 분별상이 없어지고, 정직하고 평등한 마음을 갖게 되며, 곧 일체 선근을 성숙시킬 수 있느니라. 또한 각자 그 들리는 소리에 따라서 법과 상응하게 되느니라. 그 소리를 듣고자 하는 사람은 바로 혼자

들을 수 있지만, 듣고자 하지 않으면 조금도 들리지 않느니라. 극락세계 사람들은 아뇩다라삼먁삼보리심에서 영원히 물러나지 않게 되느니라.

得聞如是種種聲已 其心淸淨 無諸分別. 正直平等 成熟善根. 隨其所聞 與法相應. 其願聞者 輒獨聞之 所不欲聞 了無所聞. 永不退於阿耨多羅三藐三菩提心.

[解] 극락세계 사람은 앞에서 말한 연못의 물결이 선양하는 갖가지 미묘한 음성을 들을 수 있다. 이 소리를 들은 후엔 몸과 마음이 청정하여 일체의 망상·분별·집착이 사라지고, 마음이 정직하고 평등하여 곧 일체의 공덕과 선근을 성취할 수 있다. 각자 들은 바 음성에 따라서 즉시 자기의 근성根性에 상응할 수 있어 열반 대법에 계합할 수 있다. 게다가 어떤 법문을 듣고 싶다 생각하면 바로 자기가 듣고 싶은 것을 들을 수 있다. 그러나 만약 듣고 싶지 않으면 하나도 들리지 않으니, 법음이 모두 바라는 바 마음에 따르게 된다. 극락세계 보살들은 시시때때로 모두 불도를 수학하면서 영원히 중단하지 않는 까닭에 극락세계에 태어나게 되면 위없는 불도를 성취하겠다는 마음을 영원히 잃어버리지 않을 것이다.

시방세계에서 여러 왕생한 사람들은 누구나 다 칠보 연못의 연꽃에서 저절로 화생하여, 모두 청허의 몸과 무극의 몸을 받게 되느니라. 그리고 다시는 삼악도·번뇌·고난의 명칭을 듣지 않고, 가설방편으로 지어낸 것조차 없으니, 하물며 실제의 괴로움이 있겠느냐? 다만 저절로 즐거운 소리만 있는 까닭에 그 국토의 이름을 「극락」이라고 하느니라."

十方世界諸往生者. 皆於七寶池蓮華中 自然化生. 悉受淸虛之身 無極之
體. 不聞三途惡惱苦難之名 尙無假設 何況實苦. 但有自然快樂之音. 是故
彼國名爲極樂.

[解] 시방세계의 극락세계에 왕생하는 중생은 모두 다 칠보 연못의
연꽃 속에서 자연히 화생하여 전부 다 청허한 몸과 무극의 체질을
갖는다. 이때부터 다시는 삼악도 및 고난이란 명칭을 듣지 못하게
되고, 이어서 허구로 지어낸 것조차도 듣지 못하게 되니, 하물며
실제의 고뇌가 있을 수 있겠는가? 극락세계에는 자연히 즐거움의
소리가 있는 까닭에 이 부처님 국토를 「극락極樂」이라 한다.

「청허지신淸虛之身」「청허」는 음식을 먹어 몸을 기를 필요가 없는 것이니, 그 몸은
공허하여 없는 것과 비슷하고, 몸이 가벼워 이르지 못하는 곳이 없고 어떤 장애도
없는 까닭에 청허한 몸이라 함.

「무극지체無極之體」「무극」은 늙고 죽는 운몰殞沒을 받지 않아 그 체질이 매우 희유하고,
또한 한번 몸을 받아 끝까지 늙고 죽지 않는 무량한 수명을 가진 몸을 말함.

[초세희유超世希有 제18]

제18품 세간 중생을 뛰어넘어 희유하다

[解] 이 품의 경문에서는 서방극락세계의 인사人事환경과 생활환경을 소개하고 있는데, 모두 시방세계를 뛰어넘는 것으로 매우 희유하다.

저 극락국토 모든 중생은 생김새와 형상이 미묘하여 이 세간 중생을 뛰어넘어 희유하고, 모두가 같은 부류로 차별의 상이 없지만, 나머지 타방세계의 풍속에 수순하는 까닭에 천인의 명칭이 있느니라.”

　彼極樂國 所有衆生 容色微妙 超世希有. 鹹同一類 無差別相. 但因順余方
　俗 故有天人之名.

[解] 서방극락세계에 왕생하는 모든 중생은 생김새와 형상이 미묘하게 잘어 뛰이 시방세계 일체중생을 뛰어 넘어 매우 희유하다. 개인마다 생김새가 모두 아미타부처님과 같아서 차별이 없다. 다만 타방세계의 습속習俗에 순종하려는 까닭에 「천인天人」이란 명칭이 있다.

부처님께서 아난에게 말씀하시기를, “비유컨대, 세간의 가난하고 괴로운 거지가 제왕의 옆에 서 있으면 생김새와 형상을 어찌 견주겠는가? 제왕을 만약 전륜성왕과 비교하면 제왕이 곧 남루하게 보여 마치 저 걸인이 제왕 옆에 있는 것과 같으니라. 전륜성왕의 위덕과 상호가 제일이라 해도 도리천왕과 비교하면 또한 다시 추하고 하열해 보이느니라. 가령 제석천왕을 제육천왕과 비교한다면 설사 백천배 하여도 서로 비교할 수 없느니라. 제육천왕을 만약 극락국토

보살 성문의 광채가 나는 생김새와 형상과 비교한다면 비록 만억 배 하여도 서로 미치지 못하느니라."

佛告阿難 譬如世間貧苦乞人 在帝王邊. 面貌形狀 寧可類乎. 帝王若比轉輪聖王 則爲鄙陋. 猶彼乞人 在帝王邊也. 轉輪聖王 威相第一 比之忉利天王 又複醜劣. 假令帝釋 比第六天 雖百千倍不相類也. 第六天王 若比極樂國中 菩薩聲聞 光顔容色. 雖萬億倍 不相及逮.

[解] 부처님께서 아난에게 말씀하십니다. "비유컨대 세간의 빈궁하고 곤란하며 괴로운 거지가 제왕의 옆에 서 있다면 그의 얼굴·형상·기질을 어떻게 서로 비교할 수나 있겠는가? 이와 마찬가지로 만약 제왕을 전륜성왕과 서로 비교한다면 신분이 비천하고 용모가 많이 추해서 마치 거지가 제왕의 몸 옆에 서있을 때와 똑같을 것이다. 전륜성왕이 32상을 구족하여 위덕과 상호가 제일이라도 만약 욕계 제2천의 도리천왕과 서로 비교한다면 그 또한 얼굴이 추하고 하열한 것처럼 보일 것이다. 가령 제석帝釋을 욕계 제6천의 타화자재천왕他化自在天王과 서로 비교한다면 곧 그의 장엄함을 백천 배나 끌어올린다 해도 제6천왕과는 서로 비교할 수가 없을 것이다. 제6천왕을 만약 극락세계 보살·성문들의 광채가 나는 생김새와 서로 비교한다면 비록 다시 천만억 배나 끌어올린다 하여도 또한 서로 견줄 수가 없을 것이다."

극락세계 중생이 사는 궁전·의복·음식은 마치 타화자재천왕이 누리는 것과 같을지라도 위덕·계위·신통변화는 일체 천인들이 견줄 수 없어 백천 만억 배 하여도 계산할 수 없느니라.

所處宮殿 衣服飮食. 猶如他化自在天王. 至於威德 階位 神通變化. 一切天

人, 不可爲比. 百千萬億, 不可計倍.

[解] 극락세계 중생이 사는 궁전·의복·음식은 타화자재천왕이 누리는 것과 같아서, 마음이 바라는 대로 생각에 응하여 현전하며, 모든 것이 자연히 이미 마련되어 있다. 이러한 것들은 모두 아미타부처님의 본원력으로 신통·변화하여 공양 되는 것이다. 그들의 위덕·계위(극락세계의 사토四土와 삼배三輩·구품九品)·갖가지 신통변화도 곧 시방세계 일체 천인들이 견줄 수 없다. 백천만 배에 그치지 않고 초과하여서, 계산이 분명하지 않는 큰 배수이다.

아난아, 마땅히 알아야 하나니, 무량수불의 극락국토는 이와 같은 공덕 장엄이 불가사의하니라."

阿難應知 無量壽佛極樂國土. 如是功德莊嚴 不可思議.

[解] 아난에게 말씀하셨다. "그대는 아미타부처님의 극락국토에는 위에서 말한 것과 같은 갖가지 공덕 장엄이 진실로 불가사의함을 알아야 한다."

[수용구족受用具足 제19]

제19품 수용이 갖추어져 있다

[解] 이 품의 경문에서는 극락세계 대중이 생활하는 상황을 말씀하신다. 서방극락세계에 왕생한 사람들에겐 모든 것이 다 원만히 구족되어 있다.

그리고 또 극락세계 모든 중생은 혹 이미 왕생하였거나 혹 현재 왕생하고 있거나 혹 앞으로 왕생하거나 모두 이와 같이 여러 미묘한 색신을 얻게 되고 모습이 단정·엄숙하며, 복덕이 무량하고 지혜가 또렷하며 신통이 자재하리라.

> 複次極樂世界 所有衆生 或已生 或現生 或當生 皆得如是諸妙色身. 形貌端嚴. 福德無量. 智慧明了. 神通自在.

[解] 극락세계의 모든 중생은 혹 어떤 이는 이미 왕생하였고, 혹 어떤 이는 지금 현재 왕생하고 있으며, 혹 어떤 이는 장차 왕생할 것이다. 그들은 모두 위에서 말한 것처럼 제6천왕보다 천만억 배나 더 수승하여 계산할 수도 없는 갖가지 미묘한 색신을 얻게 될 것이다. 모습이 단정하고 장엄하여 복덕이 한량이 없다. 또한 지혜가 분명하고 신통이 자재하여 걸림이 없을 것이다.

궁전, 의복과 장신구, 향과 꽃, 당번과 산개 등 장엄하는 용구에 이르기까지 수용이 갖가지이고 일체가 풍족하니, 구하는 것은 무엇이든지 뜻하는 대로 모두 다 나타나느니라.

受用種種. 一切豐足. 宮殿 服飾 香花 幡蓋 莊嚴之具. 隨意所須 悉皆如念.

[解] "극락세계에 왕생하면 갖가지 누리는 모든 것이 풍부하고 만족스러울 것이다. 궁전·복식·향화·깃발과 덮개 등 이와 같은 장엄도구가 마음이 바라는 대로 모두 눈앞에 나타나며, 한번만 생각해도 원만히 구족할 것이다." 이 단락의 경문에서는 물질생활의 풍부함을 말하고 있다.

만약 음식을 먹고 싶을 때는 칠보 그릇이 저절로 앞에 나타나고, 갖가지 맛있는 음식이 저절로 그릇에 가득 담기느니라. 비록 이 음식이 있다 해도 실제로 먹는 자는 없나니, 다만 음식의 색깔을 보고 냄새를 맡으며 마음으로 식사를 하느니라. 형상과 체력이 증가하지만 더러운 배설은 없으며, 몸과 마음이 부드러워 맛에 집착함이 없느니라. 식사를 마치면 음식현상이 변하여 사라지고, 식사 때가 되면 다시 나타나느니라.

若欲食時 七寶鉢器自然在前. 百味飮食自然盈滿. 雖有此食 實無食者. 但見色聞香 以意爲食. 色力增長而無便穢. 身心柔軟 無所味著. 事已化去 時至複現.

[解] "먹고 싶다는 생각이 들 때에 칠보로 만든 식기가 자연히 눈앞에 나타나고, 헤아릴 수 없이 많은 종류의 맛있는 음식이 자연히 가득 담길 것이다. 처음 왕생한 중생은 비록 음식을 먹는 습성(習氣)이 남아 있지만, 실제로 극락세계에 왕생하는 자는 모두 음식을 먹을 필요가 없다. 그들은 단지 색깔을 보고, 냄새를 맡으며, 마음으로 이미 다 먹었다 쳐도 정신과 체력이 자연히 증가될 것이다.

또한 마음으로 먹는 것이므로 더러운 배설이 없다. 몸과 마음이 유연하여 음식에 대한 탐착이 일어나지 않는다. 마음으로 식사를 한 후 이러한 음식현상이 자연히 변화하여 사라져 버린다. 먹고 싶다는 생각이 들면 이들 음식현상이 자연히 또 앞에 나타나게 된다.”

이 단락의 경문은 극락세계의 음식이 자재함을 말씀하신 것이다.

또 온갖 보배로 만든 미묘한 옷과 모자, 허리띠와 영락이 있나니, 무량한 광명과 백천 가지 미묘한 색깔이 모두 다 갖추어져 저절로 몸에 딱 맞게 입혀지느니라.

複有衆寶妙衣 冠帶 瓔珞 無量光明 百千妙色 悉皆具足 自然在身.

[解] 서방극락세계 대중의 옷차림에는 온갖 보배로 만든 미묘한 옷·모자·허리띠·영락이 있다. 이러한 보물들은 무량한 광명을 내고, 빛에는 또한 백천 가지 미묘한 색깔이 있어 장엄하게 구족되어 있다. 그 옷들은 가위로 자르거나 바느질할 필요도 없이 곧 자연히 몸에 입을 수 있다.

그들이 사는 집은 그 형상과 색깔이 알맞게 조화를 이루고, 보배 그물이 가득 덮여 있고, 여러 보배 방울이 매달려 있으며, 그 모습이 기묘하고 진기하며 두루 교차해 꾸며져 있느니라. 광명과 색깔이 황홀하게 빛나며, 지극히 장엄하고 아름다우니라. 누각과 난순, 당우와 방각의 처소는 넓고 좁은 것이나, 각지고 둥근 것이나, 크거나 작거나, 허공에 있거나 평지에 있거나, 모두 청정·안온하고, 미묘하고 즐거우니라. 이 모든 것들이 생각에 응하여 앞에 나타나게 되니, 어느 것 하나 갖추어져 있지 않음이 없느니라.”

所居舍宅 稱其形色. 寶網彌覆 懸諸寶鈴. 奇妙珍異 周遍校飾. 光色晃曜
盡極嚴麗. 樓觀欄楯 堂宇房閣 廣狹方圓 或大或小 或在虛空 或在平地.
淸淨安隱 微妙快樂. 應念現前 無不具足.

[解] 극락세계의 대중이 거주하는 방과 집은 그 형상·색깔·크기에
상관없이 모두 교묘하게 배치되어 있어, 자기의 마음과 뜻에 서로
알맞다. 집 위에는 보배 그물이 가득히 덮여 있고 무량한 보배 방울이
매달려 있으며, 매우 기특하고 미묘하며 진기한 것들이 두루 교차해
꾸며져 있어서, 광채와 색깔이 황홀하게 빛나며, 지극히 장엄하고
미려하다. 그 가운데 누대·난간과 전당·누각, 그것들이 넓고 좁으
며, 각지고 둥글며, 크고 작으며, 높고 낮아도 모두 사람이 뜻대로
칭한다. 어떤 것은 평지에 있고 어떤 것은 허공에 있어도 모두 청정하
고 안온하여서 그곳에 사는 자는 미묘하고 즐겁다. 이러한 환경이
모두 생각에 응하여 앞에 나타나게 되니, 어느 하나라도 원만하게
갖추고 있지 않는 것이 없다.

「주변교식周偏校飾」「주변周偏」은 두루 남김 없이 미침을,「교시校飾」은 서로 교차하며
꾸며져 있음을 가리킨다.

「광색황요光色晃曜」「황晃」는 광휘를 가리키고,「요曜」는 밝게 비춘다는 뜻. 광채
가운데 색깔이 있고, 색깔 가운데 광채가 있어서 서로 비춤을 가리킨다.

[덕풍화우德風華雨 제20]

제20품 공덕의 바람 불고 꽃비 내리다

[解] 이 품의 경문에서는 극락세계에서 부는 바람의 덕능德能 및 공중에 흩날리는 꽃비의 장엄에 대해 소개하고 있다.

그 불국토에는 언제나 일정한 시간마다 저절로 공덕의 바람이 서서히 일어나 여러 보배 그물과 온갖 보배 나무로 불어와서 미묘한 소리를 내며 고苦와 공空, 무상無常과 무아無我, 모든 바라밀을 연설하느니라.

其佛國土 每於食時 自然德風徐起. 吹諸羅網 及衆寶樹 出微妙音. 演說苦 · 空 · 無常 · 無我 諸波羅密.

[解] 극락세계에서는 매번 일정한 시간에 자연히 덕풍이 천천히 불어온다. 바람이 그물과 온갖 보배나무 사이로 불어 미묘한 소리를 연주한다. 그 소리는 고苦 · 공空 · 무상無常 · 무아無我의 소승법과 모든 바라밀의 대승법을 줄곧 연설한다.

「식시食時」 우리들 이 세상에 음식을 먹는 시간으로 일정한 시간을 비유함.

수많은 종류의 온화하고 단아한 덕의 향기를 퍼져나가게 하여서 그 향기를 맡은 자는 번뇌와 습기의 때가 저절로 일어나지 않느니라.

流布萬種溫雅德香. 其有聞者 塵勞垢習 自然不起.

[解] 나아가 덕의 바람이 불어서 갖가지 온화하고 올곧은 덕의 향기를

발산한다. 사람들은 이러한 향기를 맡고난 후 번뇌와 습기가 자연히
일어나지 않게 된다.

「온아溫雅」「온溫」은 향기가 온화하여 사람에게 적합하고, 「아雅」는 향기가 애착에
물듦을 멀리 여의게 해줌.

**공덕의 바람이 그의 몸에 닿으면 온화한 느낌이 들고 마음을 고르게
하며 뜻을 편안하게 하나니, 이러한 느낌은 마치 비구가 멸진정을
얻는 것과 같으니라.**

風觸其身 安和調適 猶如比丘得滅盡定.

[解] 덕의 바람이 사람의 신체에 접촉하게 되면, 사람에게 매우 온화한
느낌을 들게 하면서 마음을 고르고 뜻을 편안하게 한다(調心適意).
이러한 즐거움은 마치 비구가 멸진정을 증득하는 것과 같다.

「조적調適」 마음이 너무나 즐거워서 번뇌·잡념·습기가 일어나지 않음을 말한다.

「멸진정滅盡定」 「멸진滅盡」은 견사見思의 번뇌가 다 끊어짐을 가리킴으로, 멸진정은
사과四果인 아라한이 증득한 삼매(定)

**그리고 공덕의 바람이 칠보 나무숲에 불어오면 흩날리는 꽃잎이
무리를 이루어 갖가지 색깔과 광명이 불국토를 두루 가득 채우고,
꽃은 색깔에 따라 순서를 이루어 어지럽게 뒤섞이지 않으며, 부드럽
게 빛나고 정결하여 마치 도라면과 같으니라. 꽃들을 밟으면 손가락
네 마디 정도 깊이 빠졌다가, 발을 든 후에는 다시 처음과 같게
되느니라.**

複吹七寶林樹 飄華成聚. 種種色光 遍滿佛土. 隨色次第 而不雜亂. 柔軟光

潔 如兜羅綿. 足履其上 沒深四指. 隨足擧已 還複如初.

[解] 덕의 바람이 불어오면 칠보 나무 숲이 흔들리고, 꽃잎이 흩날리며 순서에 따라 내려온다. 본래 몸 각각 종류에 따라 색깔과 색깔이 다르지 않아 자연히 한곳에 모여 불국토를 두루 가득 채운다. 각각의 서로 같은 색의 꽃에 따라 순서가 있는 도안을 자연히 형성한다. 조금도 어지럽게 뒤섞이지 않으며, 또한 부드럽고 광명이 빛나며 정결하여 마치 도라면과 같다. 발로 꽃 위를 밟으면 네 손가락 아래로 그렇게 깊이 빠지다가, 이 다리를 들어 올릴 때 그것은 또 바로 원래 상태로 돌아간다. 이것은 꽃이 탄성이 있음을 설명한다. 이 단락의 경문에서는 꽃비가 땅 위에 내려오는 장엄함을 말씀하고 있다.

「도라면」 인도산 식물로 버드나무 꽃과 비슷하며, 솜처럼 매우 부드럽고, 매우 가늘다.

일정한 시간이 지난 후 그 꽃들은 저절로 사라져서 대지는 청정해졌다가 다시 새로운 꽃비가 내리는데, 밤낮 여섯때에 따라 또다시 꽃비가 내려 대지를 두루 덮어 이전과 다름없이 아름다운 모습이니, 이와 같이 여섯 차례 순환하느니라."

過食時後 其華自沒. 大地淸淨 更雨新華. 隨其時節 還複周遍. 與前無異 如是六反.

[解] 일정한 시간이 지난 후에 꽃비가 내리는 현상은 자연히 사라진다. 꽃이 나타나든 다시 꽃이 사라지든 대지는 모두 똑같이 청정하다. 시절이 바뀜에 따라 또 새로운 꽃이 떨어져 내리지만, 내려오는 꽃은 이전과 똑같이 대지를 두루 덮는다. 이와 똑같이 여섯 차례 순환하며 출현하니, 이를 하루라 계산한다.

「시절時節」 인도의 시간단위로 하루 낮밤을 여섯 개의 시진時辰, 즉 초일初日 · 중일中日 · 후일後日 · 초야初夜 · 중야中夜 · 후야後夜로 나눔.

[보련불광寶蓮佛光 제21]

제21품 보배 연꽃과 부처님 광명

[解] 이 품의 경문에서는 극락세계의 보배 연꽃과 보배 연꽃의 방광, 방광 중에 화불께서 설법하여 중생을 제도하시는 장엄한 광경을 소개한다.

또한 온갖 보배 연꽃이 극락세계에 두루 가득하고, 하나하나의 보배 연꽃 송이마다 백천 억의 꽃잎이 있고, 그 꽃잎의 광명은 무량한 종류의 색깔이나니, 푸른 연꽃에서는 푸른 광명이 빛나고, 흰색 연꽃에서는 흰 광명이 빛나며, 검정·노랑·주홍·자주의 광명 색깔도 또한 그러하느니라. 다시 무량하고 미묘한 보배와 백천 가지 마니 보배가 진기하게 서로 비추어 장식하고, 해와 달처럼 밝게 비주느니라. 저 연꽃의 크기는 혹 반 유순, 혹 일·이·삼·사, 내지 백천 유순에 이르고, 꽃송이 하나하나마다 36백천억 광명이 나오느니라.

> 又衆寶蓮華周滿世界. 一一寶華百千億葉. 其華光明 無量種色. 靑色靑光. 白色白光. 玄黃朱紫. 光色亦然. 複有無量妙寶百千摩尼 映飾珍奇 明曜日月. 彼蓮華量 或半由旬 或一二三四 乃至百千由旬. 一一華中 出三十六百千億光.

[解] 극락세계 중에는 온갖 보배들로 이루어진 연꽃들이 모든 세계를 두루 분포하며 가득 채우고 있다. 하나하나의 보배 꽃송이마다 백천 억 개의 꽃잎을 갖추고 있다. 보배 연꽃의 광명은 무량한 갖가지 미묘한 색을 갖추고 있어, 푸른 연꽃에서는 푸른빛을 놓고, 흰색

연꽃에서는 흰빛을 놓으며, 내지 검은색·노란색·주홍색·자주색의 광색도 또한 이러하다.

또한 무량한 미묘한 보배와 백천 가지 마니보가 있어서, 모두 진묘珍妙하고 기특하게 비춰주고 꾸며주어 해와 달처럼 밝게 비춘다. 연꽃의 크기는 어떤 것은 반 유순이 되고, 어떤 것은 일이삼사 유순이며, 어떤 것은 심지어 백천 유순이기도 하여, 그 크기가 같지 않다. 하나하나의 보배연꽃 송이마다 36백천 억의 광명이 내뿜어져서, 그 광채는 찬란하고 기묘함이 비할 데가 없다.

「36백천억광三十六百千億光」「삼십육」은 사토四土 구품九品을 나타낸다. 「백천억」은 숫자가 무량무변함을 나타내고, 각각의 품 중에 백천억 연꽃이 있고, 하나하나의 연꽃 또한 무량한 색깔과 색깔을 방사함을 말한다.

광명 하나하나마다 36백천억 화신불께서 나타나시니, 화신불의 색신은 자마진금 색깔이고, 상호는 수승하고 장엄하시느니라. 일체 화신불 한 분 한 분께서는 또 백천 광명을 놓으시고, 시방세계 중생을 위하여 미묘 법문을 두루 연설하시느니라. 이와 같이 일체 화신불께서는 무량한 중생을 부처님의 정도(극락정토)에 각각 안온히 건립하도록 도와주시느니라."

――光中, 出三十六百千億佛. 身色紫金 相好殊特. ――諸佛 又放百千光明. 普爲十方說微妙法. 如是諸佛 各各安立無量衆生於佛正道.

[解] 보배 연꽃은 무량한 색광을 놓고, 하나하나의 광명마다 또한 36백천 억 부처님께서 나타나신다. 부처님의 몸은 모두 자마진금의 색신이고, 상호는 비할 데 없이 수승하고 장엄하다. 광명 중에 나타나시는 한 분 한 분의 화불께서는 또한 백천 가지 광명을 놓는다.

그분들께서는 시방세계 중생을 위해 두루 정토법문을 선포하고 연설하신다. 광명 가운데 나타나시는 화불께서는 각자 무량한 중생을 염불성불의 대도에 편안히 건립하도록 도와주신다.

「불정도佛正道」 여기서는 정토법문을 가리킨다.

[결증극과決證極果 제22]

제22품 구경의 불과 결정코 증득하리라

[解] 이 품의 경문에서는 우리들이 어떻게 구경원만한 불과[極果]를 증득할 수 있는지 설명하고 있다.

그리고 또 아난아, 저 불국토에는 황혼과 어두움도 없고 불빛도 없고, 해와 달도 없고 별빛도 없고, 낮과 밤의 현상도 없으며, 또한 세월 겁수의 명칭도 없느니라. 또한 머물러 사는 집에 대한 집착도 없고, 일체 처소에 표식도 명칭·번지수도 이미 없으며, 또한 일체 경계의 취사분별도 없느니라. 오직 청정한 최상의 즐거움만 누리느니라.

> 複次阿難. 彼佛國土 無有昏暗火光日月星曜晝夜之象. 亦無歲月劫數之名. 複無住著家室. 於一切處 旣無標式名號, 亦無取舍分別. 唯受淸淨最上快樂.

[解] 부처님께서는 또한 아난에게 말씀하셨다. "극락세계에는 황혼과 어두움이 없고, 불빛도 없고, 해와 달도 없고. 별들의 비춤도 없으며, 낮과 밤의 현상도 없다. 또한 연월일의 시간관념도 없다.

머물고 있는 주택과 궁전에 대하여 집착과 미련이 없는 까닭에 모든 머무는 곳에 성城·시市·가街·도道의 명칭도 없고 문패나 번지수도 없다. 일체 경계 내에서 분별 집착이 없으며, 오직 청정하고 자유자재한 최상의 즐거움을 누릴 뿐이다."

만약 어떤 선남자 선여인이 이미 왕생하였거나 앞으로 왕생하거나 모두 다 정정취正定聚에 머물러서 결정코 아뇩다라샴막삼보리를 증득하리라. 왜 그러한가? 만약 사정취邪定聚이거나 부정취不定聚에 머문다면 아미타부처님께서 건립하신 극락세계에 왕생하여 성불하는 정인을 깨달아 알 수 없기 때문이니라."

若有善男子 善女人 若已生 若當生 皆悉住於正定之聚. 決定證於阿耨多羅三藐三菩提. 何以故 若邪定聚 及不定聚 不能了知建立彼因故.

[解] 시방세계에서 믿음·발원·수행을 갖춘 선남자·선여인이 이미 왕생하였거나 앞으로 왕생하거나 모두 정정취正定聚에 머물러서 결정코 원만한 불과를 증득하게 된다.

왜 사정취邪定聚나 부정취不定聚의 사람은 불과를 증득할 수 없는가? 왜냐하면 그들이 업을 짊어진 채로 왕생·염불하여 성불하는 아미타부처님께서 세우신 정인正因을 능히 명료하게 철저히 알 수 없기 때문이다. 이 정인인 염불에 의지해 의심을 품지 않고(不懷疑)·뒤섞지 않고(不夾雜)·중단하지 않고서(不間斷), 믿음과 발원으로 왕생하면 결정코 물러나지 않고 일생에 성불할 수 있다.

[선남자 선여인善男子善女人] 선근·복덕·인연을 구족한 남자와 여자. 본 경전의 기준에 의거하여 믿음·발원·염불행의 세 가지 조건을 구족한 불교를 배우는 남자와 여자를 말한다.

「약이생若已生」 이미 왕생하여 서방 극락세계에 온 사람, 「약당생若當生」 신원행 등 왕생의 조건을 구족하여, 아직 왕생하지 않았지만 장차 꼭 왕생할 사람을 말한다.

「정정취正定聚」 수행에 의지한 이론과 방법이 정확하여 결정코 불과를 증득하는 부류.

「사정취邪定聚」 수행에 의거하는 이론과 방법이 잘못되어 결정코 불과를 증득할 수 없는 부류.

「부정취不定聚」 정정취를 얻은 선지식을 뒤따라 수행하면 정정취로 변할 수 있고,

사정취에 있는 사람을 뒤따라 수행하면 사정취로 변하는 까닭에 부정취라 함.

「피인被因」 업을 지닌 채 극락세계에 왕생하는 정인正因으로 이 정인에 의지하면 반드시 왕생의 과보를 얻게 된다.

[시방불찬十方佛贊 제23]

제23품 시방제불께서 찬탄하시다

[解] 이 품의 경문에서는 시방제불께서 모두 이 수승한 염불법문을 공동으로 선양하고 찬탄하심을 말씀하신다.

그리고 또 아난아, 동방에는 항하사 수만큼 많은 세계가 있고, 그 세계 하나하나 가운데 계시는 항하사만큼 많은 부처님께서 각자 광장설상을 내밀고, 무량한 광명을 놓으시며, 참되고 실다운 말씀으로 무량수불의 불가사의한 공덕을 칭양·찬탄하시느니라.

　複次阿難 東方恒河沙數世界. ——界中如恒沙佛. 各出廣長舌相 放無量光 說誠實言 稱贊無量壽佛不可思議功德.

[解] 부처님께서 또한 이 아난에게 말씀하시었다. "동방에는 항하사 수만큼이나 그렇게 많은 세계가 있고, 그 하나의 세계마다 또한 항하사만큼 많은 부처님이 계시고, 한 분 한 분의 부처님께서 모두 광장설상을 보이시고, 무량광을 놓으시며, 진실하여 헛되지 않은 언어로 설하시어 모두 아미타부처님의 불가사의한 공덕을 칭양하고 찬탄하신다.

「광장설상廣長舌相」 부처님 32상 중의 하나로 혀가 넓고 길며 부드럽고 붉고 얇으며, 입에서 내밀면 능히 얼굴에서 머리까지 덮는다. 이것은 무량겁의 구업이 청정한 과보이다.

남·서·북방에 항하사만큼 많은 세계에 계시는 제불께서 칭양·찬탄하심도 또한 다시 이와 같으니라. 또 사유·상하에 항하사만큼 많은 세계에 계시는 제불께서 칭양·찬탄하심도 또한 다시 이와 같으니라.

> 南西北方恒沙世界 諸佛稱讚亦複如是. 四維上下恒沙世界 諸佛稱讚亦複如是.

[解] 남방·서방·북방에서도 항하사 수만큼이나 많은 세계가 있고, 그 하나하나의 세계 가운데 또 항하사 수만큼이나 그렇게 많은 부처님께서 계시며, 모두 다 무량수부처님의 여러 가지 공덕을 칭양하고 찬탄하신다. 그리고 동남방·서남방·동북방·서북방·상방·하방에서도 항하사 수만큼이나 많은 세계가 있고, 그 하나하나의 세계에도 항하사 수만큼이나 많은 여러 부처님께서 계시며, 그분들께서도 모두 무량수부처님의 불가사의한 공덕을 칭양하고 찬탄하신다.

왜 그러한가? 타방 세계의 모든 중생이 저 부처님의 명호를 듣고 청정한 마음을 내어 억념·수지하도록 하시고 귀의·공양하도록 하시며, 나아가 능히 일념의 청정한 믿음을 내고 일체 선근을 지심至心으로 회향하여 저 국토에 왕생하기를 발원하도록 하시려는 것이니라. 그 발원한 대로 모두 왕생하여 불퇴전지를 얻고 나아가 무상정등보리를 증득하느니라."

> 何以故 欲令他方所有衆生聞彼佛名 發淸淨心. 憶念受持 歸依供養. 乃至能發一念淨信 所有善根 至心回向 願生彼國. 隨願皆生 得不退轉 乃至無上正等菩提.

[解] 왜 시방세계의 여러 부처님들께서 모두 아미타부처님을 칭양 찬탄하시는 것인가? 그 목적은 타방 세계에 있는 모든 중생이 아미타부처님의 명호와 갖가지 공덕을 듣고 모두 청정하고 의심이 없는

신심을 내어서 일심으로 부처님을 그리워하고, 부처님 명호를 염불하며, 아미타부처님의 명호를 수지할 수 있기를 희망하는 것이다. 그들로 하여금 아미타부처님께 귀의 공양하고, 나아가 일념청정의 신심을 내며, 닦은 공덕과 선근을 가지고 진실하고 성실한 마음으로 회향하여 서방극락세계 왕생을 발원하도록 하려는 것이다. 만약 위에서 설한 수행에 의지할 수 있다면 모두 발원에 따라 왕생할 수 있어 세 가지 불퇴를 원만히 증득하고, 곧바로 구경원만한 불과를 증득할 수 있을 것이다.

[억념수지憶念受持]「억憶」은 부처님의 공덕을 그리워하는 것이고,「념念」은 부처님 명호를 염불하는 것이며,「수지」란 믿음으로 받아 굳게 지니면서 중단하지 않는 것이다.

[귀의歸依] 몸과 마음으로 귀향하여 의지하고 그치면서 버리지 않는 것이다.

[일념정신一念淨信] 신심이 이어져서 다른 마음이 섞이지 않은 것이다.

[삼배왕생三輩往生 제24]

제24품 극락세계 삼배왕생

[解] 이 품의 경문에서는 극락세계에 왕생하는 사람들은 염불공부의 깊고 얕음에 따라 각종의 다른 품류品類가 있음을 주요하게 강론하고 있다. 부처님께서는 이들 품류를 세 가지 큰 부류로 귀납하시니, 바로 상배上輩·중배中輩·하배下輩이다.

부처님께서 아난에게 말씀하시기를, "시방세계 제천의 사람들로 그 중에 지심至心으로 저 나라에 태어나기를 바라는 자가 있으니, 무릇 세 가지 부류가 있느니라.

佛告阿難 十方世界諸天人民 其有至心願生彼國 凡有三輩.

[解] 부처님께서는 아난에게 말씀하셨다. "시방세계 일체중생, 그들 중에는 진실하고 성실한 마음을 내어 극락세계에 왕생하기를 발원하고 간구하는 사람들이 있어 세 가지 부류로 귀납되니, 상배·중배·하배라 하느니라."

그 중에서 상배인 사람은 집을 버리고 욕망을 포기하고서 사문이 되어 보리심을 발하고 일향으로 아미타불을 전념하며, 여러 공덕을 닦아 저 극락에 태어나기를 발원하느니라.

其上輩者 舍家棄欲而作沙門. 發菩提心. 一向專念 阿彌陀佛. 修諸功德. 願生彼國.

[解] 상배上輩로 왕생하는 사람은 집도 버리고 욕심도 버려야 하고, 진정으로 출가하여 욕심을 여의고 수행하는 사람이다. 가장 중요한 것은 무상보리심을 발하여 일향으로 아미타불을 전념하는 것이다. 그런 후에 보살의 육바라밀 행법行法을 받들어 행하고, 극락세계에 왕생하길 발원하는 것이다. 이것이 상배로 왕생하는 사람의 조건이다.

[사가기욕捨家棄慾] 집에는 1. 논밭·집의 집, 2. 번뇌의 집 3. 삼계三界의 집, 4. 생사윤회의 집 등 네 가지 종류가 있으니, 여기서 「사가捨家」란 이 네 가지의 집을 버리는 것이고, 「기욕棄慾」은 여러 가지 욕망을 멀리 여의는 것을 말함.

[발보리심發菩提心 일향전념아미타불一向專念阿彌陀佛] 이것은 구법계의 일체 중생이 극락세계에 왕생하기 위한 기본 조건으로 결정코 이번 생 동안 극락세계에 왕생하고 말겠다는 마음을 발함을 말한다.

[수제공덕修諸功德] 여섯 가지 바라밀 등 보살의 행법을 수행함.

이러한 중생은 목숨이 다할 때 이미 아미타부처님께서 여러 성중들과 함께 그 사람 앞에 나타나시고, 매우 짧은 시간이 지나 곧 저 부처님을 따라 그 국토에 왕생하며, 문득 칠보 연꽃에서 저절로 화생하여 지혜와 용맹을 얻고, 신통이 자재하리라.

此等衆生 臨壽終時 阿彌陀佛 與諸聖衆 現在其前. 經須臾間卽隨彼佛往生其國. 便於七寶華中自然化生. 智慧勇猛 神通自在.

[解] 위에서 말한 이러한 조건을 구비한 중생은 목숨이 다하는 때 아미타부처님께서 극락세계의 보살성중과 함께 그 사람의 앞에 나타나신다. 매우 짧은 시간 이내에 곧바로 아미타부처님을 따라 극락세계에 왕생하여, 칠보 연꽃에 자연히 화생化生하게 된다. 한번 왕생하면 지혜와 용맹과 신통자재의 과보를 얻게 된다.

그러므로 아난아, 그 어떤 중생이 지금 세상에서 아미타부처님을 친견하고자 한다면 마땅히 무상보리심을 발하고, 다시 극락세계를 전념하며, 선근을 쌓고 모아서 지니고 회향할지니라. 이로 인해 부처님을 친견하고 저 국토에 태어나서 불퇴전지를 얻고 나아가 무상보리를 증득하느니라.

> 是故阿難 其有衆生欲於今世見阿彌陀佛者 應發無上菩提之心. 複當專念 極樂國土. 積集善根 應持回向. 由此見佛 生彼國中 得不退轉 乃至無上菩提.

[解] 부처님께서 아난에게 말씀하셨다. "위에서 말한 원인으로 인해 만약 어떤 중생이 이번 일생에 아미타부처님을 친견하고 싶어 하면 무상보리심을 발하여야 하고, 또 극락세계의 의정장엄依正莊嚴을 한결같이 염하고, 보시 · 지계 등 육도六度(육바라밀)를 받들어 행하며, 불교 공부를 통해 인간의 스승이 되고 수행으로 세상의 모범이 되며, 공덕을 쌓아서 닦은 공덕을 회향하여 극락에 태어나길 간구하여야 한다. 이상의 인행因行이 있으면 반드시 극락세계에 왕생하고 연꽃이 피어 부처님을 친견하며 세 가지 불퇴전을 원만하게 증득하고, 나아 가 위없는 불과를 증득하게 될 것이다. 이것은 상배로 왕생하는 인행과 과보를 소개한 것이다."

그 중배의 사람은 비록 사문이 되어 수행하며 공덕을 크게 닦을 수 없어도 무상보리심을 발하고 일향으로 아미타불을 전념하느니라. 자기 연분에 따라 수행하여 여러 좋은 공덕을 쌓나니, 재齋를 봉행하고 계행을 지키며, 탑과 불상을 세우고 사문에게 식사를 공양하며, 비단 깃대를 걸고 등불을 밝히며, 꽃을 뿌리고 향을 사르느니라. 이로써 회향 발원하여 저 국토에 태어나기를 발원하느

니라.

其中輩者 雖不能行作沙門 大修功德, 當發無上菩提之心. 一向專念 阿彌
陀佛. 隨己修行 諸善功德 奉持齋戒. 起立塔像 飯食沙門 懸繒然燈 散華燒
香 以此回向 願生彼國.

[解] 중배中輩로 왕생하는 사람은 비록 상배로 왕생하는 사람처럼
사문이 되어 똑같이 행하며 크게 공덕을 닦지 못할지라도 무상보리심
을 발하여 일향으로 아미타부처님의 명호를 전념한다. 자기 자신의
조건에 따라 공덕을 쌓는데, 예를 들면 재齋와 계戒를 받들어 지키고,
탑과 불상을 세우고, 사문에게 식사를 공양하고, 비단 깃대를 걸고
등불을 밝히며, 꽃을 뿌리고 향을 사르는 등 공덕을 짓는다. 그런
연후에 이러한 공덕을 회향하여 발원하면 서방극락세계에 왕생한다.

[재계齋戒] 재齋는 청정한 마음이고. 계戒는 몸과 입과 뜻이 부처님의 가르침을 준수하여
과실이 없게 함을 말한다.

[기립탑상起立塔像] 탑塔은 탑사와 도량이고, 상像은 불상이니, 도량을 세우고 불상을
소성하며, 새로운 뜻이 생겨 불교의 인재를 배양하고 교육하여 불법을 널리 알리고
중생을 이롭게 하는 일을 말한다.

[반식사문飯食沙門] 사문은 여기서는 출가한 사람을 가리키니, 음식·의복·침구·의
약품 등의 네 가지 일로 출가한 사람을 공양하는 일을 말한다.

[현증懸繒] 증繒은 깃대이니, 현증懸繒은 법을 널리 퍼뜨려 중생을 이롭게 하는 일을
말한다.

[연증燃燈] 연然은 태울 연燃과 같고, 등燈은 부처님 전에 공양하는 도구이니, 연등은
자기 자신을 태워서 다른 사람을 비춰줌을 표시하는 것으로 자기를 희생하여 사회와
대중을 위해 일함을 말한다.

[산화散華] 화華는 화花와 같아 인因을 닦는다는 뜻임. 산화散華는 도량을 장엄함이니,
부처님의 법을 닦고 익혀서 모범을 보이고 보시하여 사회를 장엄하는 신행身行을
가리킨다.

[소향燒香] 향香은 계정혜의 참된 향을 나타냄. 향을 사름이란 공기를 깨끗하게 하기 위한 일이니, 계정혜의 참된 향으로 자기 심신의 환경을 깨끗하게 정화함을 나타낸다.

그 사람은 임종할 때 아미타부처님께서 그 몸을 화현하시니, 부처님의 진신과 같은 광명과 상호를 지니고 계시며, 여러 대중에게 앞뒤로 둘러싸인 채로 함께 그 사람 앞에 나타나셔서 그를 거두어 인도하시니, 곧바로 화현하신 부처님을 따라 그 국토에 왕생하고, 불퇴전지에 머물러 무상보리를 증득하느니라. 공덕과 지혜는 상배 사람의 다음과 같으니라.

其人臨終 阿彌陀佛化現其身 光明相好 具如眞佛. 與諸大衆前後圍繞現其人前. 攝受導引 卽隨化佛往生其國. 住不退轉. 無上菩提. 功德智慧次如上輩者也.

[解] 그 사람이 목숨이 다할 때 아미타부처님께서 화신으로 그의 앞에 보이시는데, 비록 화신이지만 광명과 상호는 부처님의 진신眞身과 조금도 다르지 않다. 또 극락세계에 있는 보살 성중들이 부처님을 앞뒤로 둘러싸고 모두 그 사람의 면전에 나타나 그를 섭수하여 인도하시니, 그는 곧바로 화현하신 부처님을 따라 서방극락세계에 왕생하게 된다. 왕생한 이후에는 또 불퇴전에 머물러 무상보리를 얻게 된다. 다만 그의 공덕과 지혜는 상배로 왕생한 사람과 비교하면 한 등급의 차이가 난다. 이것이 중배로 왕생하는 사람의 인행과 과보이다.

[공덕지혜功德智慧] 공功은 미혹을 끊는 공부이고, 덕德은 왕생한 후 품위品位를 가리킨다. 「지혜」는 자성自性 중에서 자연히 흘러나와 드러나는 지혜의 덕능을 가리킨다.

그 하배의 사람은 설사 여러 공덕을 지을 수는 없지만, 무상보리심을

발하고 일향으로 아미타불을 전념하며, 환희심으로 믿고 좋아하며 의심을 내지 않고 지극히 성실한 마음으로 그 국토에 태어나기를 발원하느니라.

其下輩者 假使不能作諸功德 當發無上菩提之心. 一向專念 阿彌陀佛. 歡喜信樂 不生疑惑. 以至誠心 願生其國.

[解] 그리고 하배로 왕생하는 부류의 사람을 설한다. 설사 위의 상배나 중배로 왕생하는 사람들처럼 그렇게 여러 공덕을 닦을 수는 없지만, 그래도 무상보리심을 발하고 일향으로 아미타부처님의 명호를 전념하고, 환희심 · 깊은 신심 · 좋아하는 마음으로 이 법문을 수학하면서 조금의 의혹도 없다. 그리고 진실하고 성실한 마음으로 회향하고 발원하여 서방극락세계에 태어나길 간구한다.

이 사람은 임종할 때 꿈에 저 부처님을 친견하면 또한 왕생을 얻게 되느니라. 공덕과 지혜는 중배 사람의 다음과 같으니라.

此人臨終 夢見彼佛 亦得往生. 功德智慧次如中輩者也.

[解] 이 사람이 임종할 때 아미타부처님께서 오셔서 접인하심을 보는데, 그 감각이 마치 꿈속의 경계와 똑같다. 그도 또한 서방 극락정토에 왕생할 수 있다. 이 사람이 얻는 공덕과 지혜는 중배로 왕생하는 사람의 다음이다. 이것이 하배로 왕생하는 인행과 과보이다.

[몽견피불夢見彼佛] 여기서 몽견夢見은 꿈을 꾸는 것을 말하는 것이 아니고, 임종할 때에 부처님께서 와서 접인하여 인도하시는 감각이 마치 꿈 가운데 부처님을 친견하게 되는 것과 같음을 말한다.

어떤 중생 가운데 대승법문에 머무는 사람은 청정한 마음으로 무량
수불께 향하거나 내지 십념으로 그 국토에 태어나기를 발원하느니
라. 또한 매우 깊은 염불법문을 듣고서 즉시 믿음과 이해가 생기거나,
내지 일념의 청정한 마음을 획득하고서 일념의 마음을 발하여 저
부처님을 염하느니라.

若有衆生住大乘者 以淸淨心 向無量壽. 乃至十念 願生其國. 聞甚深法
卽生信解. 乃至獲得一念淨心 發一念心念於彼佛.

[解] 이 단락에서의 설명은 이러하다. 만약 어떤 중생이 비록 염불법문
에 전수(專修)하지 못한다 하더라도, 대승불법 가운데 어느 하나의
법문이라도 한결같이 수학하고 청정한 마음으로 무량수부처님을
향하여 평상시에 십념十念을 겸수兼修하든가, 임종 때에 십념을 전수專
修하든지 간에 다만 그가 서방극락세계에 태어나길 진실하게 발원하
여 간구한다면, 부처님께서 보살 성중과 오셔서 접인하신다. 그가
염불법문을 들은 후에 바로 믿음을 내고 이해하여, 다만 평상시에
수학 공부해서 득력得力하여야 일념의 청정한 마음을 획득하게 되며,
이 일념의 마음을 발하여 아미타부처님을 한결같이 염하면 이런
사람들도 모두 다 왕생할 것이다.

염불법문은 광대하여 구법계(九界)의 일체중생이 어떠한 법문을 닦든
지 간에 다만 회향하여 왕생을 간구하기만 하면 모두가 평등하게
왕생하여 물러나지 않고 성불함을 충분히 알 수 있다.

[주대승住大乘] 평상시 정토를 전수專修하지 못하더라도 한 가지 문에 깊이 들어가
대승의 나머지 법문을 수학하는 부류의 중생을 말한다.

[내지십념乃至十念] 적어도 십념十念. 여기서 십념은 「평상시 십념」과 「임종시의 십념」
두 가지 종류가 있다.

[문심심법聞甚深法] 이는 염불하여 왕생하고 평등하게 불퇴전지를 얻어 성불하는 법문

을 말한다.

이 사람은 목숨을 마칠 때 꿈속처럼 아미타부처님을 친견하고, 반드시 저 국토에 왕생하여 불퇴전지를 얻고 무상보리를 증득하게 되느니라.

此人臨命終時 如在夢中. 見阿彌陀佛. 定生彼國 得不退轉 無上菩提.

[解] 평상시 대승을 닦은 사람은 임종할 때 그가 수행해온 공덕으로 회향하여 정토에 태어나길 간구하면 부처님과 성중들이 그를 접인하러 오시니, 그의 감각은 마치 꿈속에서 아미타부처님을 친견하는 것과 같다. 이런 사람도 반드시 극락세계에 왕생할 수 있어 불퇴전不退轉을 얻고 위없는 불과를 증득할 것이다.

[왕생정인往生正因 제25]

제25품 삼배왕생의 정인

[解] 이 품의 경문에서는 삼배三輩 왕생에 대하여 보충설명을 하고 있다.

그리고 또 아난아, 만약 어떤 선남자 선여인이 이 경전을 듣고 수지·독송·서사·공양하고 또한 밤낮으로 중단 없이 극락찰토에 태어나기를 구한다면, 나아가 보리심을 발하여 여러 금계를 지니고 견고히 지켜서 범하지 않고, 유정을 널리 풍요롭게 하며, 자신이 지은 선근을 빠짐없이 다 베풀어서 안락을 얻도록 하며, 자신도 서방극락의 아미타부처님과 저 국토를 억념한다면, 이런 사람은 목숨이 다할 때 부처님과 같은 색신 상호와 온갖 공덕장엄을 지니고 보배 찰토에 태어나서 곧바로 아미타부처님을 친견하고 법문을 들으며 영원히 물러나지 않느니라.

> 複次阿難 若有善男子 善女人 聞此經典. 受持讀誦. 書寫供養. 晝夜相續. 求生彼刹. 發菩提心. 持諸禁戒 堅守不犯. 饒益有情. 所作善根悉施與之 令得安樂. 憶念西方阿彌陀佛 及彼國土. 是人命終 如佛色相種種莊嚴 生寶刹中 速得聞法. 永不退轉.

[解] 세존께서 또 아난에게 말씀하셨다. "만약 어떤 선남자 선여인이 무량수경을 듣고서 수지·독송·서사·공양한다면, 또 밤낮으로 중단 없이 이어져서 서방극락세계에 왕생하기를 간구할 수 있다면, 게다가 보리심을 발하고, 갖가지 계율과 국가의 법률제도를 받들어 지키며, 굳건히 준수하여 절대 범하지 않을 수 있다면, 또한 사회

대중에게 가장 풍요한 이익을 베풀어 주고, 자기가 수행한 공덕까지
도 전부 일체 대중이 안락을 얻도록 봉헌하고 보시할 뿐만 아니라
자기 자신도 서방극락세계 아미타부처님의 의정장엄依正莊嚴을 억념
하려고 한다면, 이런 사람은 임종할 때 부처님께서 성중들과 그의
앞에 와서 접인하고, 서방극락세계에 왕생할 때 색상 장엄이 아미타
부처님과 똑같다. 곧바로 부처님을 친견하고 법문을 듣고 나면 영원
히 물러나지 않을 것이다.

그리고 또 아난아, 만약 어떤 중생이 저 국토에 태어나고자 한다면
비록 크게 정진하여 선정을 닦을 수 없다 할지라도 경전과 계율을
수지하면서 선업을 지어야 하나니, 이른바 첫째 살생을 하지 말며,
둘째 도둑질을 하지 말며, 셋째 삿된 음행을 하지 말며, 넷째 거짓말
을 하지 말며, 다섯째 꾸미는 말을 하지 말며, 여섯째 험한 말을
하지 말며, 일곱째 이간질하는 말을 하지 말며, 여덟째 탐내는
마음을 품지 말며, 아홉째 성내는 마음을 품지 말며, 열째 어리석은
생각을 품지 말지니라. 이와 같이 밤낮으로 극락세계 아미타부처님
의 온갖 공덕과 온갖 장엄을 사유하고, 지심至心으로 귀의하여
정례하고 공양을 올린다면, 이 사람이 임종할 때 놀라지도 두려워하
지도 않고 마음이 전도되지도 않으며 곧바로 저 불국토에 왕생하게
되리라.

複次阿難 若有衆生欲生彼國. 雖不能大精進禪定 盡持經戒 要當作善.
所謂一不殺生. 二不偷盜. 三不淫欲. 四不妄言. 五不綺語. 六不惡口.
七不兩舌. 八不貪. 九不瞋. 十不癡. 如是晝夜思惟 極樂世界阿彌陀佛
種種功德. 種種莊嚴. 志心歸依. 頂禮供養. 是人臨終 不驚不怖 心不顚倒.
卽得往生彼佛國土.

[解] 부처님께서 또 아난에게 말씀하셨다. "만약 중생이 극락세계에 왕생하려고 한다면, 평상시 생활하며 수행하면서 비록 상배처럼 용맹정진하여 선정을 닦고 익힐 수는 없더라도, 또 경전의 의리와 가르침 및 권고를 완전히 받들어 지닐 수는 없더라도 다만 틀림없이 악업을 끊어 버리고, 열 가지 선업善業을 닦아야 한다. 열 가지 선업이란 첫째 살생을 하지 말며, 둘째 도둑질을 하지 말며, 셋째 삿된 음행을 하지 말며, 넷째 거짓말을 하지 말며, 다섯째 꾸미는 말을 하지 말며, 여섯째 험한 말을 하지 말며, 일곱째 이간질하는 말을 하지 말며, 여덟째 탐내는 마음을 품지 말며, 아홉째 성내는 마음을 품지 말며, 열째 어리석은 생각을 품지 말라는 것이다. 이러한 열 가지 선업을 기초로 삼은 연후에 서방극락세계와 아미타부처님의 갖가지 공덕, 그리고 극락세계의 갖가지 의보장엄依報莊嚴을 밤낮으로 사유하면서 억념하여야 한다. 일심으로 아미타부처님께 귀의하여 머리 조아려 공양을 올려야 한다. 이렇게 수행을 해나가다 임종하는 때에 이르게 되면 반드시 아미타부처님의 본원가지加持를 얻어서 놀라움이나 두려움 없이 마음이 전도착란顚倒錯亂 되지 않고 곧바로 서방극락세계에 왕생하게 될 것이다."

이 단락에서는 중배로 왕생하는 인행 과보를 보충설명하고 있다.

「불살생不殺生」 일체 중생의 생명을 살해하지 않음. 「불투도不偸盜」 도둑질이란 주지 않는 물건을 취하는 것으로, 무릇 주인이 있는 물건을 주인의 동의 없이 어떤 방식을 채용하든 제멋대로 차지하여 자기 소유로 한다면 모두 도둑질에 속하고, 이와 반대로는 곧 도둑질이 아님. 「불음욕不淫欲」 이성에 대하여 예가 아닌 생각을 하지 않고, 예가 아닌 행위를 하지 않음.

「불기어不綺語」 화려하고 교묘한 말이나 유혹하는 말 등으로 남을 잘못 인도하는 말을 하지 않음. 「불악구不惡口」 거칠고 듣기 싫은 말을 하지 않음.

「부진에不瞋恚」 여의치 않은 것에 대하여 진에瞋恚의 마음을 일으키지 않음. 「불치不痴

」사리事理와 인과因果의 진상에 대하여 명백하게 깨달아 이해함.

만약 하는 일과 지닌 물건이 번다하여 집을 떠날 수도 없고, 여유로이 재계를 크게 닦을 수도, 일심청정에 이를 수도 없다면 한가한 시간이 날 때 몸과 마음을 단정히 하여 음욕을 끊고, 근심을 내려놓고서 자비심으로 정진할지니라. 진노하지도 질투하지도 말며, 음식을 탐내지도 인색하지도 말며, 도중에 후회하지도 말며, 여우처럼 의심하지도 말지니라. 효순을 다하고, 진성眞誠의 마음을 다하며, 충성과 신의를 다할지니라. 불경의 말씀이 깊다고 믿어야 하고, 선을 지으면 복을 얻는다고 믿어야 하느니라. 이와 같은 모든 선법을 받들고 수지하되, 훼손하지도 잃어버리지도 말지니라.

若多事物 不能離家 不暇大修齋戒 一心淸淨. 有空閑時 端正身心. 絶欲去憂. 慈心精進. 不當瞋怒. 嫉妒. 不得貪饕悋惜. 不得中悔. 不得狐疑. 要當孝順. 至誠忠信. 當信佛經語深. 當信作善得福. 奉持如是等法 不得虧失.

[解] 만약 그들에게 갖가지 장애가 되는 인연이 있어서 세속의 사물을 내려놓을 수 없고, 또 재와 계를 크게 닦아 일심을 청정하게 할 시간이 없다면, 한가한 시간을 이용하여 몸을 단정하게 하고 뜻을 바르게 하며, 욕심을 끊고 근심을 내려놓아야 할 것이다. 다른 사람에 대해서는 자비심이 필요하고, 자기 자신에 대해서는 노력 정진하여 계율을 지키고 수행하여야 한다. 설사 여의치 않은 사물을 만나게 되더라도 마음속은 진노하지 않을 것이며, 다른 사람의 좋은 점을 보더라도 마음속은 불편하지 않고 시기심을 일으키지 않을 것이다. 맛있는 음식을 탐내거나 아까워서 기꺼이 보시하지 못하는 일이 없도록 할 것이다.

자신이 수학하는 법문에 대하여 도중에 후회하지 않고 의심을 갖지 않도록 할 것이다. 부모에게 효도하고 순응하며, 일을 처리할 때, 사람을 상대할 때, 사물을 접할 때는 정성과 공경을 다하여야 하고, 책임을 다하여야 하며, 신용이 있어야 한다. 마땅히 부처님께서 설하신 경전의 의리義理가 무한히 깊고 광대함을 깊이 믿어야 한다. 깊은 믿음으로 선인善因을 심으면 틀림없이 선한 과보를 얻게 될 것이니, 인과응보의 도리와 사실은 추호의 잘못도 없다. 이상의 원칙을 받들어 지키며, 그리고 명심하여 준수한다면 일생 동안 이지러지지도 잊지도 않을 것이다.

「절욕거우絶欲去憂」「절욕絶欲」이란 외부 환경과 사물의 유혹을 단절함. 「거우去憂」란 마음속의 탐 · 진 · 치와 득실 등의 번뇌를 내려놓음.

「휴실虧失」「휴虧」는 원만히 이루지 못함, 「실失」은 잊어버림을 뜻한다.

사유하고 잘 헤아려 제도 · 해탈을 얻고자 하고, 밤낮으로 항상 염하여 아미타부처님의 청정 불국토에 왕생하고자 발원하기를, 열흘 밤낮 내지 하루 밤낮 동안 중단하지 않는 사람은 목숨이 다할 때 모두 다 그 국토에 왕생하리라.

思惟熟計. 欲得度脫. 晝夜常念 願欲往生阿彌陀佛淸淨佛國. 十日十夜 乃至一日一夜 不斷絶者. 壽終皆得往生其國.

[解] "어떤 방법을 사용하여 육도윤회를 벗어날 수 있는지, 언제나 진지하게 사유하고 상세히 헤아려야 한다. 또 밤낮으로 부처님을 그리워하고 부처님을 생각하여서 한마음 한뜻으로 아미타부처님의 청정 불국토에 왕생하고자 원해야 한다. 만약 일 년 중에 긴 휴가기간을 이용하여 청정한 마음으로 십일 밤낮으로 닦거나, 혹은 매 달마다

휴일을 택하여 하루 밤낮 닦기를 의심을 품지 않고·뒤섞지 않고·중단하지 않으며 명호를 집지執持한다면 목숨이 다할 때 서방극락세계에 왕생할 수 있을 것이다."

이 단락에서는 하배가 왕생하는 인행과 과보를 보충하여 설명하고 있다.

보살도를 행한 여러 왕생하는 사람들은 모두 다 불퇴전지를 얻고, 모두 자마진금 색깔의 몸과 32종 대장부상을 구족하여 모두 부처가 되리라. 어느 방위의 불국토에서든 부처가 되고자 하면 마음이 원하는 대로 그 정진에 따라 빠르고 늦음이 있어도, 쉬지 않고 도를 구하면 이를 얻을 것이고, 그 발원한 것을 잃지 않으리라.

行菩薩道 諸往生者. 皆得阿惟越致. 皆具金色三十二相. 皆當作佛. 欲於何方佛國作佛 從心所願. 隨其精進早晩. 求道不休 會當得之. 不失其所願也.

[解] "정토 법문을 전수하지 못하고 기타 대승 보살법문을 수학하는 모든 사람들은 장차 자신이 수행한 공덕을 회향하여 극락세계에 왕생하길 간구하면 이러한 사람은 일체 수용受用이나 위차位次가 모두 평등하여서 모두 다 세 가지 불퇴전의 과위(칠지七地 이상)를 얻게 될 것이다. 그리고 자마진금의 색신과 32종의 대장부 상을 갖추고, 일생에 원만 성불할 것이다. 어느 방위의 세계이든지 중생의 감感이 있어 부처님께서 교화하시기를 희망하면 그들은 모두 중생의 원망願望에 따라 그곳에 이르러 성불을 나타내 보일 것이다. 성불하는 기한에 이르면 곧 각자의 정진 정도에 따라 성불하는 시기의 빠르고 늦음에 다름이 있을 것이다. 그러나 도를 구하여 그치지만 않는다면

비록 선후의 차별이 있을지언정, 성불의 발원은 결코 잘못 빠뜨리지 않고 꼭 약속을 실현할 수 있어 이번 일생에 결정코 성불할 것이다."

이 단락에서는 기타 대승법문으로 수학한 사람들이 회향하여 왕생하길 간구하는 인행과 과보를 보충 설명하고 있다.

아난아, 이러한 의리와 이익 때문에 무량무수 불가사의 무유등등 무량무변 세계의 제불여래께서 다 함께 무량수불의 모든 공덕을 칭양 · 찬탄하시느니라."

阿難 以此義利故 無量無數不可思議無有等等無邊世界 諸佛如來 皆共稱讚無量壽佛所有功德.

[解] 부처님께서 아난에게 말씀하셨다. "위에서 말한 삼배왕생에 관한 사리事理와 이익으로 인해 시방세계 일체 제불 여래께서는 모두 공동으로 아미타부처님의 불가사의한 공덕을 칭양 찬탄하신다."

[예공청법禮供聽法 제26]

제26품 예배 · 공양하고 법을 듣다

[解] 이 품의 경문에서는 시방세계의 보살들이 극락세계에 이르러 아미타부처님께 예배 · 공양하고, 아미타부처님께서 연설하시는 묘법妙法을 공손하게 듣는 것에 대해서 말씀하고 있다.

그리고 또 아난아, 시방세계 여러 보살성중들은 극락세계 무량수불께 예배드리고자 하여 각자 향과 꽃, 당번과 보개를 가지고 부처님의 처소로 가서 공경심으로 공양하고, 경법을 듣고 수지하느니라. 그런 후에 자신의 불국토로 돌아가 그 경법을 선양 · 전파하고 바른 도로써 교화하여 극락세계의 공덕장엄을 칭양 · 찬탄하느니라.

複次阿難 十方世界諸菩薩衆. 爲欲瞻禮 極樂世界 無量壽佛 各以香華幢幡寶蓋 往詣佛所 恭敬供養. 聽受經法 宣布道化. 稱贊佛土功德莊嚴.

[解] 부처님께서 또 아난에게 말씀하셨다. "타방세계에서 아미타부처님의 명호를 듣고, 또 환희심을 낸 보살들은 극락세계 무량수부처님을 우러러 뵙기를 희망하여, 모두 향 · 꽃 · 당번 · 보개 등의 예물을 가지고서 극락세계로 와서 정성과 공경의 마음으로 무량수부처님께 공양을 올리고, 아미타부처님의 가르침을 듣고 받아들인다. 그런 연후에 자기의 불국토로 돌아가서 그 가르침을 선양 전파하고 정도로써 중생을 교화하여 극락세계의 공덕과 장엄을 칭양 찬탄하신다."

[선포도화宣布道化] 「선포宣布」는 선양하고 전파함이고, 「도화道化」는 바른 도로써 중생을 교화함을 말한다.

이때에 세존께서 곧 게송을 설하여 말씀하시기를,

爾時世尊卽說頌曰.

[解] 이때에 세존께서는 게송의 방식으로 찬탄하여 말씀하시니, 게송은 이러하다.

**동방에는 제불국토가 있나니
그 수가 항하사만큼 많고,
그곳의 항하사만큼 많은 보살성중이
무량수불께 나아가 예배드리느니라.**

東方諸佛刹　數如恒河沙
恒沙菩薩衆　往禮無量壽

**남·서·북방과
사유·상하도 그러하나니
모두 다 존중하는 마음으로
무량수불께 여러 진귀하고
미묘한 공양구를 받들어 올리느니라.**

南西北四維　上下亦復然
咸以尊重心　奉諸珍妙供

[解] 이 여덟 구절의 게송에서는 극락세계에 온 보살들의 숫자가 많다는 것을 설명하고 있다.

"동방세계의 불찰토는 항하사 수만큼 그렇게 많은데, 그 하나하나의 불찰토에 또 항하사 수만큼 그렇게 많은 보살이 있다. 이들 보살들이 모두 극락세계에 와서 예배 공양하고, 아미타부처님의 설법을 듣는다. 동방 이외에도 또한 남방·서방·북방·동남방·동북방·서남방·서북방·상방·하방 등 아홉 개 방위가 있어 그 하나하나의 방위마다 모두 항하사 수만큼 많은 세계가 있고, 그 하나하나의 세계마다 모두 항하사 수만큼 많은 보살들이 있는데, 그들 모두 다 정성과 공경의 마음으로 각종 진기하고 오묘한 물건을 받들어 지니고, 아미타부처님과 법회에 모인 모든 상선인上善人에게 공양을 올린다."

평안하고 단아한 음성을 내어
노래하며 찬탄하기를,
아미타불 최승존이시여!
신통지혜, 구경까지 통달해
깊은 법문에 들어가 노니십니다.

暢發和雅音　歌嘆最勝尊
究達神通慧　遊入深法門

아미타불 성덕명호 듣고서
안온히 큰 이익을 얻어
갖가지로 공양하면서
게으름 싫증내는 일 없이 열심히 닦겠나이다.

聞佛聖德名　安隱得大利
種種供養中　勤修無懈倦

저 수승한 극락찰토를 관하니,

미묘하고 불가사의하며
공덕으로 두루 장엄되어 있어
제불국토는 비교하기 어렵나이다.

　觀彼殊勝刹　微妙難思議
　功德普莊嚴　諸佛國難比

이에 무상보리심을 발하여
속히 보리를 성취하길 발원하나이다.

　因發無上心　願速成菩提

[解] 이 단락은 시방세계의 보살들이 아미타부처님을 찬탄하면서, 그분들이 속히 성불할 수 있기를 발원하는 내용이다.

시방세계 무량무변한 보살들이 너무나 즐겁고 기뻐서 편안하고 우아한 음성으로 게송을 읊으며, 아미타부처님을 찬탄하고, 아미타부처님께서 구경에 통달하신 신통력과 지혜를 찬탄한다. 중생들이 아미타부처님의 명호를 들으면 모두 능히 원만하게 성불할 수 있는 커다란 이익(大利; 왕생하여 불퇴전의 과위를 얻고 성불하는 수승한 이익)을 안온히 얻을 수 있고, 성덕聖德의 명호(아미타불)를 들은 후에 갖가지 공양 가운데 게으르고 싫증내는 마음 없이 정진하며 계율을 지키고 수행할 수 있다.

이들 보살들이 극락세계의 갖가지 수승하고 아름다운 환경을 보면 미묘하고 불가사의함을 확실히 느끼게 될 것이다. 그것들은 모두 아미타부처님과 극락세계 대중의 공덕으로 함께 장엄한 것이다. 그러므로 극락세계는 시방세계의 어떤 불국토와도 견줄 수 없는 곳이라고 찬탄하는 것이다. 이들 보살들이 이렇게 미묘하고 불가사의

한 상황을 보게 되어, 이로 인해 모두 무상보리심을 발하였으니
모두 이번 일생에 빨리 원만히 성불하길 희망하네."

「창발화아음暢發和雅音」「창창暢暢」은 즐겁고 기쁨을 말하고, 「화아음和雅音」은 가장 아름
다운 평안하고 단아한 소리를 말한다.

「유입심법문遊入深法門」「유유遊」는 걸림없이 자재함을, 「입심법문(入深法門)」은 아미타
부처님께서 제법실상의 본래의 원천을 투철히 깨쳐 이해하심을 가리킨다.

때에 맞추어, 무량존께서
미소 띤 금빛 얼굴로 나타나시니,
광명이 입에서 나와
시방세계를 두루 비추고,
그 광명 돌아와 부처님을 세 번 돌고
부처님 정수리로 들어가느니라.

應時無量尊　微笑現金容
光明從口出　遍照十方國
回光還繞佛　三匝從頂入

보살들이 이 광명을 보고
즉시 불퇴위를 증득하니,
이때 모인 일체 대중들이
서로 축하하며 기뻐하느니라.

菩薩見此光　卽證不退位
時會一切衆　互慶生歡喜

[解] 이 단락에서는 아미타부처님께서 방문하신 여러 보살들에게

광명을 놓으시는 이익을 설명하고 있다.

"마침 이들 보살이 발원하는 그때에, 아미타부처님께서는 미소를 머금은 빛나는 얼굴을 보이시고 입에서 광명을 놓으시어 시방세계 여러 불찰토를 두루 비추었다. 그 광명이 시방세계에 두루 비친 후에 또 다시 돌아와 부처님을 세 번 돌고, 그런 연후 부처님의 정수리로 들어갔다. 이것은 아미타부처님께서 시방세계의 보살들을 위하여 관정수기를 하셨음을 나타낸다. 이들 보살들은 부처님의 광명을 보고 나서 곧 바로 세 가지 불퇴전不退轉의 과위를 원만하게 증득하였다. 당시에 부처님께 와서 예배·공양하고 설법을 들은 시방세계 보살들은 피차 서로 기뻐하며 큰 환희심을 내었다."

「응시應時」 보살이 찬탄 발원한 때에 응함을 말한다.

[종정입從頂入] 정頂은 정수리로, 지극히 높고 위없는 대법大法을 대표한다. 부처님의 정수리로 들어감을 가리키는데 여기서는 관정수기灌頂授記를 뜻한다.

**부처님 설법 음성 청정하고 우레 같으며,
팔음 갖추어 미묘한 소리내어 이르시길,**

佛語梵雷震 八音暢妙聲

[解] 이 두 구절은 석가모니부처님께서 아미타부처님이 설법하시는 음성이 청정하고 우레와 같이 크고 낭랑하여 시방세계 멀리까지 들릴 뿐만 아니라 미묘 원만하여 팔음을 갖추어 광대히 중생을 위하여 묘법을 연설하심을 찬탄한 것이다.

「뇌진雷震」 음성이 멀리까지 들려 사람의 마음을 진동하는 것을 비유함.

「팔음八音」 부처님의 음성이 여덟 가지 원만한 상을 갖추고 있음을 가리킨다. 1) 최호음最好音: 세간世間과 출세간出世間에 존재하는 일체의 음성이 모두 부처님의 음성과는 서로 비교할 수 없다. 2) 유연음柔軟音: 유연함은 자비를 뜻함. 부처님의 음성은 유연하여 듣는 사람으로 하여금 환희심을 내게 하여 강직한 성격을 버리도록 한다. 3) 조화음調和音: 부처님의 음성은 중생의 마음을 조화롭게 하여 번뇌를 버리고 지혜를 증장시킬 수 있다. 4) 불오음不誤音: 부처님께서 설하시는 법은 절대로 착오가 없다. 5) 불여음不女音: 부처님의 음성은 사무외四無畏를 갖추고 있어 듣는 자로 하여금 공경하고 복종하게 하고 마귀와 외도가 귀의하도록 한다. 절대로 여자 같은 교태 소리는 내지 않는다. 6) 존혜음尊慧音: 부처님의 음성은 중생이 듣고 난 후 존중하고 흠모하는 마음을 일으켜 지혜를 계발할 수 있게 한다. 7) 심원음深遠音: 부처님께서 설법하시는 음성은 사람들에게 깊은 감동을 준다. 8) 불갈음不竭音: 부처님께서 설하시는 법은 한 구절 한 구절마다 뜻이 모두 깊고 광대하여 다함이 없다.

「시방세계에서 오는 재가보살들이여!
그대들 심원을 빠짐 없이 다 알고 있나니,
큰 뜻 세워서 정토장엄을 구하면
수기 받아 반드시 부처가 되리라.
　十方來正十　吾悉知彼願
　志求嚴淨土　受記當作佛

일체 유위법이 꿈같고, 환 같고,
메아리 같은 줄 분명히 깨닫고서
여러 미묘한 서원을 만족하게 하면
이러한 극락찰토 반드시 성취하리라.
　覺了一切法　猶如夢幻響
　滿足諸妙願　必成如是刹

그 국토도 그림자 같은 줄 깨달아
항상 큰 서원의 마음을 발하고,

구경원만한 보살도를 실현하여
여러 공덕의 근본을 구족하고,
수승한 무상보리의 행을 닦으면
수기 받아 반드시 부처가 되리라.

知土如影像　恒發弘誓心
究竟菩薩道　具諸功德本
修勝菩提行　受記當作佛

일체제법의 체성이
일체 공이고 무아임을 통달하고서,
청정불토를 전일하게 구하면
이러한 극락찰토 반드시 성취하리라.」

通達諸法性　一切空無我
專求淨佛土　必成如是刹

[解] 이 단락에서 석가모니부처님께서는 아미타부처님이 시방세계의
보살들에게 법문하신 것을 말씀하신다.

아미타부처님께서 말씀하셨다. "시방세계로부터 이곳에 오신 보살
들이여, 내가 그대들의 마음속 서원을 모두 알고 있으므로 한마음
한뜻으로 장엄한 불토를 구한다면, 내가 그대들에게 부처가 되는
수기를 내려주길 희망하노라. 그리고 그대들이 이 대원을 만족시키고
자 한다면 일체의 법이 모두 꿈같고, 허깨비 같으며, 메아리 같아서
모두 다 진실하지 않음을 명료하게 깨달아야 할 것이다. 만약 이렇게
청정 장엄한 국토를 성취하고자 한다면 자신이 발한 대원을 원만하게
구족하여야 할 것이다.

비록 세간의 일체법이 모두 다 진실하지 못함을 깨닫고, 구하는
국토 또한 모두 그림자 같고 허깨비 같음을 깨달았다 하더라도,
아미타부처님께서는 여전히 그들에게 언제까지라도 대원을 발하며
일체중생을 구제하라고 권하실 것이다. 설사 구경원만한 보살심과
보살행을 성취하려 한다면 일체 공덕의 근본, 곧 계정혜 삼학三學과
육도六度를 구족하여야 한다. 또 수승하고 위없는 보현보살 십대원十大
願, 불도의 행을 닦고 익혀야 하고, 이렇게 해야 비로소 부처님께서
내려주시는 성불의 수기를 받을 수 있는 것이다. 아미타부처님께서는
그들이 일체법의 진실상을 통달하도록 가르치시니, 일체법이 공空이
고 무아無我임을 깨닫고, 그런 연후에 인륜(倫)을 돈독하게 하고 본분
(分)을 다하며 오로지 정토만을 구한다면 반드시 극락세계와 같이
장엄한 불찰토를 성취할 것이다."

이 법문 듣고 즐거이 신수봉행하여
청정처에 이르면
반드시 무량존께 수기 받아
무상정등정각을 이루리라.
聞法樂受行　得至淸淨處
必於無量尊　受記成等覺

[解] 이 단락에서부터는 세존께서 보살들이 아미타부처님의 설법을
들은 후에 얻게 될 이익을 찬탄하시는 내용이다. "보살들이 아미타부
처님의 설법을 들은 후에 각자 모두 이 법문을 좋아하게 되었고,
환희하며 신수봉행 하였다. 이 때문에 그들의 마음이 점점 더 청정해
지고, 청정한 마음을 닦기만 하면 지혜가 원만히 현전하여 결정코

아미타부처님이 계신 그곳에서 수기를 받아 성불할 것이니라."

　가없는 수승한 극락찰토는
　그 부처님의 본원 위신력의 가지이니
　명호(아미타불) 듣고 왕생하고자 하면
　저절로 불퇴전지 이루리라.

　　無邊殊勝刹　其佛本願力
　　聞名欲往生　自致不退轉

　보살은 지극한 원 일으켜
　자기 국토도 다름없길 발원하고,
　널리 일체 중생 제도하고자
　각자 보리심을 발하여
　저 윤회하는 몸 버리고
　다 같이 피안에 오르게 하느니라.

　　菩薩興至願　願己國無異
　　普念度一切　各發菩提心
　　舍彼輪回身　俱令登彼岸

[解] 극락세계는 너무나 수승하고 미묘하나니, 아미타부처님의 본원은 바로 시방세계 일체중생이 아미타부처님의 명호를 듣고 서원을 일으켜 왕생을 간구하는 사람은 누구나 세 가지 불퇴전을 원만히 증득하고 일생에 성불하리라 희망하는 것이다. 시방세계 보살들이 중생을 이롭게 하겠다는 대원을 일으킴은 자신의 국토가 극락세계와 같아지고, 반드시 대자비심으로 일체중생을 두루 섭수하기를 희망하

는 것이다. 그들이 모두 보리심을 발하고 이 법문에 따라 수학하며,
윤회를 초월하여 성불의 저 언덕에 이르게 되기를 희망하는 것이다.

**만억의 부처님 받들어 모시고자
두루 제불찰토에 화신으로 날아가서
공경심에 공양하고 법문 듣고 환희하며
다시 극락세계로 돌아오느니라.**

奉事萬億佛　飛化遍諸刹　恭敬歡喜去　還到安養國

[解] 여러 대보살들이 극락세계에 왕생한 후 보살들은 아미타부처님
본원 위신력의 가지加持를 얻어서 공경심과 환희심으로 시방세계를
날아다니며, 시방세계 일체제불께 공양을 올리고 경법을 들을 수
있는 능력을 갖게 된다. 게다가 시방국토의 일체중생을 교화할 수
있어 대중에게 염불해서 정토에 태어나길 구하여 극락세계로 돌아오
도록 권유할 수 있다.

「만억」 구체적인 숫자를 가리키는 것이 아니고, 허공법계에 두루 계신 일체제불을
말한다.

[가찬불덕歌歎佛德 제27]

제27품 제불의 공덕을 노래하고 찬탄하다

[解] 이 품의 경문에서는 극락세계에 왕생한 보살들이 생각생각마다 잊지 않고 여러 부처님 공덕을 노래하고 찬탄하는 것을 말씀하신다.

부처님께서 아난에게 말씀하시기를, "저 불국토 보살들은 무량수부처님 위신력의 가지를 받아 매우 짧은 시간에 시방세계의 가없는 청정찰토를 오가면서 제불께 공양하느니라.

佛語阿難 彼國菩薩. 承佛威神. 於一食頃複往十方無邊淨刹 供養諸佛.

[解] 부처님께서 아난에게 말씀하셨다. "서방극락세계의 보살들은 아미타부처님 위신력의 가지加持를 받아들여 매우 짧은 시간 안에 시방세계 무량무변의 제불세계를 오고 가면서 여러 부처님들께 공양을 올리고 부처님의 설법을 들을 수 있느니라."

「일식경—食頃」한 끼 식사를 먹는 시간으로 매우 짧은 시간을 형용함.

"꽃·향·당번과 같은 공양구들이 생각에 응하는 대로 바로 모두 손 안에 이르러 나타나니, 이들은 진기하고 미묘하며 기특하여서 세간에 존재하는 것이 아니니라. 이로써 제불과 보살성중에게 공양하느니라.

華香幢幡 供養之具. 應念卽至 皆現手中. 珍妙殊特 非世所有. 以奉諸佛及菩薩衆.

[解] 그들은 꽃·향·당번 같은 물품으로 부처님을 공양하는데, 이들 공양 물품들은 모두 자신의 마음속 생각대로 바로 자기 손 안에 변하여 나타나게 된다. 이러한 공양 물품은 진기하고 미묘하며 기특하여서, 이 세간에 존재하는 것이 아니다. 그들은 이 물품으로써 모든 부처님과 보살 대중에게 공양한다.

"그 뿌려진 꽃들은 곧바로 공중에서 하나의 꽃으로 합쳐지고, 또 그 꽃들은 모두 아래로 향하여 단정하고 원만히 둘러싸면서 화개로 변화하느니라. 꽃은 백천 가지 광명과 색깔이 있고, 색깔마다 각기 다른 향기를 내뿜고 그 향기를 두루 배이도록 하느니라. 화개는 작은 것도 십 유순을 가득 채우느니라. 이와 같이 바뀌어 배가 되고, 내지 삼천대천세계를 두루 덮느니라. 그 앞뒤를 따라서 차례로 변화하였다 사라지느니라. 만약 다시 새로운 꽃이 거듭 뿌려지지 않으면 앞에 뿌려진 꽃들이 끝까지 떨어지지 않느니라. 허공에서 함께 천상의 음악이 연주되면서 미묘한 소리로 제불의 공덕을 노래하고 찬탄하느니라."

其所散華 卽於空中 合爲一華. 華皆向下 端圓周匝. 化成華蓋 百千光色. 色色異香 香氣普薰. 蓋之小者 滿十由旬. 如是轉倍 乃至遍覆三千大千世界. 隨其前後 以次化沒. 若不更以新華重散 前所散華終不複落. 於虛空中 共奏天樂. 以微妙音歌歎佛德.

[解] 그 뿌려진 꽃잎들은 곧바로 공중에서 한 송이 꽃으로 합쳐지고, 또 그 꽃들은 모두 아래로 향하여 단정하고 두루 원만하여 화개華蓋로 변화된다. 꽃은 백천 가지 광색이 있고, 하나하나 광색마다 각기 다른 오묘한 향을 내뿜으며, 이들 향기는 모두 시방세계에 두루 배이게 된다. 이렇게 형성된 화개는 가장 작은 것도 십 유순이 되는데,

이렇게 끝없이 자연히 광대해지면서 최후에는 능히 삼천 대천세계를 두루 가득 덮을 수 있다. 이들 화개는 그 앞뒤를 따라서 매우 질서정연하게 변화하였다 없어진다. 만약 새로운 꽃이 다시 허공에 거듭 새롭게 뿌려지지 않는다면 앞에 뿌려진 꽃은 시종일관 떨어지지 않는다. 더구나 허공에는 하늘 음악이 연주되어서 미묘한 음성으로 여러 부처님의 무량한 공덕을 찬송하고 찬탄한다.

[단원주잡端圓周匝] 「단端」은 바르다, 「잡匝」은 두루 편만하다는 뜻으로, 「단원주잡端圓周匝」은 흩어진 꽃이 매우 질서가 있어 단정하고 공중 가운데 두루 원만하고 미묘한 화개華蓋를 형성함을 표현한다.

「전배轉倍」 끝임없이 광대해짐을 뜻한다.

"보살들은 매우 짧은 시간이 지난 후 본래 국토로 되돌아와 모두 다 칠보 강당에 모여 있노라면, 무량수불께서 큰 가르침을 자세히 베풀고 묘법을 연설하시니, 그 설법을 듣고 환희심을 내지 않는 이가 없으며, 모두 마음이 열려 뜻을 이해하고 도를 증득하느니라."

經須臾間, 還其本國. 都悉集會七寶講堂. 無量壽佛, 則爲廣宣大敎. 演暢妙法. 莫不歡喜. 心解得道.

[解] 극락세계의 보살들은 동시에 시방세계 제불께 공양하고 난 후, 매우 짧은 시간이 지나면 곧 극락세계로 돌아온다. 전부 다 칠보의 강당에 모여 있으면, 무량수부처님께서 그들을 위해 대승의 불법을 널리 알리시고, 염불법문을 널리 펴신다. 이들 보살들이 부처님 설법을 다 듣고 나서 환희심을 내지 않는 이가 없으며, 모두 마음이 활짝 열리고 뜻이 이해되어서, 성도聖道를 분명히 깨닫게 된다.

「심해득도心解得道」 「심해心解」는 마음이 크게 열려 뜻을 원만히 이해하는 것이고, 「득도得道」는 불과를 증득하여 들어가서 성도를 깨닫는 것이다.

"그러자 향기로운 바람이 칠보 나무에 불어와 오음의 소리가 울려 나오고, 무량한 미묘한 꽃잎들이 바람 따라 사방 곳곳에 뿌려져서 자연의 공양이 이와 같이 끊어지지 않느니라. 일체 제천들도 모두 백천 가지 꽃향기와 만 가지 기악을 가지고 저 부처님과 여러 보살 성문대중에게 공양하며 앞뒤로 오고감이 흐뭇하고 즐거워 보이느니라."

卽時香風吹七寶樹 出五音聲. 無量妙華 隨風四散. 自然供養 如是不絶. 一切諸天 皆齎百千華香 萬種伎樂 供養彼佛 及諸菩薩聲聞之衆. 前後往來 熙怡快樂.

[解] 이때에 곧 향기로운 바람이 칠보 나무에 불어오는 것이 느껴지며 미묘한 교향악성이 울려 퍼진다. 그리고 무량한 미묘한 꽃잎들이 향기로운 바람을 따라 사방 곳곳에 흩뿌려진다. 이러한 자연의 공양은 상속되며 중단되지 않는다. 더구나 일체 제천들도 모두 다 백 가지, 천 가지 꽃향기와 만 가지 기악을 가지고 다니면서 아미타부처님과 법회에 보인 여러 대보살과 성문 대중에게 공양을 올린다. 그들이 앞뒤로 왕래하는 모습이 모두 다 매우 기쁘고 즐거워 보인다."

「제천諸天」 여기서는 삼계의 제천을 가리키는 것이 아니며, 서방극락세계의 보살들이 다른 세계에 가서 천인의 신분으로 중생을 교화하는 것을 가리키는 말이다.

"이는 모두 다 무량수부처님 본원 위신력의 가지이고, 일찍이 여래께 공양하여 선근이 이어져 모자라거나 줄지 않는 까닭이니라. 잘 수습한 까닭이고, 잘 섭취한 까닭이며, 잘 성취한 까닭이니라."

此皆無量壽佛本願加威. 及曾供養如來 善根相續. 無缺減故. 善修習故. 善攝取故. 善成就故.

[解] "이상의 제천들은 모두 다 시방세계 제불께 공양을 올리고 부처님의 설법을 듣는 수승한 인연이 있어 모두 다 아미타부처님의 본원·위덕의 가지로 말미암은 것이고, 그들이 과거 생에 이미 무량한 제불여래께 공양을 올렸었기에 이 선근을 끊임없이 증장시킬 수 있는 것이다. 그렇다면 그들은 어떻게 자신의 선근을 끊임없이 증장시킬 수 있는가? 그들은 본 경전의 가르침에 완전히 의지하여 잘 수습修習하고, 잘 섭취攝取하며, 잘 성취함으로써 자기의 선근이 끊임없이 증장할 수 있도록 보호하고 유지하였다." 우리는 이를 분명하게 알고 학습해야 할 것이다.

「선수습善修習」「선善」은 정종법문淨宗法門에 완전하게 의지하여 머무를 수 있는 것이고, 「수修」는 허물과 과실을 바르게 고치는 것이고, 「습習」은 젖어들어 익숙해지는 것을 뜻한다.

「선섭취善攝取」 아미타부처님의 공덕을 받아들이고 취하여서 자기의 공덕으로 만든다는 뜻이다.

「선성취善成就」 아미타부처님의 이름으로 자기의 정혜定慧를 원만하게 성취하고, 위없는 부처님의 과위를 원만하게 증득한다는 뜻이다.

[대사신광大士神光 제28]

제28품 극락세계 대보살의 위신광명

[解] 이 품의 경문에서는 극락세계에 있는 대보살(大士)의 위신광명을 주로 설명한다. 여러 대성중大聖衆 중에서도 특히 관세음觀世音보살과 대세지大勢至보살 두 분 대사를 가장 제일로 삼아 드러내 보여주신다. 두 분의 위신광명 및 중생을 이롭게 하는 공덕은 모두 다 다른 여러 대성중들을 뛰어넘기 때문이다.

부처님께서 아난에게 말씀하시기를, "저 불국토에 있는 여러 보살성중은 누구나 다 팔방·상하와 과거·미래·현재의 일까지 빠짐없이 다 꿰뚫어 보고 철저하게 들을 수가 있느니라. 그들은 제천·사람들과 기거나 날거나 꿈틀거리는 벌레 부류들의 마음속 선하거나 악한 뜻이나, 입으로 하고자 하는 말이나, 어느 때에 제도·해탈할지, 어느 때에 도를 얻어 왕생할지 모두 미리 알 수 있느니라. 또한 저 불찰토 여러 성문대중의 신광은 일심의 거리만큼 비추고, 보살의 광명은 백 유순이나 비추느니라."

佛告阿難 彼佛國中諸菩薩衆 悉皆洞視 徹聽 八方 上下 去來 現在之事. 諸天人民 以及蜎飛蠕動之類 心意善惡 口所欲言 何時度脫 得道往生 皆豫知之. 又彼佛刹諸聲聞衆 身光一尋 菩薩光明 照百由旬.

[解] 부처님께서 아난에게 말씀하셨다. "서방극락세계의 모든 보살들은 아미타부처님 본원의 가지加持를 얻어서, 팔방八方과 상하, 과거·현재·미래의 일체 일들을 모두 다 완전히 뚫어보고 철저히 들을 수 있는 능력을 지닌다. 다른 세계 제천의 사람들이나 기거나 날거나 꿈틀거리는 등의 육도六道 중생이 각자의 마음속에 가지고 있는 삿되

거나 올바른 생각, 선하거나 악한 생각, 입 밖에 내어 말하려는 것과 언제 제도·해탈할지, 언제 도를 얻어 극락세계에 왕생할지 등의 일에 대하여, 극락세계의 보살들은 모두 다 미리 알 수 있다. 또 서방극락세계의 모든 성문대중은 신광이 일심一尋의 거리에 이르고, 보살의 광명은 백 유순由旬을 비출 수 있다."

「신광일심身光一尋」「신광身光」은 몸에서 항상 비치는 광명이고, 「일심一尋」은 두 손을 쭉 뻗은 정도의 길이(약 2미터)에 해당한다.

그 가운데 두 보살이 제일 존귀하나니, 두 분의 위신광명이 삼천대천세계를 두루 비추고 있느니라. 이 말씀을 듣고 아난이 다시 부처님께 여쭈기를, "저 두 분 대보살의 명호는 무엇이옵니까?" 부처님께서 말씀하시기를, "한 보살은 관세음보살이라 하고, 또 한 보살은 대세지보살이라 이름하나니, 이 두 대보살은 사바세계에서 보살행을 닦았으며, 그 국토에 왕생하여서는 항상 아미타부처님의 좌우에 있고, 시방세계 무량한 부처님 처소에 가고 싶으면 마음대로 곧 도달할 수 있느니라. 지금도 이 세계에 있으면서 큰 이익과 큰 안락을 짓고 있느니라.

有二菩薩 最尊第一. 威神光明 普照三千大千世界. 阿難白佛 彼二菩薩 其號云何. 佛言 一名觀世音. 一名大勢至. 此二菩薩 於娑婆界 修菩薩行 往生彼國. 常在阿彌陀佛左右. 欲至十方無量佛所 隨心則到. 現居此界 作大利樂.

[解] 그 가운데 두 분의 대보살이 시방세계 대중의 존경을 가장 많이 받으니, 그들 위신력의 광명은 삼천대천세계를 두루 비추신다. 아난이 부처님께 여쭈었다. "그 두 분 대보살의 이름은 무엇입니까?" 부처님께서 대답하셨다. "한 분은 관세음보살觀世音菩薩이라 하고,

또 한 분은 대세지보살大勢至菩薩이라고 이름한다. 이 두 분 보살은 사바세계에서 보살행을 닦았으며, 극락세계에 왕생하여서는 항상 아미타부처님의 좌우에 계신다. 그들은 시방세계 불국토에 가서 중생을 제도하고 교화하시는데, 무슨 일이든 마음먹은 대로 할 수 있다. 현재 그들은 사바세계에 계시면서 중생이 정토에 태어나길 구하도록 교화하고 있다."

「사바계娑婆界」 사바는 인도말로 참아낸다는 뜻이다. 왜냐하면 이 세계의 중생들은 십악十惡 가운데 안주하면서, 탐진치 삼독의 여러 번뇌를 참아내야 하는데도 벗어나려고 하지 않기 때문이다. 그래서 감인세계堪忍世界라 한다.

「대이락大利樂」 큰 이익과 큰 안락이니, 염불로 극락세계에 왕생하여 일생에 결정코 성불하는 것이다.

세간의 선남자 선여인이 만약 긴급한 위난·공포를 만났을 때라도, 단지 스스로 관세음보살에 귀명하기만 하면 해탈을 얻지 못할 자가 없으리라."

世間善男子 善女人 若有急難恐怖. 但自歸命觀世音菩薩 無不得解脫者.

[解] "세간의 선남자 선여인이 만약 긴급한 위난 공포의 일들을 만났을 때 일심으로 관세음보살께 귀의하여 칭념하기만 한다면 곧 일체 중대한 재난을 벗어날 수 있을 것이다."

「선남자 선여인善男子善女人」 세간선善의 표준은 단지 "부모님께 효도로 봉양하고, 스승과 어른을 받들어 모시며, 자비로운 마음으로 살생을 하지 말고, 열 가지 선업을 닦는 것(孝養父母 奉事師長 慈心不殺 修十善業)"을 실천하면 그 표준에 부합한다.

[원력굉심願力宏深 제29]

제29품 대보살의 원력은 크고 깊다

[解] 이 품의 경문에서는 서방 극락세계의 모든 보살들이 스스로 자신의 원력을 깊고 넓게 변화시키는 것을 설명하고 있다.

그리고 또 아난아, 저 불찰토에 있는 모든 현재·미래의 일체 보살들은 누구나 다 구경에 일생보처의 지위를 얻게 되리라.

複次阿難 彼佛刹中 所有現在 未來 一切菩薩 皆當究竟一生補處.

[解] 부처님께서 또 아난에게 말씀하셨다. "서방극락세계에 현재 왕생한 보살들과 장래에 왕생할 보살들은 모두 다 결정코 구경에는 일생보처一生補處의 과위를 증득하게 될 것이다.

그러나 다만 대원을 세우고 생사윤회의 세계에 들어 여러 중생을 제도하기 위하여 사자후를 설하거나 큰 갑옷을 입고 큰 서원과 공덕으로 스스로 장엄하는 이들은 제외되느니라. 비록 오탁악세에 태어나 저들과 같은 모습을 나타내 보이지만, 성불에 이르기까지 언제나 악취를 받지 않나니, 왜냐하면 태어나는 곳마다 언제나 숙명을 알 수 있기 때문이니라.

唯除大願 入生死界 爲度群生 作獅子吼. 擐大甲冑 以宏誓功德而自莊嚴. 雖生五濁惡世 示現同彼 直至成佛 不受惡趣. 生生之處 常識宿命.

[解] "시방세계 일체중생을 두루 제도하겠다는 대원을 세우고 육도윤

회 가운데 몸을 나타내 보이면서, 여러 중생을 제도하기 위하여
사자후를 설하기도 하고 큰 갑옷을 입기도 하면서, 중생을 제도하고
교화하려는 큰 서원과 공덕으로 스스로 장엄하는 보살들은 제외한다.
그들이 비록 오탁악세에서 생활하면서 중생과 같은 부류의 모습으로
나타나 보이지만, 이들은 성불에 이르기까지 결코 진실로 악취의
괴로움을 느끼는 일은 없을 것이다. 그들은 이미 원을 타고서 다시
세상에 오신 대보살들로 태어나는 곳마다 모두 자신의 숙명을 알
수 있기 때문이다." (이것이야 말로 중생이 성불하지 않으면 나
또한 성불하지 않는 진실한 뜻이다.)

「환대갑주環大甲冑」 환環은 입는 것이다. 갑주甲冑는 고대에 전사가 전쟁에 나갈 때
몸 위에 입던 갑옷이다. 여기서는 계율을 엄격하게 지키는 두려움 없이 용맹한 덕상을
나투어 보인다는 비유이다.

「오탁악세(五濁惡世)」「명탁命濁」은 중생의 번뇌가 모임으로 인하여 몸과 마음이 고달프
고 수명이 짧아지는 것이다.

「중생탁衆生濁」은 세상 사람들 하나하나가 많은 나쁜 점을 가지고 있기 때문에, 몸과
마음이 깨끗하지 못하고 의리에 통달하지 못하는 것이다.

「번뇌탁煩惱濁」은 세상 사람들이 사랑과 욕심에 탐닉하고 성내고 노하여 싸움을 하면서
허망한 미친 짓을 그치지 않는 것이다.

「견탁見濁」은 세상 사람들이 아는 것이 바르지 못하여 바른 길을 행하지 못하니,
잘못된 설에 어지럽혀져서 정성스러운 마음을 한결같이 갖지 못하는 것이다.

「겁탁劫濁」은 어지러운 세상, 악과 고통의 시대를 비유하는 것으로, 기근과 질병과
전쟁 등의 재난이 계속해서 일어나고 있다는 말이다. 사람들은 도탄에 빠져서 영원히
편안한 날이 없다는 말이다.

**무량수불의 뜻은 시방세계 모든 중생 부류를 제도·해탈시키고자
하심이니, 그들이 모두 그 국토에 왕생하게 하시고, 다 열반의**

도를 얻도록 하시며, 보살도를 닦는 자들이 다 부처가 되도록 하시느니라. 이미 부처가 된 후에도 서로 번갈아 가르쳐 주시고, 서로 번갈아 제도·해탈시키시느니라. 이와 같이 번갈아 가며 가르치고 제도한 중생의 수는 이루 다 계산할 수 없느니라.

無量壽佛意欲度脫十方世界諸衆生類 皆使往生其國. 悉令得泥洹道. 作菩薩者 令悉作佛. 旣作佛已 轉相敎授. 轉相度脫. 如是輾轉 不可複計.

[解] "무량수부처님의 뜻은 시방세계 모든 중생을 제도·해탈하기 위함이니, 그들을 모두 서방극락세계에 왕생하게 하여 열반을 증득하도록 하시는 것이다. 그는 보살도를 닦는 중생을 제도·교화하여서 모두 성불하도록 하시는 것이다. 그렇기 때문에 이미 부처가 된 후에도 다시 세간으로 돌아가서 중생을 교화하고 중생을 도와 삼계의 생사를 벗어나도록 하신다. 이렇게 전전하며 가르치시고 제도·해탈케 한 사람의 수는 다 헤아릴 수 없을 만큼 많다. 서방극락세계에 왕생한 모든 중생의 수는 계산하기 어려우니라."

시방세계 성문보살과 모든 중생부류가 저 불국토에 태어나 열반의 도를 얻어서 부처가 되는 자의 숫자는 이루 다 헤아릴 수 없을 정도로 많지만, 저 부처님 국토는 언제나 변하지 않는 일진법계이니, 절대 늘어나는 일이 없느니라. 왜 그러한가? 마치 물 중의 왕인 큰 바다는 온갖 종류의 물이 다 그 속으로 흘러 들어가더라도 결코 늘거나 줄어드는 일이 없는 것과 같은 이치이니라.

十方世界 聲聞菩薩 諸衆生類 生彼佛國 得泥洹道. 當作佛者 不可勝數. 彼佛國中. 常如一法. 不爲增多. 所以者何. 猶如大海 爲水中王. 諸水流行 都入海中. 是大海水 寧爲增減.

[解] "시방세계 성문·보살·모든 중생이 서방극락세계에 왕생하여 대열반의 도를 증득하고 부처가 되는 숫자는 헤아릴 수 없을 만큼 많다. 서방극락세계는 언제나 변하지 않는 일진법계이니, 서방세계에 왕생하는 사람의 숫자가 아무리 많다 하여도 그 숫자가 더 증가하는 일은 없다. 왜 그런가? 바다가 물 중의 왕인 것과 같기 때문이다. 모든 강물과 냇물이 모두 같이 흘러서 바다 속으로 들어가지만, 바닷물은 늘거나 줄어드는 일이 있었던가!"

팔방·상하의 불국토는 수없이 많지만, 그 중에서도 아미타부처님의 국토는 장구하고 광대하며, 밝고 즐거워서 가장 홀로 수승하나니라. 이는 본래 보살이었을 때 서원을 세우고 도를 구하여서 여러 겁 동안 쌓은 공덕의 결과로 이루어진 것이니라. 무량수불의 은덕과 보시는 팔방·상하까지 다함도 없고 끝도 없으니, 그 깊고 광대함은 무량하여 말로 다할 수 없을 정도로 수승하나니라.

八方上下. 佛國無數. 阿彌陀國. 長久廣大. 明好快樂. 最爲獨勝. 本其爲菩薩時. 求道所願. 累德所致. 無量壽佛恩德布施八方上下 無窮無極 深大無量 不可勝言.

[解] "시방세계 수없이 많은 부처님 국토 중에서 아미타부처님의 국토는 그 수명이 가장 장구하고 그 국토도 광대하고 끝이 없다. 또 청정하고 광명을 발하며, 미묘하고 장엄하여서, 모든 중생이 즐거운 곳이다. 이렇게 모든 부처님 세계 중에서도 가장 홀로 수승한 곳이다.

이것은 모두 아미타부처님께서 인지에서 보살이셨을 때 대원을 원만하게 성취하길 간구하면서 수도한 것과 무량겁 중에 쌓은 공덕으로 형성된 것이다. 아미타부처님의 시방세계 중생에 대한 은덕과 보시는 궁극이 없다. 진정으로 깊고도 넓으며 너무나 거대하여 무량무변이다. 이러한 은덕은 설사 제불께서 함께 말하더라도 말로 다 할 수 없을 정도로 크다.”

[보살수지菩薩修持 제30]

제30품 극락세계 보살의 수행생활

[解] 이 품의 경문에서는 극락세계의 보살들이 부처님의 법을 수행하고 계율을 지키며 실천하는 상황을 설명하고 있다.

또 아난아, 저 불찰토에 있는 일체 보살들은 선정과 지혜, 신통과 위덕을 원만하게 구족하지 않음이 없느니라.

複次阿難 彼佛剎中一切菩薩 禪定智慧 神通威德 無不圓滿.

[解] 부처님께서 또 아난에게 말씀하셨다. "서방극락세계의 보살들은 그들의 선정·지혜·신통·위덕이 어느 하나 원만하게 갖추어지지 않은 것이 없느니라."

극락세계 보살은 제불여래의 밀장에 대해 구경까지 명료하니라. 그래서 모든 근이 조복되고 몸과 마음이 부드러워져, 진정한 지혜에 깊이 들어가 더 이상 어떤 습기도 남아 있지 않느니라. 부처님께서 행하신 바에 따라 칠각지七覺支와 팔정도八正道를 닦고, 오안五眼을 수행하여 진여본성을 밝히고 십법계 중생을 통달하여 아나니, 육안으로 간택하고 천안으로 통달하며, 법안으로 청정하게 보고 혜안으로 진여실상을 보며, 불안을 두루 구족하여 일체제법의 체성을 깨달았느니라.

諸佛密藏 究竟明了 調伏諸根 身心柔軟 深入正慧 無複余習. 依佛所行

七覺聖道 修行五眼 照眞達俗 肉眼簡擇. 天眼通達 法眼淸淨 慧眼見眞
佛眼具足 覺了法性.

[解] "극락세계의 보살성중들은 제불여래께서 말씀하신 깊은 비밀과
깊은 뜻(玄奧)이 담긴 진실어(나무아미타불)에 대하여 모두 다 구경까지
잘 알고 있다. 그리하여 저절로 눈·귀·코·혀·몸·뜻의 육근을
조절·제어할 수 있으며, 일체의 악행을 영원히 멀리 여의고, 심신의
청정을 얻어 부드럽고 온화하며 바른 도에 수순한다. 이렇게 여래의
진실한 지혜에 저절로 계입契入하여 더 이상 번뇌와 습기가 남아있지
않다.

아미타부처님의 교화에 의지하여 칠각지와 팔성도 등 37도품을
수습하고, 아울러 부처님의 과위상의 오안五眼을 수행하여 그 참된
마음의 본성을 비추어 보고, 우주의 만법을 꿰뚫어 통달한다. 육안으
로는 염불법문을 간택할 수 있고, 천안으로는 시방세계 항하의 모래
알만큼 많은 중생의 생사 업과業果를 볼 수가 있다. 청정한 법안法眼으
로는 일체의 제법을 두루 볼 수 있고, 일체중생의 여러 가지 심리와
행위를 볼 수 있다. 혜안慧眼으로는 우주 만유의 제법실상을 비추어
볼 수 있고, 불안佛眼으로는 일체의 다른 눈이 가지고 있는 공덕을
모두 갖추고 있으며 결점이 없이 원만하기 때문에 제법의 체성을
명료하게 알 수 있다."

[제불밀장諸佛密藏] 「밀장密藏」은 법신여래法身如來께서 설하신 깊은 비밀과 심오한
뜻이 담긴 진실한 말씀이니, 소승의 성인은 명료하게 알 수 없다. 그러므로 「제불밀장諸
佛密藏」이란 여기서 아미타부처님 명호를 가리킨다.

[조복調伏]은 「조화調和」로 신구의 삼업을 길들이고, 「제복制伏」으로 일체의 악행을
제거함을 뜻한다.

[칠각성도七覺聖道] 「칠각七覺」은 칠각지七覺支이다. 1) 택법擇法 2) 정진精進 3) 희흡
4) 청안淸安 5) 념念 6) 정定 7) 행사行捨. 8) 「성도聖道」는 팔정도이다. 즉 정견正見

정사유正思維 정어正語 정업正業 정명正命 정정진正精進 정념正念 정정正定 등이다. 여기에서는 칠각지와 팔정도만을 거론하였지만, 37도품 전체를 다 포함하고 있다.

「조진단속照眞檀俗」「진眞」은 우주와 인생의 진리이며, 진여 본성을 말한다. 「조진照眞」은 선종에서 말하는 마음을 밝혀 성품을 봄(明心見性)이다. 「속俗」은 십법계十法界의 의정장엄을 가리키므로, 「달속達俗」은 십법계 일체의 일과 물건에 대하여 모두 다 능히 통달하여 분명히 안다는 뜻이다.

[육안간택肉眼簡擇] 「육안肉眼」은 범부의 육신의 눈이니, 눈앞에 나타난 색상色相을 볼 수 있는 것이다. 보살은 대중을 위해 나타나 보이기 때문에 「간택簡擇」이라고 한다.

[천안통달天眼通達] 여기서는 부처님의 천안을 말하는 것으로, 시방세계 항하 모래알 만큼이나 많은 세계의 중생이 생사를 오고가는 업과業果를 꿰뚫어 볼 수 있다.

「법안청정法眼淸淨」 부처님의 법안은 능히 세간과 출세간, 일체의 모든 법을 두루 볼 수 있다.

「혜안견진慧眼見眞」 부처님의 혜안은 능히 우주와 인생의 모든 제법실상을 철저하게 비추어 본다.

[불안구족佛眼具足] 불안으로는 보지 못하는 것이 없어서, 일체의 사리事理와 인과因果에 대하여 모든 명료하게 통달한다, 다른 모든 눈이 가지고 있는 일체 공덕도 다 갖추고 있다.

극락세계 보살은 갖가지 변재를 구족하고 총지를 얻어 걸림없이 자재하고, 세간을 잘 이해하여 가없는 선교방편으로 설법하시나니, 그 설법은 진심이고 진실하여 의리와 법미에 깊이 계입하느니라. 일체 유정을 제도하기 위해 정법을 연설하시나니, 곧 「(경계 상에서) 상에 집착함도 조작함도 없으며, 무명·번뇌도 해탈도 없으며, (수행 상에서) 여러 사량분별도 없으며, 전도망상을 멀리 여읨이니라.」

辯才總持 自在無礙. 善解世間無邊方便. 所言誠諦 深入義味. 度諸有情

演說正法. 無相無爲 無縛無脫 無諸分別 遠離顚倒.

[解]"극락세계의 여러 대보살들은 모두 자유자재하게 걸림이 없는 변재를 구족하고, 일체 법의 총강령을 파악할 수 있다. 일체 중생의 근성과 욕락을 잘 알아 선교방편으로 설법하실 수 있으니, 그 말씀하신 법은 진심(誠懇)이고 진실하여 의리와 법미法味에 깊숙이 들어갈 수 있다. 중생을 제도하기 위해 정법을 표연하고 상세하게 말씀하시니, 정법(正法; 진정한 도법)의 내용은 곧 「상에 집착함도 조작함도 없으며, 무명·번뇌도 해탈도 없으며, 여러 사량분별도 없으며, 전도망상도 멀리 여읨」이다."

[무박무탈無縛無脫]「박縛」은 얽매임으로 무명번뇌를 비유한 것이고,「탈脫」은 해탈이다.「무박무탈」은 번뇌에 얽매임도 없고 해탈도 없다는 말이다. 이것이야 말로 구경해탈이다.

일체 수용하는 것들에 대해 탐내거나 집착하는 일이 없고, 부처님 국토를 두루 다니면서 좋다거나 싫다거나 하는 마음을 내지 않으며, 또한 희구하거나 희구하지 않거나 하는 생각도 없고, 또한 남과 나의 구분도 없고 거스르고 원망하는 생각도 없느니라.

於所受用 皆無攝取. 遍遊佛刹 無愛無厭. 亦無希求不希求想 亦無彼我違怨之想.

[解]"극락세계의 보살들은 일체 물질자원(受用)에 대하여 탐내거나 집착하는 일이 없다. 그들은 시방세계 불찰토를 두루 노닐면서 중생을 교화하고, 순조로운 상황의 순경順境에 처했을 때에 탐내고 좋아하지 않으며, 어려운 상황의 역경逆境에 처해서도 싫다고 버리는 마음을 내지 않는다. 희구하는 생각도 없고, 희구하지 않는 생각도 없다. 나와 남의 분별도 없고 더욱이 가깝고 소원하거나 은혜를 입었거나

원망하는 따위의 생각도 없다."

왜 그러한가? 저 여러 보살들은 일체 중생에게 대자비심을 지니고 이롭게 하는 까닭에 모든 집착을 버리고 무량공덕을 성취하여 걸림 없는 지혜로써 일체제법의 여여如如한 진상을 철저히 이해하느니라. 또한 고집멸도의 교법과 음성방편을 잘 알아 세간의 무익한 언어를 좋아하지 않고, 출세간의 정론(대승의 구경요의)을 좋아하느니라.

何以故 彼諸菩薩 於一切衆生 有大慈悲利益心故. 舍離一切執著 成就無量功德. 以無礙慧 解法如如. 善知集滅音聲方便. 不欣世語. 樂在正論.

[解] "이는 왜 그런가? 그것은 극락세계의 대보살들이 일체중생에 대하여 대자비로 이롭게 하려는 마음을 지니고 있는 까닭에 일체의 망상·집착을 버리고 여의어 무량한 공덕 장엄을 구족·성취할 수 있는 것이다. 걸림 없는 지혜로 일체 만법을 이해하고 알아차려 구경에 분명히게 깨닫는다. 고집멸도苦集滅道 사제四諦의 이지를 잘 알아서 음성의 방편으로 중생을 교화한다. 세간의 의미 없는 대화를 좋아하지 않으며 세상을 벗어난 대법의 진리를 베풀어 설법하기를 좋아한다."

「해법여여解法如如」「여여如如」에서 앞의 「여如」는 진여본성이고, 뒤의 「여如」는 일체만상을 말한다. 「해법여여解法如如」는 일체만법의 사(事; 현상)와 이(理; 본체)의 진상을 철저히 명료하게 이해하는 것이다.

「집멸集滅」 집멸集滅은 고苦·집集·멸滅·도道 사제四諦의 집·멸 이제二諦를 말한다. 1) 고제苦諦: 인생고의 진리를 설명한다. 2) 집제集諦: 집은 집기集起의 뜻으로 인생고의 원인을 설명한다. 3) 멸제滅諦: 성불해야 비로소 일체 고난을 소멸할 수 있다. 인생 최고의 구경원만한 귀의歸宿를 말한다. 4) 도제道諦: 원만한 성불에 도달하는 방법을 설명한다. 사제는 세간과 출세간 두 겹의 인과를 모두 포괄한다. 집이란 세간 제법의 인연이고, 고는 세간 제법의 과보이다. 도는 세간을 벗어나는 인연이고, 멸은 세간을 벗어나는 과증果證이다.

「선지집멸善知集滅」 세간과 출세간의 인과와 사리를 철저히 이해함을 말한다.

「음성방편音聲方便」 사성제의 교법을 설명하는 것은 제불의 선교방편으로 하신 말씀이다.

극락세계 보살은 일체 제법이 모두 다 공적한 줄 알아서 생사의 몸과 번뇌의 남은 습기를 한꺼번에 다하고, 삼계에서 구경 일승법을 평등하게 부지런히 닦아 피안에 이르느니라. 의심의 그물을 결단코 끊고, 무소득의 근본지를 증득하며, 방편지로써 후득지를 증장시키느니라. (무량수불의 본원 위신력의 가지로) 근본을 좇은 이래로 신통에 안온히 머물러서 일승도를 증득하는 것이지, 타인으로 말미암아 깨치는 것이 아니니라.

知一切法 悉皆空寂. 生身煩惱 二餘俱盡. 於三界中 平等勤修. 究竟一乘 至於彼岸. 決斷疑網 證無所得. 以方便智 增長了知. 從本以來. 安住神通. 得一乘道. 不由他悟.

[解] "극락 보살들은 세간 출세간의 일체 제법이 모두 다 허망하여 필경에는 아무 것도 없고, 불가득하며, 평등·공적하다는 것을 알고 있다. 그리하여 생사의 몸, 괴로운 과보를 받는 몸과 잘못된 사상·견해를 이끌어 내는 업인인 번뇌, 이 두 가지 남은 습기를 이미 모두 다하여 끊은 것이다. 그러므로 삼계 중에서 구경 원만한 일승교법一乘教法을 평등하게 부지런히 닦음에 따라서 열반의 피안에 도달하게 된다. 일체 의혹의 속박을 끊고 무소득의 자리를 증득한다. 선교방편의 지혜로써 일체중생을 교화하는 방법을 증장·요지하여서, 지혜·신통의 자리에 안온히 머문다.

이것들은 실제로 그들의 자성이 본래 갖추고 있었기에 현전함에 자연히 드러나는 것이다. 그들이 증득한 중생을 성불하게 하는 일승의 불과(一乘佛果) 역시 그들 자신의 마음으로부터 자연히 드러나 보이는 것으로 결코 바깥에서 구하거나 얻은 것이 아니다.”

[생신번뇌生身煩惱]「생신生身」은 생사의 몸, 즉 괴로운 업보의 몸이다. 「번뇌煩惱」는 곧 갖가지 잘못된 사상, 견해로 유발된 일체 번뇌를 말한다.

[이여구진二餘俱盡]「이여二餘」 생신의 괴로운 업보와 번뇌의 남은 습기. 생신은 고과苦果이고, 번뇌는 업인業因이다. 이 두 가지를 모두 끊어야 한다.

「일승一乘」 유일하게 중생이 성불할 수 있게 하는 교법.

「피안彼岸」은 지고무상의 불과를 비유한 것이다.

「무소득無所得」 일체법의 체가 공하고 상이 환임을 또렷이 알아서 일체법에 집착하지도 분별하지도 않는다.

「방편지方便智」 방편으로 중생을 교화하는 지혜를 말한다.

[진실공덕眞實功德 제31]
제31품 극락세계 보살의 진실한 공덕

[解] 본 품에서는 먼저 15종의 비유로써 극락세계 보살의 자리이타의 진실한 공덕을 설명하여 우리에게 극락세계에 태어나길 희구하라고 격려한다.

극락세계 보살의 지혜는 큰 바다와 같아 광대하고 깊으며, 보리는 수미산과 같아 높고 광대하며, 몸에서 나오는 위신광명은 해와 달을 뛰어넘으며, 그 마음은 설산과 같아 정결하고 순백하나니라.

其智宏深 譬如巨海. 菩提高廣 喩若須彌. 自身威光 超於日月. 其心潔白 猶如雪山.

[解] "극락세계 보살의 지혜는 끝없이 펼쳐진 큰 바다와 같아 광대하며 깊고 머나멀다. 그들의 깨달은 마음은 수미산과 같아 그렇게 높고 광대하다. 보살들의 몸에서 방사되는 위덕 광명은 해와 달보다도 훨씬 밝다. 그들의 청정한 마음은 설산과 같아 그렇게 정결하고 순백하다."

극락세계 보살의 인욕은 대지와 같아 일체를 평등하게 대하고, 청정한 행은 물과 같아 온갖 티끌과 때를 씻어주며, 지혜는 타오르는 불과 같아 번뇌의 잡초를 태워 없애주며, 집착하지 않음은 바람과 같아 아무런 장애도 없느니라.

忍辱如地 一切平等. 淸淨如水 洗諸塵垢. 熾盛如火 燒煩惱薪. 不著如風

無諸障礙.

[解] 극락세계 보살의 인욕심은 대지와 같아 평등하게 모든 것을 포용한다. 계정혜戒定慧를 수행하는 그들의 청정행은 물과 같아 갖가지 티끌 번뇌와 물든 때(塵勞垢染)를 씻어낸다. 지혜는 타오르는 불과 같아서, 불길이 잡초를 태워 없애듯 일체의 번뇌를 끊어 버린다. 또한 생활면에서 바람과 같아 집착도 장애도 없이 대자유를 얻는다.

극락세계 보살은 천둥 같은 범음으로 어리석은 중생을 잘 깨우쳐 주며, 감로의 법을 비처럼 뿌려 중생을 적셔주며, 심량이 허공과 같이 광대하여 대자비심으로 평등하게 대하여 주며, 연꽃과 같이 청정하여 진흙탕을 여의게 하느니라. 대자비심이 니구류 나무 같아 넓은 그늘로 덮어주며, 지혜가 금강저와 같아 사견과 집착을 깨뜨려 없애주며, 신심과 원심이 철위산과 같아 온갖 마군과 외도들이 흔들어 놓을 수 없느니라.

法音雷震 覺未覺故. 雨甘露法 潤衆生故. 曠若虛空 大慈等故. 如淨蓮華 離染汚故. 如尼拘樹 覆蔭大故. 如金剛杵 破邪執故. 如鐵圍山 衆魔外道不能動故.

[解] "보살들이 설법하는 법음은 마치 천둥소리와 같아서 저들 아직 깨달음을 얻지 못한 중생을 흔들어 깨운다. 또 감로수와 같아 모든 중생의 선근을 윤택하게 해준다. 그들의 심량은 허공과 같이 광대하여서 대자비심으로 평등하게 일체의 중생을 대우한다. 그들은 시방세계에 이르러 일체 중생을 교화·인도하여, 연꽃과 같이 진흙 구덩이에서 나왔지만 오염되지 않아서 오욕육진五欲六塵과 번뇌·집착을 멀리 여의게 한다.

보살들의 대자대비는 마치 니구류尼拘類 나무와 같아 일체 중생으로 하여금 뜨거운 번뇌를 영원히 여의고 청량하고 자재하게 한다. 또 그 지혜는 금강저金剛杵와 같아 중생의 번뇌·사견·집착을 끊어 없앤다. 그들의 신심·원심은 철위산과 같이 견고하여 일체의 사마외도邪魔外道가 흔들리게 할 수 없다.

「니구수尼拘樹」 인도에 있는 나무로 이 나무의 가지와 잎이 무성하여 그늘이 넓고 풍성하다.

「금강저金剛杵」 금강신金剛神이 잡고 있는 무기이니, 지혜가 예리하여 중생의 번뇌와 집착을 덜고 끊어줄 수 있다는 비유로 쓰였다.

극락세계 보살은 그 마음이 정직하고, 선교방편으로 설법하여 기꺼이 마음을 결정하게 하며, 법을 논할 적에 싫어함도 없고, 법을 구할 적에 싫증내지도 않으며, 계율이 유리와 같아 안팎으로 밝고 깨끗하게 하며, 그들이 설한 법은 중생이 기뻐서 따르도록 하며, 법고를 크게 두드리고 법의 깃대를 높이 세우며, 지혜의 해를 비추어 어리석음의 암흑을 깨부수느니라. 마음가짐은 순박·청정하고, 몸가짐은 온화하며, (청정심 가운데) 안상히 선정에 들고 또렷하게 살필 수 있어서 중생의 대도사가 되어 나와 남을 조복시키느니라.

其心正直. 善巧決定. 論法無厭. 求法不倦. 戒若琉璃 內外明潔. 其所言說 令衆悅服. 擊法鼓. 建法幢. 曜慧日. 破癡暗. 淳淨溫和. 寂定明察. 爲大導師 調伏自他.

[解] "보살들은 일심으로 정직하고 진실하여 일승법一乘法에 안온히 머문다. 선교방편善巧方便으로 중생을 위해 설법하고, 동시에 결단의 능력을 가지고 구법求法을 위해 정진한다. 중생을 위해 법을 널리 연설하면서 전혀 지치는 일이 없다. 보살들은 엄격하게 계율을 지키

는 것이 유리처럼 투명하여, 마음은 청정하고 생김새는 위의를 갖추었다. 말씀하신 법은 사람들로 하여금 진심으로 기뻐하며 따르게 한다. 법고法鼓를 크게 두드리고 법의 깃대(法幢)를 높이 세운다. 지혜의 빛을 놓고 묘법을 널리 베풀어서, 중생의 무명과 치암痴闇을 깨뜨려 제거한다. 보살들은 마음이 순정純淨하고 자태가 온화하다. 망상·분별·집착을 멀리 여의고, 일체 사물에 대해 명료하게 이해할 수 있다. 그래서 중생을 위해 대도사大導師가 되어 자신과 타인을 모두 조복시킬 수 있다."

[순정온화淳淨溫和] 「순정淳淨」은 속마음이 청정하고 물들지 않음. 「온화」는 겉모습이 선량하고 따뜻하며 평화로운 것이다.

[적정명찰寂定明察] 「적정寂定」은 망상 분별 집착을 다 내려놓음이고, 「명찰明察」은 우주와 인생의 진상에 대해 분명하게 이해함이다.

극락세계 보살은 중생을 인도하여 모든 애착을 버리도록 하고, 세 가지 때를 영원히 여의게 하여, 갖가지 신통에 사새하게 노닐세 하느니라. 인력·연력·원력으로 선근이 생기게 하고, 일체 마군을 꺾어 항복시키며, 제불을 존중하고 받들어 모시느니라. 그러므로 보살은 세간의 밝은 등불이고, 수승한 복전이며, 수승한 길상이며, 모든 중생의 공양을 받을 만하니라.

引導群生 舍諸愛著 永離三垢 遊戲神通. 因緣願力 出生善根. 摧伏一切魔軍. 尊重奉事諸佛. 爲世明燈 最勝福田 殊勝吉祥 堪受供養.

[解] "보살들은 중생을 인도하여 갖가지 탐애貪愛와 집착 따위를 다 버리게 하고, 탐·진·치 세 가지 때(三垢)를 영원히 여의게 한다. 그들의 시방세계 생활은 자재하고 즐거우며, 신기통달神奇通達로 일체법 가운데 노닌다.

보살들은 깊은 믿음으로 간절하게 발원하여 일심으로 염불하였기에, 이 진실한 공덕을 성취하였다. 이렇게 염불한 인연으로 일체 선근이 생길 수 있다. 육도윤회를 벗어나서 일체 사마외도를 항복시키고, 여러 부처님께서 가르치시는 법을 존중하고 받들어 섬긴다. 보살은 세간의 밝은 등불과 같아 일체의 어리석은 미혹과 암흑을 비추어 깨뜨릴 수 있으므로 세간에서 가장 수승한 복전福田이고 가장 수승한 길상이다. 그들은 일체중생의 공양을 받을 만하다."

[인연원력因緣願力] 「인력因力」은 과거에 닦았던 일체 선행이 선법善法을 낳을 수 있어 인력이라 한다. 「연력緣力」은 선지식과 가까이 지내며 불법을 들어서 연력이라 이름한다. 「원력願力」은 행을 일으키는 원이라 원력이라 이름한다. 이 셋은 여기서 믿음·발원·집지명호를 가리킨다.

극락세계 보살은 밝고 강성하여 기쁨에 가득차고, 용맹정진하여 설법에 두려움이 없으며, 몸의 색깔과 상호, 공덕과 변재 등의 갖가지 장엄을 구족하여 더불어 견줄 이가 없느니라.

赫奕歡喜 雄猛無畏. 身色相好 功德辯才 具足莊嚴 無與等者.

[解] 극락세계 보살은 위신·광명이 밝고 강성하며, 마음은 청량 자재하여 법희가 충만하다. 그들은 용맹정진하여 법을 설함에 두려움이 없다. 또한 보살들은 색신의 상호를 구족하고 공덕과 변재 등 갖가지 장엄을 두루 갖추어, 더불어 견줄 수 있는 사람이 없다.

[혁혁환희赫奕歡喜] 「혁혁赫奕」은 보살의 위엄과 광명은 밝고 성대하여 환희가 가득함을 형용한 말이다. 마음속은 청량하고 자재하며 상냥하다.

[용맹무외雄猛無畏] 보살들은 용맹정진하여 설법할 때 두려움이 없음을 가리킨다.

일체 제불께서 늘 다 함께 칭찬하시기를, 「극락세계 보살은 보살의

모든 바라밀을 구경 원만하게 이루어 불생불멸의 여러 삼마지에 항상 안온히 머물고, 시방세계 도량을 두루 다니면서 성문·연각 이승의 경계를 멀리 여의느니라.」

常爲諸佛所共稱贊. 究竟菩薩諸波羅蜜. 而常安住不生不滅諸三摩地. 行遍道場. 遠二乘境.

[解] 시방세계 일체제불께서는 항상 찬탄하시길, "서방극락세계의 보살들은 구경 원만한 과지果地에 도달하여 불생불멸不生不滅의 일체 정정(正定) 가운데 항상 안온히 머물러 있다. 진허공·변법계에 언제 어디에서든 존재하지 않음이 없어 영원히 이승二乘의 경계에 떨어지지 않는다."

[행편도량行遍道場] 도량은 일체 제불의 찰토를 가리킨다. 그러므로 행편도량이란 보살들이 여러 불국토를 다니는 발자취가 가지 않는 때가 없고, 가지 않는 곳이 없다는 뜻이다.

[원이승경遠二乘境] 영원히 성문과 벽지불의 경계 속으로 떨어지지 않는다.

아난아, 내가 저 극락세계를 지금 간략하게 말하였나니, 그곳에 왕생한 보살들의 진실한 공덕이 모두 다 이러하여, 만약 상세하게 말한다면 백천만겁이 지나도 이루 다 말할 수 없느니라.

阿難 我今略說 彼極樂界 所生菩薩 眞實功德 悉皆如是. 若廣說者 百千萬 劫 不能窮盡.

[解] 세존께서 아난에게 말씀하셨다. "내가 지금 서방극락세계를 간략하게 소개하였을 뿐이지만, 그곳에 왕생한 보살들의 진실한 이익과 공덕이 모두 다 이러하다. 만약 상세하게 말한다면 설사 백천만 겁이 지난다 해도 다 말할 수가 없다."

다음 일품은 본경에서 매우 중요한 법문이다. 앞에서부터 줄곧 31품까지는 아난존자가 당기자(當機者; 과거 세상에 덕의 근본을 심어 설법의 기연이 합치한 자)여서 부처님께서 모두 아난을 불렀다. 이 품의 법문부터는 미륵보살이 당기자이다.

[수락무극壽樂無極 제32]

제32품 극락세계에는 수명과 즐거움이 무극하다

[解] 본품에서 부처님께서는 우리를 위해 서방극락세계에 왕생한 모든 보살들의 수명과 즐거움이 모두 극한이 없음을 설명하신다. 극락세계 사람들의 수승함과 그들 생활환경의 아름다움을 보여주신 것이다. 이것은 우리에게 정토에 왕생하기를 구하는 마음을 내야하고, 여러 상선인上善人들과 가까이 하라고 권유하신다.

부처님께서 미륵보살과 제천·인간 등에게 말씀하시기를, "무량수불의 국토에 있는 성문·보살들의 공덕과 지혜는 이루 다 말로 칭찬할 수 없고, 또한 그 국토의 미묘하고 안락하고 청정하게 장엄된 모습도 이와 같거늘, 어찌 중생이 힘써 [염불왕생을] 선으로 삼지 않고 자성본연을 회복하는 대도(자기 성덕의 명호인 아미타불)를 염하지 않을 수 있겠는가!"

佛告彌勒菩薩 諸天人等. 無量壽國 聲聞菩薩 功德智慧 不可稱說. 又其國土微妙 安樂 淸淨若此. 何不力爲善 念道之自然.

[解] 부처님께서는 미륵보살과 법회에 참가한 대중에게 말씀하신다. "극락세계의 성문과 보살들, 그들의 공덕과 지혜는 우리의 언어로는 찬탄하고 칭찬할 수 없을 정도로 크다. 그들이 수학하는 생활환경이나 국토의 세밀하고 미묘하고 안락하고 청정함은 이와 같은 정도에 이르렀다. 이러한 수승한 장엄과 아름다움은 시방세계 여러 부처님 세계가 비길 수 없을 정도에 이르렀다. 이렇게 수승하고 장엄한

아름다움은 시방 제불세계에서 견줄만한 것이 없다.

이렇게 아름다운 곳이 있음에도 어찌 일체 중생이 힘써 선업을 닦지 않고 정토에 왕생하기를 구하겠다는 원을 갖지 않는가? 그들이 만약 진실한 믿음으로 발원하고 염불하여 정토에 왕생하기를 구한다면, 자연히 왕생하게 될 것이다. 일생에 극락세계에 이르면 곧 자성의 청정·본연을 회복할 것이다. 여기에서 알 수 있듯이 부처님을 염함 이란 바로 자신의 자성自性을 염함이다.

「선善」 여기서는 염불하여 정토에 태어나길 구하는 것을 최선으로 삼는다는 뜻이다.

[염도지자연念道之自然] 염도念道는 아미타부처님의 명호를 염함이고, 자연은 염불로서 자성의 청정한 본연을 회복함을 말한다.

극락세계 보살은 자유자재하게 출입하면서 부처님께 공양 올리고, 경법을 지혜로 관하여 일상에서 도를 실천하며, 오랜 시간 훈습하여 법희가 충만하며, 재주가 뛰어나고 용맹하며 지혜롭고, 신심이 견고 하여 도중에 물러나지 않고 게으르지 않느니라. 겉으로는 한가롭고 느릿느릿하게 보여도, 속으로는 쉼 없이 빨리 달려가고 있느니라. 그 심량은 허공과 같아 일체를 포용하고, 그 중도에 꼭 알맞으며, 속마음과 겉모습이 [일여一如로] 상응하여 자연규율이 엄정하니라.

出入供養. 觀經行道. 喜樂久習. 才猛智慧. 心不中回. 意無懈時. 外若遲 緩. 內獨馳急. 容容虛空. 適得其中. 中表相應. 自然嚴整.

[解] 극락세계 보살들은 조금도 장애 없이 화신化身이 되어 시방세계 에 두루 다니면서 일체 제불께 공양을 올리고, 돌아와서는 또다시 합쳐 한 몸을 이루어 본사本師 아미타부처님께 공양을 올린다. 그들은 부처님의 가르침을 철저하게 이해하여 그 가르침을 일상생활 중에서

실천한다. 이렇게 긴 시간 동안 훈습하여 자연히 여래의 경계에 계입契入하여 법희 충만함을 얻고 재능과 용맹을 나타낼 수 있다. 그들은 신심이 굳건하여 물러나지 않고, 동시에 깊은 믿음으로 간절하게 발원하고 용맹정진하여 영원히 게으른 마음을 내지 않는다.

보살들의 수행은 밖으로 조용하고 한가롭지만, 마음속은 진정으로 정진하고 있다. 그 심량은 허공과 같아 일체를 다 포용할 수 있다. 수학할 때는 급하지도 느리지도 않게 꼭 알맞게 중도中道에 계입할 수 있다. 그래서 속마음과 겉모습이 상응하여 안배하거나 조작할 필요 없이 자연히 성취될 수 있다. 이것으로 극락세계 보살들의 위의威儀가 자연스럽고 단정함을 충분히 나타낼 수 있을 것이다.

「출입공양出入供養」「출出」하여 타방세계로 가서 제불여래께 공양하고, 「입入」은 고향 집으로 돌아와서 본사 아미타여래께 공양한다. 출입 공양은 복을 닦음이다.

「관경행도觀經行道]」「관경觀經」이란 부처님께서 경전 안에 말씀하신 모든 가르침과 이치와 사실, 성性, 인因, 과果 등의 법을 꿰뚫어서 분명하게 이해함이고, 「행도行道」는 부처님께서 말씀하신 교훈을 일상생활 중에 응용하여 실천함이다.

「희락구습喜樂久習」「희락喜樂」은 일문으로 깊이 들어가 법희 충만하여 즐겁다는 뜻이다. 「구습久習」은 오랜 시간 훈습함을 말한다.

[중회中廻] 중도에 퇴전한다는 뜻이다.

[용용溶溶] 첫 번째 용溶은 명사로 심량을 가리키고, 두번째 용溶은 동사로서 능히 포용할 수 있다는 뜻이다.

[적득기중適得基中] 적適은 꼭 알맞음이고 중中은 중도中道를 뜻한다.

[중표상응中表相應] 중中은 속마음을 가리키고, 표表는 밖으로 드러남이다. 이는 보살의 마음이 중도에 계합하여 중도를 얻어서 밖으로 드러남을 말한다. 그래서 밖과 안이 일여一如하게 저절로 상응한다.

[자연엄정自然嚴整] 「자연自然」은 일체법의 자연규율을 가리키고, 「엄정嚴整」은 장엄하게 정제整齊함이다.

극락세계 보살은 항상 자신을 점검하고 거두어들여서 행동을 단정히 하고 마음을 정직하게 하여 몸과 마음이 항상 정결·청정하고 일체의 애욕과 탐욕이 없으며, 심지와 발원을 편안히 결정하여 더하거나 모자람이 없느니라. 도를 구함에 있어 화평하고 중정한 마음을 유지하여 삿된 견해에 잘못 기울지 않고, 경전의 약속과 가르침에 따라 감히 넘어지거나 틀어지지 않아 먹줄을 친 것과 같으며, 마음에 우러러 구하는 것은 모두 도법뿐이니라.

檢斂端直 身心潔淨 無有愛貪. 志願安定 無增缺減. 求道和正 不誤傾邪. 隨經約令 不敢蹉跌. 若於繩墨 咸爲道慕.

[解] 보살들은 일상생활 중에서 항상 자신의 행위를 점검하고 수렴하여서 때때로 자신의 행위를 단정하게 하고 마음을 정직하게 하려고 자신을 일깨운다. 그래서 그들이 얻는 것은 신심의 청정함이고, 일체 번뇌·습기가 없음이다. 보살들이 스스로 수행하면서 이러한 염불법문을 확고히 하여 절대 흔들리지 않을 수 있다. 그리고 중생을 교화시키는데 있어서도 이 한마디 부처님 명호를 사용하면서, 만족할 줄 알고 늘 즐겨할 수 있다. 그들은 스스로 수행하고 남을 교화할 때에도 늘 화평和平하고 중정中正한 마음을 유지할 수 있기 때문에, 일체의 사악한 지식이나 견해의 경계에 미혹되지 않을 수 있다.

보살들은 경전의 가르침에 의거하여 자신의 신구의 삼업을 지키기로 약속하였다. 그래서 그들의 사상·행위가 모두 부처님의 가르침(敎誡)에 위배되지 않는다. 그렇게 털끝만큼의 실수나 착오도 없는 것은, 부처님의 가르침에 의지하여 먹줄(準繩; 표준, 길이를 재는 자)로 삼고 있기 때문이다. 그들이 우러러 사모하는 것은 바로 무상보리無上菩提의 대도大道이며, 곧 한마음 한뜻으로 원만하게 성불하고자 한다.

「구도화정求道和正」「도」는 평등한 마음과 정직한 마음을 가리킨다. 「화和」는 화평과 조화이고, 「정正」은 중정과 중도의 뜻이다.

「수경약령隨經約令」 「경經」은 부처님께서 강설하신 일체의 경전이다. 「약約」은 약속이며, 「녕令」은 가르침이다. 여기서는 부처님의 경전의 이론과 가르침을 따라서 자기의 심행을 약속하는 것이다.

마음이 한없이 넓어 망념이 없으며, 신심이 견고하여 범사에 근심이 없느니라. 행위는 자성의 청정본연 그대로 조작함이 없고, 마음은 허공과 같아 한 법도 세우지 않고 담백하고 평온하여 어떤 욕망도 일으키지 않으며, [중생제도의] 선한 대원을 짓고 온 마음 다해 선교방편을 모색하느니라. 대자대비의 마음으로 중생을 제도할 적에 세상의 예절과 의리에 모두 들어맞고, 사상과 이체를 포용하고 함섭하여 자신과 일체 중생을 일생에 해탈을 얻을 수 있게 하느니라.

曠無他念 無有憂思 自然無爲 虛空無立. 淡安無欲 作得善願 盡心求索. 含哀慈愍 禮義都合. 苞羅表裏 過度解脫.

[解] 극락세계 보살들의 가슴은 텅 비어 훤히 넓어서 망념이 없기에, 근심이나 걱정 따위는 전혀 없다. 그들의 행위는 완전히 자성으로부터 자연히 흘러나오는 것이기에, 터럭만큼의 조작도 없다. 그들의 마음은 청정하기가 허공과 같아 한 법(一法)도 세우지 않는다. 생활에서는 담백하고 편안하여 어떤 욕망도 없이, 인연에 따라 자재할 뿐이다. 그들의 마음에는 단지 중생을 구제하여 불도를 성취하게 하겠다는 대원만 있을 뿐으로 이러한 선한 원에 대해 그들은 전심전력을 다하여 선교방편으로 불법을 널리 선양하고 청정하고도 평등한 대자비심으로 일체 중생을 두루 제도한다.

보살들이 세간에서 중생을 제도할 때 사용하는 방법은 모두 다 세간의 도덕·인정·규범·예의풍속에 맞다. 보살의 지혜는 세간과 출세간의 일체 사리를 모두 망라하기에 중생을 구제하고 교화하는 일에 있어서 어떤 장애도 없이 쉽게 통할 수 있다. 보살들은 염불법문을 학습함으로써 그 일생 중에 해탈을 얻을 수 있고, 동시에 또 이 법문으로 일체중생을 이롭게 하여 중생으로 하여금 이번 일생에 해탈을 얻게 한다.

[자연무위自然無爲] 자성의 청정본연 그대로 터럭만큼도 조작이 없다는 뜻이다.

[포라표리泡羅表裏] 「포泡」는 포包와 같다. 그래서 포라泡羅는 포용하고 함섭含攝함이다. 표表는 일체의 사상事相이고. 리裏는 도리를 가리킨다.

극락세계 보살은 자성본연을 잘 보임하여 묘명진심으로 정결·순백하고, 그 심지와 발원은 위없는 상상품을 추구하며, 그 마음은 청정하고 적연부동하여 안락에 임운하고 단박에 마음이 열려 요달하여 투철하게 깨닫나니, 「자성본연 중에 일진법계의 경계상이 나타나고, 일체 현상에 자성본연의 근본자리가 있나니, 자성본연(극락세계)의 미묘한 광명과 색깔은 뒤섞여서 변화가 무궁하고, (오직 식識이 나타난) 전변(십법계 의정장엄)은 가장 수승하나니라.」

自然保守 眞眞潔白. 志願無上 淨定安樂. 一旦開達明徹 自然中自然相 自然之有根本 自然光色參回 轉變最勝.

[解] "보살들의 자성이 항상 변함없이 유지되는 것은, 진여본성이 진정으로 청정·정결·순백하기 때문이다. 그들은 위로는 깨달음을 구하고 아래로는 중생을 교화하면서, 지고무상至高無上의 심원을 세운다. 그래서 그들의 심지는 청정하고 여여부동하며 안온하고 자재하기 때문에, 한 찰나 사이에 활연 개오開悟하고 마음 밝혀 견성한다. 그렇게 개오한 후에 자성 가운데 나타나는 일진법계—眞法界의 경계상

境界相을 분명히 이해하여 통달할 수 있다. 게다가 우주 만상의 자성인 본체를 통달하여 명료하게 알 수 있다.”

극락세계 보살들은 아미타부처님 위신력의 가지加持를 입어 자성의 공덕이 곧바로 나타나 보이며, 자연히 무량한 광명을 방출한다. 이러한 광명은 이리저리 뒤섞이며 융합되어 일체를 이루고, 그 광명의 색깔은 천만 가지로 변화되고, 그 광명 속에서 수 없이 많은 부처님을 나투어 보이고, 모든 부처님께서는 또 무량한 광명을 놓는다. 이 광명의 화신불이 시방세계 일체중생을 두루 제도하시고, 범부를 바꾸어 성불하게 하니, 이것이 곧 가장 수승한 전변轉變이다.

「진진眞眞」 앞의 진(眞)은 진여 본성을 가리키고, 뒤에 진(眞)은 절대의 참을 가리킨다.

「정정안락淨定安樂」 여여하게 움직임이 없어서 편안하고 자유자재하다는 뜻이다.

「일단개달명철—旦開達明徹」 일단—旦은 갑자기, 개달開達은 깨달음을 얻어서 통달하였다는 뜻이다. 명철明徹은 분명하게 꿰뚫어 아는 것이다.

「자연상自然相」 일진법계—眞法界의 청정한 본연을 가리킨다.

「자연지유근본自然之有根本」 자연은 우주만물의 경계와 사상事相을 가리킨다. 근본은 자성의 본체이다.

「참회參迴」 참參은 어지럽게 섞인다는 뜻이고, 회迴는 변화가 무궁하다는 뜻이다.

울단월(북구로주)처럼 저절로 칠보가 생겨나고 시방 허공 중에 두루 일체 사물이 나타나며, 광명·정묘精妙·명정明淨한 일체 미묘한 상이 한꺼번에 출현하나니, 그 아름답고 수승함은 어떤 세계와도 견줄 수 없느니라. 극락세계 보살의 마음은 평등하여 상하가 없는 진실의 본체를 드러내고, 그 지혜는 일체 만법을 통달하고 비춤에 궁진함이 없느니라.

鬱單成七寶. 橫攬成萬物. 光精明俱出. 善好殊無比. 著於無上下. 洞達無
邊際.

[解] "북구로주北俱蘆洲의 일체 물질자원(受用)은 모두 다 자연히
칠보로 이루어져 있다. 여기에서는 그곳이 저절로 이루어짐을 인용하
여 극락세계의 의정장엄(이 역시 저절로 이루어진 것이다)을 형용하
였으니, 모두 다 아미타부처님의 대원 및 극락세계에 왕생한 보살들
의 청정심으로 말미암아 이루어진 것이다. 왜냐하면 극락세계 보살들
은 각자의 마음이 청정하기(신심이 청정하면 곧 세계가 청정하다)
때문에 극락세계 일체 만물의 진선미가 모두 다 현현한, 이 같은
수승한 모습은 시방 제불의 세계 어느 곳도 견줄 수 없다. 극락세계의
보살들은 마음이 청정하고 평등하여 마음을 밝혀 견성한다. 그래서
자성은 자연히 원만하고 구경한 지혜를 드러내고, 시방세계 일체
만법에 대하여 모두 다 꿰뚫어 통달할 수 있어 끝이 없다."

경전에서 여기까지는 모두가 극락세계 보살들의 진실한 자성의 공덕
을 찬탄하는 말이다.

[횡람橫攬] 「횡橫」은 시방세계를 가리키고 「람攬」은 모두 거두어들인다는 뜻이다.

[광정명光精明] 「광光」은 광명이고, 「정精」은 정밀하고 오묘함이며, 「명明」은 밝고
청정함이다. 그러므로 광정명이란 곧 참되고, 선하고, 아름다운 것을 뜻한다.

[저어무상하著於無上下] 「저著」는 밝게 드러나는 것이고, 「무상하無上下」는 평등심을
가리킨다. 이 구절은 밝은 마음으로 견성하는 것을 뜻하는 말이다.

저 세계와 성중의 공덕이 이러하니, 마땅히 각자 부지런히 정진하고,
스스로 노력하여 극락에 왕생하길 구할지니, 반드시 (삼대아승지겁
보살의 51수행계위를) 뛰어넘어 아미타부처님의 무량 청정국토에 왕생
하리라. 오악취를 가로질러 단번에 끊어버리면 삼악도의 문이 저절

로 닫혀 버리거늘, 한계가 없는 수승한 도(정토법문)를 닦아 쉽게 갈 수 있는데, 가려는 사람이 없구나! 저 극락국토는 거스르지 않는데 저절로 그러한 악습에 이끌려 따라가느니라.

宜各勤精進. 努力自求之. 必得超絶去. 往生無量清淨阿彌陀佛國. 横截於五趣. 惡道自閉塞. 無極之勝道. 易往而無人. 其國不逆違. 自然所牽隨.

[解] 부처님께서는 우리들 한 사람 한 사람이 모두 부지런히 정진하여 노력해서 왕생을 구하도록 권유하고 격려하신다. 우리가 기꺼이 노력해 추구하기만 한다면, 반드시 서방극락세계에 왕생할 수 있다. 정토에 왕생한 후에는 아미타부처님을 가까이 모시면서 반드시 육도를 횡으로 넘어서고 악도가 자연히 닫힐 것이다.

극락세계가 이렇게 좋고 왕생도 어렵지 않은데, 사람들이 가려고 하지를 않는다. 극락세계에 왕생하는 일이 너무나 쉬운데 왜 사람들은 가려고 하지 않는가? 그것은 단지 중생이 무시 겁 이래의 악습·번뇌와 갖가지 장애에 끌려 다니기 때문이니, 그래서 서방극락세계에 왕생하겠다는 대원을 일으킬 수 없다.

[무극지승도無極之勝道] 염불하여 왕생하고 불퇴지를 얻어 성불하는 도를 가리킨다.

「자연自然」 태어날 때부터 갖고 있는 악습을 가리킨다.

세간의 지향을 모두 놓아버려 마음을 허공 같이 하고 부지런히 행해 (성불의) 도와 (중생제도의) 덕을 구할지라. (왕생하는 이는) 무량수를 얻을 수 있고, (극락세계에서는) 수명이 무량이고 대승법락을 누리거늘, 어찌해 세상사에 집착하여 시끄럽게 떠들며 무상한 일에 근심하는가!"

捐志若虛空. 勤行求道德. 可得極長生. 壽樂無有極. 何爲著世事. 譊譊憂

無常.

[解] "우리는 세간 일체를 다 버리고 몸과 마음의 세계를 다 내려놓아서 마치 허공과 같이 한 법도 세우지 말아야 한다. 마음속으로는 한마음 한뜻으로 염불하면서 오로지 극락세계에 왕생하여 물러나지 않고 성불하기만 구해야 한다. 정토에 왕생한 후에는 수명과 즐거움이 모두 부처님과 똑같아서 끝이 없을 것이다. 일단 왕생을 하기만 하면 이와 같이 견줄 수 없는 수승한 이익을 얻을 수 있는데, 왜 우리는 여전히 세간의 명예와 이익·오욕육진에 탐착하는 것인가? 이것들은 모두 다 무상한데, 구태여 계속 조바심을 내며 근심할 필요가 있겠는가?"

「연지涓志」 세간의 욕망을 추구하는 일을 버린다.

[도덕道德] 「도道」는 명호를 집지하여 염불한 인因을 가리키고, 「덕德」은 정토에 왕생하는 과를 가리킨다.

「요요譊譊」 다투듯이 시끄럽게 떠드는 모습을 말한다.

[권유책진勸諭策進 제33]

제33품 권유하고 채찍질하시다

[解] 이 품에서부터는 세존께서 우리에게 사바세계의 상황을 설명해
주신다. 중생의 업장과 습기는 깊고 무거워서, 삼독의 불길이 활활
타올라 육도에 빠지게 되니, 그 고통은 이루 말할 수조차 없다.
그래서 부처님께서는 우리에게 괴로움의 세계(苦趣)를 싫어하고 여의
어서, 악을 멈추고 선을 행하도록 격려하시고 권유하신다. 우리에게
수행 정진하여 정토에 태어나길 구하라고 채찍질하신다.

세상 사람들은 중요하지도 않은 일로 서로 앞다투어 쫓아다니고,
십악의 업이 날로 늘어 괴로운 과보로 가득 찬 세상에서 부지런히
몸을 부리면서 세상일 하느라 고생하며, 자신의 욕망을 채우기
위해 쓸데없이 바쁘게 살아가는구나! 윗사람이거나 아랫사람이거
나 가난하거나 부유하거나 남녀노소 할 것 없이 하나같이 고민하고
근심 걱정하며 남보다 더 잘 되려는 마음에 실속 없이 뛰어다니기만
하는구나!

> 世人共爭不急之務. 於此劇惡極苦之中 勤身營務 以自給濟. 尊卑 貧富
> 少長 男女 累念積慮. 爲心走使.

[解] "세간 사람들은 망녕된 생각에 사로 잡혀 중요하지도 않은 일로
서로 다투고 있다. 더구나 생사나 삼계三界를 벗어나는 대사大事에
대해서는 오히려 관심도 갖지 않는다. 이 때문에 그들은 심각한
죄악과 지극한 괴로움이 가득 찬 세간에서 제 몸을 수고롭게 움직여서

경영하고 만드는 일을 하느라 매우 바쁜데, 이것은 모두 자신의 욕망을 만족시키기 위한 것에 지나지 않는다. 윗사람이거나 아랫사람이거나, 가난하거나 부유하거나, 젊었거나 늙었거나, 남자이거나 여자이거나 상관없이 각 계층의 사람들은 모두 망녕된 마음에 사로잡혀서, 매일 같이 천 가지 방법, 백 가지 계책을 궁리하고 계산하며 마음을 일으키고 생각을 굴려서 하는 일체 모든 일이 대부분 남에게 손해를 끼치고 자신을 이롭게 하는 일들이다."

「극악극고極惡極苦」극악極惡은 열 가지 악업(十惡業)을 가리키는 말이고, 극고極苦는 오탁악세의 괴로움 과보(苦報)이다.

「근신영무勤身營務」근신勤身은 부지런히 제 몸을 놀리며 애쓰는 것이고, 영무營務는 경영하고 만드는 것이다.

「누념적려累念積慮」누념累念은 과거를 생각하는 것이고, 적려積慮는 미래를 걱정하는 것이다.

논밭이 없으면 논밭이 없어 걱정이고, 집이 없으면 집이 없어 걱정이고, 권속과 재물이 있어도 없어도 걱정이고, 이런 것이 있으면 저런 것이 적다고 여겨 남들과 똑같이 가지려고 하는구나! 마침 조금 가지게 되면 또 생각지도 못한 사태가 일어나지 않을까, 물난리나 화재를 만나서 타버리고, 떠내려가고, 도적이나 원수나 빚쟁이를 만나 빼앗겨서 재물이 흩어지고 없어지지 않을까 걱정하는구나!

無田憂田. 無宅憂宅. 眷屬財物. 有無同憂. 有一少一 思欲齊等. 適小具有 又憂非常. 水火盜賊 怨家債主 焚漂劫奪. 消散磨滅.

[解] "일체중생은 논밭·집·권속·재물에 대하여 시도 때도 없이 쟁취하고 싶어 한다. 그리고 보유한 후에는 또 그것을 잃을까봐 두려워한다. 이런 것이 있으면 또 저런 것이 적다고 여겨 늘 남들과

똑같이 가지려고 한다. 마침 조금 갖게 되면 또 생각지도 못한 재난이 일어날까 걱정한다. 예를 들어 물난리가 나서 떠내려가거나 화재가 나서 타버리거나, 도적에게 빼앗기거나 원수에게 재물이 흩어지거나 빚쟁이에게 재물이 없어질까 걱정한다."

「우우비상又憂非常」「비상非常」은 돌연히 발생하는 뜻밖의 재해를 말한다.

「마멸磨滅」 신심을 고통스럽게 하고 재산을 다 잃어버려서 아무것도 남은 것이 없음을 말한다.

마음이 인색하고 뜻이 완고하여 아무것도 내려놓지 못하고 연연하지만, 목숨이 다할 때 버리고 가야 하니, 그 무엇도 가지고 갈 수 없느니라. 이는 가난하거나 부유하거나 모두 똑같아서 모두가 만 갈래 근심과 고뇌를 지닌 채 살아가는구나!

心慳意固 無能縱舍. 命終棄捐 莫誰隨者. 貧富同然. 憂苦萬端.

[解] "중생이 아까워하고 인색한 마음은 너무나 완고하여서, 자신이 가지고 있는 일체를 어떤 것 하나도 내려놓지 못하고 연연해한다. 그러나 수명이 다 하는 때에는 버리고 가야만 하니, 어느 하나도 가지고 갈 수 없다. 이러한 현상은 귀하거나 천하거나 가난하거나 부유하거나 같아서, 모두 다 끝도 없는 근심과 고뇌를 가지고 있다."

「심간의고心慳意固」「간慳」은 아끼고 탐내어 인색한 것이고, 「고固」는 고집이다.

「무능종사無能從捨」 내려놓지 못하고, 연연하는 것을 말한다.

세상 사람들은 부모·자식과 형제, 부부와 가족 사이에 서로 공경하고 사랑해야 하며, 서로 미워하고 질투하는 일이 없어야 하느니라. 재산이 있든 없든 서로 도와야 하고 탐내고 아까워하는 일이 없어야

하며, 말과 안색이 늘 부드러워야 하고 의견이 다르지 않아야 하느니라. 혹 때로는 마음에 다른 의견이 생겨 서로 양보하지 않거나 혹 때로는 화내고 분노하는 일이 있어서 다음 세상에 더 치열해져 큰 원수가 되느니라. 그래서 세상의 일에서 서로 재난과 손해가 되나니, 비록 때가 임박하지 않아도 서둘러 (보복하려는) 생각을 간파해야 하느니라.

世間人民 父子兄弟夫婦親屬 當相敬愛. 無相憎嫉. 有無相通 無得貪惜. 言色常和, 莫相違戾. 或時心諍 有所恚怒. 後世轉劇 至成大怨. 世間之事 更相患害. 雖不臨時. 應急想破.

[解] "세상 사람들은 부자나 형제나 부부나 친척 사이에는 마땅히 서로 공경하고 사랑해야 하며, 서로 미워하거나 질투하는 일이 없어야 한다. 물질과 정신생활에서 서로 돕고 위안을 주어야 한다. 받는 자는 너무 많이 탐해서는 안 되고 베푸는 자는 아까워해서는 안 된다. 언어와 태도는 언제나 너그럽고 온화하게 유지하여서 서로에게 거스르고 삐뚤어지며 거칠어지지 말아야 한다. 혹 어떤 때는 마음속에 다른 의견이 생기기도 하고, 혹 어떤 때는 서로 다투어 화내고 분노하는 일도 있어서, 이러한 상황은 쌓여 갈수록 더욱 심각해진다. 가끔은 아주 작은 원한이 변해서 크게 응어리지기도 한다. 그러므로 세간의 일은 이 때문에 근심과 손해를 입게 된다. 비록 과보가 당장 나타나 보이지는 않더라도, 서둘러 화해할 수 있는 방법을 생각해 할 것이다."

「유무상통有無相通」「유무有無」는 재물이 있든지 없든지를 말하고, 「상통相通」은 서로 돕는 것이다.

「위려違戾」「위違」는 위배되는 것을 말하고, 「려戾」는 비뚤어지는 것이다.

「심쟁心諍」 마음속에 의견이 있어서 참고하거나 양보하지 못하는 것을 말한다.

세상 사람들은 누구나 애욕 속에서 홀로 나서 홀로 죽고, 홀로 가고 홀로 오며, 괴로움과 즐거움을 스스로 감당해야 하나니, 대신해 줄 사람은 없느니라. 선악이 변화하여 태어나는 곳마다 선악의 업인이 따라 다니지만, 각자 가는 길이 달라서 다시는 만날 기약이 없나니, 어찌하여 건강할 때 선을 닦으려 노력하지 않고 무엇을 기다리고 있는가!

人在愛欲之中 獨生獨死. 獨去獨來. 苦樂自當 無有代者. 善惡變化 追逐所 生. 道路不同 會見無期. 何不於强健時 努力修善 欲何待乎.

[解] 사람이 사바세계에 나고 죽는 것은 애욕이 너무나 무겁기 때문이고, 육도윤회 안에서 자신이 지은 업을 반드시 자신이 과보로 받는 것이다. 사람마다 지은 업이 모두 같지 않고, 업이 다르기 때문에 받게 되는 과보 역시 다르다. 그래서 어느 길에 태어나건 간에 모두 다 홀로 났다 홀로 죽고, 홀로 왔다 홀로 가는 것이며, 어느 누구도 짝이 되어 줄 수 없다. 그 뿐만 아니라 자신이 지은 업을 자신이 괴롭거나 슬거운 과보로 받아야 하니, 이 또한 누구도 대신해 줄 수 없다.

그리고 중생은 선악의 생각이 아주 빨리 변화하여서, 선악의 업인(業因)이 생명을 따라 다니며 과보를 부르게 된다. 일단 윤회에 떨어지면 각자 길이 다르기 때문에 다시 만나기는 매우 어렵다. 설사 만날지라도, 피차가 이미 너무나 바뀌었기 때문에 다시는 서로 알아볼 수가 없게 된다. 그래서 석가모니부처님께서 세상 사람들에게 권면하시길, "어찌하여 신체가 건강한 때 악을 끊고 선을 닦으려 노력하고 염불로 정토에 태어나길 구하지 않고서, 아직도 무엇을 기다리고 있느냐?" 하셨다.

「추축소생追逐所生」 태어나는 곳마다 과보가 따라 다녀서 사라지지 않음을 가리키는데,

선악의 업인에 따라 선악의 과보를 얻게 된다. 축逐은 따라다닌다는 뜻이다.

세상 사람들은 선악을 스스로 알지 못해 각자 경쟁하듯 길흉화복을 짓고, 몸은 (악업을 지어) 어리석고 정신은 (바른 믿음이 없어) 어두우니라. 외도의 가르침을 이리저리 받아들이며, 전도된 마음이 계속 이어져서 육도윤회로 생사가 끊어지지 않고, 무상의 근본인 탐진치로 말미암아 악을 짓느니라. 어리석고 어두워서 (바른 법에) 거스르고 대들며, 부처님의 말씀을 믿지 않아 멀리 내다보지 못하고 각자 눈앞의 쾌락만 추구하며, 분노와 성냄에 미혹하고 재물과 색욕에 탐착하는 일이 끝내 그치지 않으니, 애통하고 가슴 아플 따름이니라!

世人善惡自不能見 吉凶禍福 競各作之. 身愚神暗. 轉受余教. 顚倒相續 無常根本. 蒙冥抵突 不信經法 心無遠慮. 各欲快意. 迷於瞋恚. 貪於財色. 終不休止 哀哉可傷.

[解] "세상 사람은 무엇이 선인지 무엇이 악인지 분별할 능력이 없어, 「선을 지으면 반드시 길한 경사와 복의 과보를 얻게 될 것이며, 악을 지으면 반드시 흉한 재난과 재앙의 화를 얻게 된다」는 이 도리와 제법실상을 미혹하여 믿지 않는다. 이에 매일매일 경쟁하듯 악을 짓는다. 이렇게 악업을 짓는 근본원인은 바로 자기 신심의 우매함이나 정신의 어두움으로 인해 지혜가 없어서 삿됨과 올바름에 대해 또렷이 분별하지 못하기 때문이다. 인과因果를 바로 믿지 못하고 바른 도에 들어가지 못하면서, 외도나 삿된 설법을 오히려 쉽게 신봉한다. 이와 같은 전도가 상속 되며 끊어지지 않고 생사를 윤회하여 마칠 기약이 없다.

그들이 이와 같이 어리석고 고집스러운 이유는 바로 경법을 믿지 못하고 불보살의 가르침을 받아들이지 못하기 때문이다. 멀리 내다보는 생각이 없고 단지 눈앞의 쾌락만 찾으며 한 순간 마음에 꼭 드는 것만 도모한다. 이러한 상황은 성냄에 미혹되고 재색에 탐착하여 쉬지 않고 악업을 짓기 때문이다. 부처님께서는 이러한 인과의 순환을 매우 또렷이 알기 때문에 세상 사람들을 위해 한탄하며 가슴 아파 하신다."

「신우신암身愚神闇」「신우身愚」는 자신이 우매하여 악업을 짓는 것이고, 「신암神闇」은 정신이 혼미하여 지혜가 없는 것이다.

「전수여교轉受余教」「여교余教」는 이번 생에 생사문제에서 해탈할 수 없는 외도의 가르침을 가리키는 말이다.

「무상근본無常根本」「무상無常」은 육도六道 윤회를 가리키고, 근본은 탐진치의 마음으로 말미암아 십악업十惡業을 짓는다는 뜻이다.

「몽명저돌蒙冥抵突」「몽명蒙冥」은 정신이 멍하여 맑지 못한 것이고, 「저돌抵突」은 부딪히고 충돌하는 것이다.

과거의 사람들은 선을 행하지 않고 도덕을 알지 못하였으며, 이를 말해주는 사람조차 없어 세상살이가 이런 지경에 이르렀으니, 전혀 이상할 것도 없느니라. 이들은 생사 육도윤회의 과보와 선악의 업인을 모두 믿지 않았고, 아예 이러한 일은 없다고 말하였느니라.

先人不善 不識道德. 無有語者 殊無怪也. 死生之趣 善惡之道 都不之信 謂無有是.

[解] 과거에 살았던 사람들은 불법을 만나지 못하여 우주와 인생의 진상을 명료하게 알지 못하여 너무나 많은 악업을 지었다. 그들은 불법을 알지 못하였고, 불교공부를 해야 하는 것도 알지 못하였으며, 게다가 그들을 이끌어 줄 선지식조차 없었다. 상황이 이와 같아도

탓할 것이 못된다. 그러나 어떤 사람은 부처님 법을 들을 인연이 있지만, 여전히 육도윤회와 선악 인과응보 등의 사실을 믿지 않고, 근본적으로 이러한 일이 있지도 않다고 여겨서 악업을 짓는다.

죽어서 이별하는 모습을 바라보면 스스로 알 수 있나니, 혹 부모는 자식이 죽어서 울기도 하고, 혹 자식은 부모가 죽어서 울기도 하며, 형제와 부부는 더욱더 서로 흐느껴 우나니, 한 사람은 죽고 한 사람은 살아서 서로 애틋하게 그리워하여 놓아버리지 못하고, 근심과 애착에 마음이 결박되어 벗어날 때가 없으며, 부부의 정을 생각하여 욕정을 여의지 못하느니라. 이러한 상황에 대해 깊이 생각하고 잘 헤아려서 전일하게 정성 다해 도를 행할 수 없다면 나이와 수명이 다하는 때에 이르러 어찌할 도리가 없느니라. 도에 미혹한 자는 많지만, 도를 깨달은 자는 적어서 각자 죽이려는 독기를 품어 사악한 기운으로 마음이 어두컴컴해 망령되게 일을 저지르고, (위로) 천심을 거스르고 (아래로) 염라왕의 뜻을 어기며, 멋대로 악을 지어 그 죄가 극에 달하니, 문득 그 수명을 빼앗아 악도에 떨어져 벗어날 기약이 없느니라.

更相瞻視 且自見之. 或父哭子 或子哭父 兄弟夫婦 更相哭泣. 一死一生 疊相顧戀. 憂愛結縛 無有解時. 思想恩好 不離情欲 不能深思熟計 專精行道. 年壽旋盡 無可奈何. 惑道者衆 悟道者少. 各懷殺毒 惡氣冥冥. 爲妄興事 違逆天地 恣意罪極 頓奪其壽. 下入惡道. 無有出期.

[解] 위에서 말한 것과 같이, 세간 중생이 생사이별 하는 현상을 자세히 관찰하기만 하면 어렵지 않게 알 수가 있다. 사람이 임종할 때 부모가 자식의 죽음에 울기도 하고, 혹은 부모의 죽음에 자식이 울기도 하며, 형제와 부부도 더욱 서로 흐느껴 운다. 피차 서로

애틋하게 그리워하며 놓아 버리지 못한다. 이러한 것들이 모두 생사
· 이별의 고통과 슬픔이다. 이렇게 근심과 애착이 마치 새끼줄에
몸이 묶여있는 것 같아 해탈할 수 있는 때가 없다. 그러나 세상
사람들은 오히려 이러한 부부의 정과 정욕이 모두 다 육도의 생사를
넘나드는 고통의 근본이라는 것을 알지 못한다. 이러한 상황에 대하
여 만약 깊이 사고하고 잘 헤아린 다음 일생에 수행할 법문을 결정하
고, 일문에 깊이 들어가 정토에 태어나길 구하지 않는다면, 수명이
마치는 때 이르게 되면 어찌할 도리가 없게 된다.

이러한 도리와 사실에 대하여 미혹한 사람은 너무 많고, 깨달은
사람은 매우 적다. 이 때문에 갖가지 악업을 짓게 된다. 그래서
세간에는 사악한 기운이 충만하고 어두컴컴하다. 이러한 것들은
모두 탐 · 진 · 치로 말미암아 악업을 지음으로써 일어나는 일들이며,
천지 귀신의 선한 뜻과 자기 자성의 천진 · 선량함을 거스르는 일이
다. 제멋대로 거리낌 없이 죄를 짓다 보면, 참으로 죄악이 커져서
극에 달하는 지경이 된다. 그래서 천지 귀신들이 반드시 그 수명을
빼앗아 가니, 사후의 과보가 악도惡道로 가는 것이 결정되어 벗어날
기약이 없게 된다.

「질상고련迭相顧戀」「질迭」은 교환한다는 뜻이고, 「질상고련」이란 서로 애틋하게 그리
워하여 놓아버리지 못하는 것이다.

「우애결박優愛結縛」결結은 마음속에 걸리는 것이 있음이고, 박縛은 끈으로 묶었다는
것이다. 그러므로 우애결박이란 근심과 애욕에 마음이 걸려 있는 것이 마치 새끼줄에
사람이 묶여 있는 것과 같다는 뜻이다.

「선진旋盡」이제 막 끝냄을 말한다.

「악기명명惡氣冥冥」악기惡氣는 사악한 기분이고, 명명冥冥은 어두워서 밝지 못함을
말한다.

「위역천지違逆天地」천지는 천지귀신을 가리키고 또 본성을 대표한다. 그러므로 위역천

지는 곧 자성의 천진하고 선량함을 거스르는 것을 말한다.

그대들은 모두 곰곰이 생각하고 잘 헤아려 온갖 악을 멀리 여의고, 그 선(염불)을 선택하여 부지런히 행할지니라. 애욕과 부귀영화는 항상 오래 유지하지 못하고 모두 헤어져야 하나니, 즐거워할만한 것이 없느니라. 부지런히 정진하여 안락국에 태어나기를 구할지니, 그러면 지혜는 마음을 밝혀 근본을 요달하고, 얻는 공덕은 수승하리라. 마음이 하고자 하는 바에 따라 멋대로 행동하지 말지니, 경전과 계율을 저버려서 함께 닦는 사람 중에서 뒤떨어지리라."

若曹當熟思計 遠離衆惡. 擇其善者 勤而行之. 愛欲榮華 不可常保. 皆當別離 無可樂者. 當勤精進 生安樂國. 智慧明達 功德殊勝. 勿得隨心所欲 虧負經戒 在人後也.

[解] 부처님께서는 법회에 모인 대중에게 말씀하셨다. "그대들은 모두 마땅히 깊이 생각하고 잘 헤아려서 온갖 악을 멀리 여의고 착하고 좋은 것만 선택하여 정진하고 받들어 행하도록 노력해야 한다. 세간의 애욕과 영화는 모두 오랫동안 유지될 수 없는 것이며, 모두 헤어져 여의는 것으로 실제로 사람에게 진정한 기쁨을 줄 수 있는 것이 아니다. 그대들은 부지런히 정진 염불하여 극락세계에 태어나길 구해야 한다. 일단 극락세계에 태어나게 되면 지혜가 밝게 통달할 수 있어 수승한 공덕을 성취하게 될 것이다."

부처님께서는 마지막으로 모두에게 권면하신다. "자신의 탐·진·치 욕망에 따라 제멋대로 행동하면 부처님께서 불경에서 말씀하신 가르침을 저버려서 왕생하여 물러나지 않고 성불할 기회를 놓치게 될 것이다. 설사 장래에 다시 이러한 법문을 만나서 왕생을 구한다

하더라도, 이미 다른 사람들보다 뒤처지게 될 것이다."

「**휴부경계虧負經戒**」「휴虧」는 원만하지 않은 것이고, 「부負」는 저버린다는 것이다.
이해하고 행하는 것이 완전하지 못하고 결함이 있어서, 부처님께서 경전과 계율에서
가르치신 것을 저버린다는 뜻이다.

[심득개명心得開明 제34]

제34품 마음이 열리어 명백히 이해하다

[解] 이 품의 경문에서는 미륵보살이 부처님의 가르침을 받은 뒤에 마음이 열리고 뜻을 이해하여, 세존께서 말씀하신 도리에 대하여 명료하게 이해하였다. 그래서 이 품의 제목을 심득개명心得開明이라 하였다.

미륵보살이 부처님께 아뢰기를, "부처님께서 말씀하신 가르침과 계율은 너무나 깊고, 너무나 좋사옵니다. 모든 중생은 자비로운 은혜를 입어서 근심과 고통으로부터 벗어날 수 있사옵니다. 부처님께서는 법왕이 되시어 세간의 존경을 받아 모든 성인을 뛰어넘고, 광명은 (일체를) 꿰뚫어 비추고 지혜는 (일체 만법이 공한 이치를) 통달하여 끝이 없으니, 두루 일체 제천·인간의 스승이 되었사옵니다. 오늘 부처님을 뵙고 또한 무량수에 관한 (염불·견불·성불의) 가르침을 들을 수 있으니, 어찌 기쁘지 않을 수 있겠사옵니까? 저희들은 마음이 열리어 명백히 이해하였습니다."

蒙慈恩解脫憂苦. 佛爲法王 尊超群聖. 光明徹照 洞達無極. 普爲一切天人之師. 今得値佛 複聞無量壽聲. 靡不歡喜 心得開明.

[解] 미륵보살이 부처님께 아뢰었다. "부처님께서 설하시는 경법은 그 도리가 깊고, 그 방법이 매우 선하고 교묘합니다. 일체 중생이 모두 부처님의 자비 은혜를 입어서 삼계육도의 고통을 벗어났습니다. 부처님께서 법의 왕이 되시어 지혜 공덕과 자비심이 일체 성인을 뛰어 넘어 가장 존귀하고 가장 높으십니다. 부처님의 광명 지혜가

시방세계를 사무쳐 비추니, 그 끝을 알 수 없어서 두루 일체 천인의 도사가 되십니다.

미륵보살이 오늘 부처님을 뵙고 아미타부처님의 명호를 듣고 『무량수경』을 들을 수 있어 너무나 경사스럽고 다행입니다. 대중으로 하여금 마음을 열고 뜻을 이해하게 하여, 자성이 부처님의 지혜를 본래 구족하고 있음을 분명히 깨닫게 하십니다. 그래서 법회에 모인 대중은 누구하나 기뻐하지 않는 이가 없습니다."

「불위법왕佛爲法王」「왕」은 자주 · 자재의 뜻이다. 부처님께서는 일체 법 가운데 대자재를 얻으셨기에 법의 왕이라고 일컫는다.

「존초군성尊超群聖」「군성群聖」은 소승 초과初果 이상과 대승원교圓敎 초지初地 이상의 여러 큰 성인을 말한다. 부처님께서는 9법계의 스승으로 일체의 성인보다 뛰어나시어 지존至尊이 되신다.

부처님께서 미륵보살에게 말씀하시기를, "부처님을 공경하고 가르침을 이어받는 것이 큰 선이니, 실로 마땅히 염불하여 (염불삼매에 이르러) 여우같은 의심을 일순간에 끊어버리고, 여러 애욕을 뽑아버리며, 온갖 악의 근원을 막아야 하느니라. 그러면 (부처님의 위신력을 타고) 삼계를 두루 다니며 걸림 없이 (중생을 제도 · 교화하고) 부처님의 정도(일승원해 · 육자홍명 · 왕생극락)를 열어 보이고, 아직 제도 받지 못한 중생을 제도할 수 있느니라."

佛告彌勒 敬於佛者 是爲大善. 實當念佛. 截斷狐疑. 拔諸愛欲 杜衆惡源. 遊步三界 無所挂礙. 開示正道 度未度者.

[解] 부처님께서는 미륵보살에게 말씀하셨다. "부처님을 공경하는 사람들은 모두 다 선근이 큰 사람이다. 노실하게 염불하고 의심하는 마음을 끊고 명예와 이익, 오욕육진五慾六塵의 탐착을 뽑아 없앤다.

탐·진·치 등 일체 불선심不善心과 질투심, 아만심과 오아심吾我心, 허망한 마음과 남을 경시하는 마음, 사견의 마음과 잘난 체 하는 마음 및 갖가지 죄악의 근원을 막고 끊는다. 삼계를 돌아다니며 교화하여도 걸리는 것과 장애 되는 것이 없다. 중생을 위해 성불하는 도리 및 방법을 연설하고 아직 깨닫지 못한 중생을 제도한다."

"그대들은 마땅히 알지니, 시방세계 사람들이 오랜 겁 이래 육도윤회의 바퀴를 굴리면서 근심 고통을 끊지 못하여 태어날 때 고통을 겪고, 늙을 때 또한 고통을 겪으며, 병들어 극심한 고통을 겪고, 죽을 때 극심한 고통을 겪느니라. 몸에 악취가 나서 깨끗하지 못하니 즐겁다고 말할 수 없느니라. 그대들은 스스로 결단하여 마음의 때를 말끔히 씻고, 말과 행동에 충심과 믿음이 있어 겉과 속이 상응하여야 하느니라. 이러한 사람은 자신을 제도하고 서로 번갈아 도와주고 제도할 수 있느니라."

若曹當知十方人民 永劫以來 輾轉五道. 憂苦不絶 生時苦痛. 老亦苦痛 病極苦痛. 死極苦痛. 惡臭不淨 無可樂者. 宜自決斷. 洗除心垢. 言行忠信 表裏相應. 人能自度 轉相拯濟.

[解] 부처님께서 말씀하셨다. "그대들은 마땅히 알아야 한다. 시방세계 사람들은 오랜 겁 이래로 육도를 전전하면서 생사의 윤회에 빠져 허우적거리며 근심 고통을 끊지 못하고 있다." 부처님께서는 여기서 또 몇 가지 고통을 예로 드신다. "태어날 때 고통스럽고, 늙어서도 고통스럽고, 병이 들 때 매우 고통스럽고, 죽을 때 지극히 고통스럽다. 그리고 몸에 악취가 나고 깨끗하지 못하니, 즐겁다고 말할 수 없다. 이 모든 일들이 눈앞에 드러난 사실의 진상이다."

부처님께서는 여기서 또 대중에게 권면하신다. "그대들은 스스로 마음을 굳게 하여 과감하게 마음속의 더러운 때를 씻어 버려야만 한다. 언어와 행동은 충성을 다하고 믿음을 지키며, 겉과 속이 한결같아야 한다. 이러한 사람들은 스스로 행하여 제도하고 해탈을 얻을 것이고, 또한 서로 번갈아가며 도와주고 구제하며, 다른 사람이 악을 끊고 선을 닦도록 권할 수 있을 것이다."

"지성심으로 구하여 본원을 달성하고 선근의 근본(발보리심 일향전념)을 쌓으면, 비록 한 세상 부지런히 고행정진할지라도 잠깐 사이일 뿐, 나중에 무량수불의 국토에 태어나 즐거움이 끝이 없고, 영원히 생사윤회의 근본뿌리를 뽑아버려 다시는 고통번뇌의 우환이 없으며, 수명이 천만 겁이고 뜻하는 대로 자재하리라."

至心求願 積累善本. 雖一世精進勤苦 須臾間耳. 後生無量壽國 快樂無極. 永拔生死之本. 無複苦惱之患. 壽千萬劫 自在隨意.

[解] "일심으로 정도에 왕생하기를 빌원하고 구하면서 공을 쌓고 덕을 쌓으며 악을 끊고 선을 닦는다면, 비록 일생·일세에 부지런히 힘든 수행으로 정진하지만 단지 짧은 시간에 지나지 않는다. 그리고 장래 서방극락세계에 왕생하여 무궁무진한 즐거움을 얻을 것이다. 게다가 윤회를 영원히 벗어나서 다시는 근심·고통·번뇌의 우환이 없을 것이다. 그리고 수명이 무량하고 일체 물질자원을 누리며, 스스로 수행하면서 남을 교화하여, 수행증과가 모두 뜻대로 자유자재할 것이다."

"그대들은 각자 정진하여 마음속에 발원한 일을 구하되, 의심을 품고 도중에 후회하지 말지니라. 그러면 자신에게 허물이 되나니,

나중에 저 극락 변지, 칠보성에 태어나서 5백 년 동안 여러 액난을
받게 되리라."

宜各精進 求心所願. 無得疑悔 自爲過咎. 生彼邊地 七寶城中 於五百歲受
諸厄也.

[解] 부처님께서는 우리에게 권하신다. "그대들은 각자 일심으로
노력정진하며 전수專修하여, 마음에 발원한 정토왕생을 구해야 한다.
의심을 품고 도중에 후회하지 말라. 의심과 후회가 있으면 자신의
과실이 된다. 장래에 극락세계 변지의 성에 왕생하여 5백년(인간
세상의 5백년을 가리킨다) 동안 부처님을 뵙지 못하고 불법을 들을 수도
없으니, 이것이 바로 그들이 받는 고난이다."

미륵보살이 부처님께 아뢰기를, "부처님의 밝은 가르침을 받았사오
니, 전일하게 정진하며 수학하고, 가르침대로 봉행하여 감히 의심하
지 않겠사옵니다."

彌勒白言. 受佛明誨 專精修學. 如教奉行. 不敢有疑.

[解] 미륵보살이 부처님께 아뢰었다. "오늘 부처님의 명백한 가르침을
받았으니 오로지 정성을 다해 수학하고 가르침대로 받들어 행하면서
아미타부처님의 정토에 왕생하길 발원합니다. 부처님의 가르침에
대해 감히 의심하지 않겠습니다."

[탁세악고濁世惡苦 제35]

제35품 오탁악세의 오악 · 오통 · 오소

[解] 이 품의 경문에서는 세존께서 고구정녕 노파심에서 우리에게 세간의 제법실상을 분명히 이해하고 현실 환경을 확실히 인식하라 가르치시고, 권유하신다. 악을 단절하고 선을 닦아야만, 비로소 이고 득락離苦得樂할 수 있다.

부처님께서 미륵보살에게 말씀하시기를, "그대들은 이 세상에서 마음을 단정히 갖고 뜻을 바로 하여 온갖 악을 짓지 않을 수 있으니, 심히 대덕이니라. 왜 그러한가? 시방세계에는 선인이 많고 악인이 적어서 쉽게 법문하고 쉽게 교화하지만, 오직 이 오악이 가득한 사바세계만이 가장 괴로움이 극심하니라. 지금 내가 이곳에서 부처가 되어 중생을 교화하여 오악五惡을 버리고, 오통五痛을 없애며, 오소五燒를 여의게 하여 그 뜻을 항복 · 전화시키며, 오선五善을 수지하여 그 복덕을 얻게 하리라.

佛告彌勒 汝等能於此世 端心正意 不爲衆惡. 甚爲大德. 所以者何 十方世界善多惡少 易可開化. 唯此五惡世間 最爲劇苦. 我今於此作佛. 敎化群生 令舍五惡. 去五痛. 離五燒. 降化其意 令持五善. 獲其福德.

[解] 부처님께서 미륵보살에게 말씀하셨다. "그대들이 이 오탁악세五濁惡世에서 바른 마음과 성의로 갖가지 악업을 짓지 않으면, 대덕大德이라고 부를 수 있다. 왜 그러한가? 시방 제불의 세계에는 선이 많고 악이 적어서 교화하기가 아주 쉽기 때문이다. 오직 이곳 5악五惡의 세간만이 가장 괴로움이 극심하다. 이제 내가 이 세간에서 부처가

되어 일체중생을 교화하여, 그들로 하여금 다섯 가지 악(五惡)을 버리고, 다섯 가지 고통(五痛)을 없애며, 다섯 가지 타오름(五燒)을 영원히 여의게 하며, 중생의 탐·진·치 등 일체의 나쁜 생각을 항복 받게한다. 다섯 가지 선(五善)·다섯 가지 계(五戒)를 수지하도록 가르치고, 그들에게 어떻게 하면 복덕을 얻을 수 있을지를 가르쳐 줄 것이다."

「5통五痛」 화보化報를 말하는 것이니, 지금 당장 이 세간에서 받는 모든 고통과 부딪히는 모든 고난을 말한다.

「5소五燒」 과보果報이니, 여기서는 아귀·축생·지옥 삼악도의 괴로운 과보를 가리킨다.

무엇이 다섯 가지인가? 그 첫째는 (살생한 악으로) 세간의 모든 중생 부류가 자신의 욕망에 따라 온갖 악을 짓나니, 힘을 믿고 약한 자를 괴롭히며, 서로 번갈아 통제하고 습격하며, 잔혹하게 살상하며, 서로 삼키고 서로 잡아먹을 뿐, 선을 행할 줄 몰라 나중에 재앙과 죄과를 받게 되느니라. 이런 까닭에 가난한 자와 거지, 고아와 독거노인, 귀머거리와 장님, 벙어리와 백치, 추악한 자와 절름발이, 정신병자 등이 있나니, 이는 모두 이전 세상에서 도덕을 믿지 않고, 기꺼이 선을 행하려고 하지 않았기 때문이니라.

何等爲五 其一者 世間諸衆生類 欲爲衆惡. 强者伏弱 轉相剋賊. 殘害殺傷 叠相呑啖. 不知爲善 後受殃罰. 故有窮乞 孤獨 聾盲 瘖瘂 癡惡 尩狂 皆因前世不信道德. 不肯爲善.

[解] 아래에서는 부처님께서 우리를 위해 다섯 가지 악(五惡)과 다섯 가지 고통(五痛)과 다섯 가지 타오름(五燒)을 상세하게 말씀하신다. "다섯 가지란 무엇인가? 첫째 살생의 악이다. 세간의 일체 중생은 자신의 욕망을 만족시키기 위해 갖가지 악업을 짓는다. 강한 자는

약한 자를 괴롭히니, 이른바 약육강식弱肉强食으로 모두 선업을 지어야
함을 모르기 때문이다. 악업을 지은 후과後果는 반드시 재앙의 징벌을
받게 된다. 그래서 세간에는 가난한 자・거지나 고아・독거노인이나
귀머거리・장님・벙어리나, 백치・추악한 자나, 절름발이・정신병
자 등이 있다. 이는 모두 이전 세상에서 인과因果를 믿지 않아서,
악업의 보응報應을 짓고, 도무지 계살・방생・채식을 하려고 하지
않았고, 선을 권하지도 않았으며, 생명을 보호하지 않은 연고이다.”

「전상극적轉相剋賊」「전상轉相」은 서로이고,「극剋」은 견제하는 것이다.「적賊」은 살해
하는 것이다. 그러므로 전상극적은 서로 견제하면서 해치고 살해하는 것이다.

「질상탄담迭相吞噉」「질상迭相」은 서로이고,「담噉」은 먹히는 것이다.

「위선爲善」 살생을 경계(戒殺)하고, 방생放生하며, 채식(素食)을 하고, 선을 권하여
중생을 보호함을 가리킨다.

**세간에는 존귀한 자와 부유한 자, 어질고 현명한 자와 장자, 지혜와
용맹정진력이 있는 자, 재능이 뛰어나 통달한 자 등이 있나니,
이는 모두 이전 세상에서 자애와 효순을 행하여 선을 닦고 덕을
쌓았기 때문이니라.**

其有尊貴 豪富 賢明 長者 智勇 才達 皆由宿世慈孝 修善積德所致.

[解] 세간에는 존귀한 자・부유한 자・현명한 자・장자・지혜롭고
용맹하며 재능이 뛰어난 자 등이 있으니, 이는 모두 과거 세상에서
자비를 행하고 효를 다하여 선을 실천하고 덕을 쌓은 선과善果이다.”

**세간에는 이렇게 눈앞에 죄과가 나타나는 일이 있어 목숨이 다한
후 어두운 저승에 들어가 몸을 받아 다시 태어나니, 형상이 바뀌고**

육도가 바뀌게 되느니라. 이런 까닭에 지옥과 축생, 기거나 날거나 꿈틀거리는 벌레의 권속이 있나니, 비유컨대 세간의 법으로 감옥에 들어가 격심한 고통과 극형을 받는 것처럼 그 신식神識은 죄업에 따라 삼악도로 가서 고통을 받으며 그곳에서 받는 수명은 혹 길기도 하고 혹 짧기도 하느니라. 또한 원수와 빚쟁이처럼 서로 쫓아다니면서 같은 곳에 태어나 서로 보상을 받으려 하는데, 재앙과 악업이 다하기 전에는 끝내 여읠 수 없어 그 가운데 전전하면서 여러 겁이 지나도록 벗어나기 어려우며 해탈을 얻기도 어려우니, 그 고통은 이루 다 말할 수 없느니라.

世間有此目前現事. 壽終之後 入其幽冥 轉生受身 改形易道. 故有泥犁禽獸 蜎飛蠕動之屬. 譬如世法牢獄 劇苦極刑 魂神命精 隨罪趣向. 所受壽命 或長或短 相從共生 更相報償. 殃惡未盡 終不得離. 輾轉其中. 累劫難出. 難得解脫 痛不可言.

[解] "세간에는 이렇게 눈앞에서 볼 수 있는 살생의 악과 현세의 과보가 있다. 그래서 그는 목숨이 다한 후에 저절로 삼악도에 떨어지고, 자신의 업력業力에 따라 몸을 받게 된다. 자신의 몸을 바꾸게 되니, 사람의 몸이 변해서 악도惡道의 몸을 갖게 되므로 지옥·금수·기거나 날거나 꿈틀거리는 벌레 등 각기 다른 종류의 몸을 갖는다. 이것은 마치 세간의 감옥과도 같아서, 격심한 고통과 극형의 징벌을 받게 된다. 그의 영혼은 지은 죄업에 따라 삼악도에 이르러 고통을 받게 된다, 그리고 그곳에서 받는 수명은 길기도 하고 짧기도 하다.

과거의 원수·빚쟁이(冤家債主)는 서로 쫓고 쫓기며 세세생생 같은 곳에 태어나서 이전 세상의 원한과 채무를 하나하나 보상을 받으려 한다. 받은 재앙과 악업을 다 갚기 전에는 끝끝내 서로 벗어날 수 없다. 반드시 삼악도를 전전하는 가운데 벗어나기 어렵고 해탈하기 어렵다. 이러한 고통은 말로 형용할 수 없는 것이다."

천지간에 저절로 이러한 일이 있으니, 비록 즉시 갑자기 드러나지 않는다 할지라도 마침내 (자신이 지은) 선업과 악업은 자신에게 돌아가 느니라.

[解] 천지간에 인과의 일이 있어서 자연히 그림자가 형체를 따르는 것처럼 반드시 이와 같은 응보가 있게 마련이다. 비록 즉시 응보가 나타나지 않지만 선악인과에 따른 응보는 진실하여 헛되지 않다. 인연이 맞는 때를 만나면 반드시 그 응보를 받게 된다.

그 둘째는 (도둑질한 악으로) 세상 사람들은 법률과 제도를 따르지 않고 사치·음란, 거만·횡포·방종에 따라 마음대로 행동하고, 윗자리에 있으면서 밝지 못하고, 지위가 있어도 바르지 못해 다른 사람들을 모함하고 억울한 누명을 씌워 충직하고 어진 사람을 해치 며, 언행이 완전히 달라 허위로 속이는 일이 많아서 윗사람이거나 아랫사람이거나 가족이거나 바깥사람이거나 서로 속고 속이느니 라. 성내고 어리석어서 자신에게 두둑한 이익을 챙기고자 더 많이 탐내려다 이익과 손해, 승리와 패배가 서로 엇갈려서 마침내 원망을 사서 원수가 되고, 패가망신해도 전후인과를 살피지 않느니라.

其二者 世間人民不順法度. 奢淫驕縱 任心自恣. 居上不明. 在位不正. 陷人冤枉. 損害忠良. 心口各異, 機僞多端. 尊卑中外 更相欺诳. 嗔恚愚癡 欲自厚己. 欲貪多有 利害勝負. 結忿成仇. 破家亡身 不顧前後.

[解] 그 두 번째는 도적질하는 죄악을 가리킨다. 세간의 사람들은

법률과 법도를 따르지 않으며, 지나치게 교만하고 사치하며 방종하여 자신의 탐욕에 따라 하고 싶은 것을 한다. 윗자리에 있는 지도자는 권세를 이용하여 뇌물을 받아먹고 법을 어기며, 남에게 손해를 끼쳐 자신의 잇속을 챙기고, 나라에 불행을, 백성에게 재앙을 초래한다. 윗자리에서 앉은 사람이 자신의 몸을 바르게 하지 않으면, 충성스럽고 양심적인 사람을 모함하고 억울한 누명을 씌워 손해를 끼친다. 간신배는 아첨하여 영화를 취하고, 마음에 없는 말을 하며, 기회를 이용해 부당한 이익을 취하고, 허위로 남을 속인다.

윗사람이거나 아랫사람이거나 할 것 없이, 자기 가족이거나 바깥 사람이거나 할 것 없이, 모두 피차 서로 속이고 속는다. 성내는 마음과 어리석은 마음으로 탐심을 조장하여, 남의 재물을 빼앗아 자신이 더 많이 가지기를 희망한다. 이 때문에 이해가 충돌하는 일이 생기면 서로 싸워 빼앗으려고 한다. 이에 분개하여 원수가 되고, 심지어 가정을 파괴하고 사람은 파멸하는 지경에도 이른다. 이러한 사람들은 전인前因·후과後果가 응보應報하는 도리와 사실의 진상을 명백히 알지 못한다.”

어떤 사람은 부유하면서도 인색하여 도무지 베풀려고 하지 않고, 애지중지 탐심이 무거워서 마음은 수고롭고 몸은 고달프지만, 이와 같아 끝내 따르는 것은 하나도 없고 선악의 업력으로 화와 복만이 명근命根을 좇아 태어나는 곳에 이르니, 혹 즐거운 곳 혹 고통스러운 곳에 이르기도 하느니라. 또한 혹 선한 사람을 보면 미워하고 헐뜯으려고만 할 뿐 흠모하고 좇아가려 생각하지 않으며, 늘 도둑심보를 품어 남의 이익 갖기를 바라고 자신의 것으로 사용하며, 다 흩어져 사라지면 거듭 취하려고 하느니라.

富有慳惜 不肯施與. 愛保貪重 心勞身苦. 如是至竟 無一隨者. 善惡禍福
追命所生. 或在樂處 或入苦毒. 又或見善憎謗 不思慕及. 常懷盜心 悕望
他利. 用自供給. 消散複取.

[解] "세간의 어떤 사람은 부유하면서도 인색하여 자기의 재물을
아까워하며 도무지 남에게 베풀어 보시하려고 하지 않는다. 애욕은
감옥처럼 견고하고 탐내는 마음은 깊고 무거워서, 몸이 다하도록
자신의 재물을 보호한다. 이렇게 줄곧 수명이 다 할 때까지 가더라도
그의 재물은 어느 하나도 가지고 갈 수 없다. 오직 일생에 지은
선악, 화복의 업력만 있어 그것에 지배되어 육도윤회 할 것이다.
이번 일생에 복을 지으면 다음 생에는 반드시 즐거운 곳에 이를
것이고, 이번 일생에 악을 지어 화를 얻고, 다음 생에는 반드시
고통스럽고 쓰라린 일(苦毒)을 만나게 될 것이다.

또 어떤 사람들은 선을 행하는 사람을 보기만 하면 오히려 증오와
비방의 마음을 일으키고, 공경하거나 배우고 싶다는 마음이 없다.
이와 같은 사람은 늘 빼앗으려는 마음을 품고 정이롭지 못한 재물을
빼앗아서 자신이 사용하기를 희망한다. 그렇게 사용하고 나면 또
다시 도적질하는 악업을 짓는다."

(이러한 악은) 신명(판관)이 모두 기록하여 끝내 삼악도에 들어가서
저절로 삼악도를 윤회하며 무량한 고뇌를 겪게 되고, 그 가운데
전전하면서 여러 겁이 지나도록 벗어날 수 없어 그 고통은 이루
다 말할 수 없느니라.

神明剋識 終入惡道. 自有三途無量苦惱 輾轉其中 累劫難出 痛不可言.
[解] "이렇게 많은 죄업을 지은 사람들은 천신(구생신俱生神)이 그 선악

을 명부에 기록하여 염라대왕에게 보낸다. 또 그의 아뢰야식阿賴耶識에
도 그가 범한 죄행이 기록된다. 그리하여 목숨이 끝난 후에 반드시
삼악도에 떨어지게 하니, 자연히 삼도의 무량한 괴로운 과보(苦報)를
겪게 된다. 이렇게 삼도의 윤회를 전전하면서 여러 겁이 지나도록
벗어나기 어려우니, 이 같은 고통은 이루 말할 수조차 없다."

「신명극식神明剋識」「신명神明」은 여기서는 아뢰야식을 가리키는 말이다. 「극剋」은
반드시라는 뜻이고, 「식識」은 기록한다는 뜻이다.

그 셋째는 (삿된 음행을 한 악으로) 세상 사람들은 서로 업인으로 말미암
아 태어나니, 그 수명이 얼마나 되겠는가? 선하지 않은 사람은
몸과 마음이 바르지 않아 늘 사악한 마음을 품고 음행과 방탕만
생각하여, 고뇌와 번민이 가슴 속에 가득차서 삿되고 방탕한 태도가
바깥으로 드러나 집안의 재물을 다 써서 없애버리고, 법도에 어긋나
는 일을 저질러도 마땅히 구해야 하는 일(정토왕생)은 오히려 행하려
고 하지 않는구나.

其三者 世間人民相因寄生. 壽命幾何. 不良之人 身心不正 常懷邪惡 常念
淫妷. 煩滿胸中 邪態外逸. 費損家財 事爲非法. 所當求者 而不肯爲.

[解] 세 번째 단락은 음욕의 죄악에 대해 말씀하신다. 세간의 사람들은
서로 간의 업인으로 말미암아 세상에 태어나니, 그 수명이 얼마나
길 수 있겠는가. 선량하지 않은 사람은 몸과 마음이 올바르지 못하여
늘 사악하고 악랄하며 착하지 않은 마음을 품고 있다. 늘 음란방탕·
욕망번뇌에 빠져 있어 사음邪婬·방탕한 태도가 무심결에 겉으로
드러난다. 집안의 모든 재산을 낭비하여 다 잃을 때까지 음욕의
일을 저지른다. 그러면서 마땅히 추구해야 할 정업正業은 오히려
하려고 하지 않는다."

「상인기생相人寄生」 중생이 서로간의 업인業因으로 말미암아 세상에 태어난다는 뜻.

「번만흉중煩懣胸中」 욕망의 불이 안에서 타올라, 가슴이 뜨겁고 마음이 미칠 듯한 상태를 가리킨다.

또한 혹 어떤 사람들은 나쁜 이들과 결탁해 무리를 모아 군사를 일으켜 서로 싸우고 공격하며, 사람들을 겁탈하고 죽이며 강탈하고 협박하며, 여기서 얻은 재물을 자신의 처자 권속에게 쓰고 몸이 망가지도록 쾌락을 쫓기 때문에 사회 대중이 모두 그를 싫어하며 그들에게 우환을 가져다주고 고통을 겪게 하느니라.

又或交結聚會 興兵相伐. 攻劫殺戮 强奪迫脅. 歸給妻子 極身作樂. 衆共憎厭 患而苦之.

[解] "또 어떤 때는 나쁜 친구와 사귀어 사악한 무리를 모아서 군사를 일으켜 서로 전쟁을 하며 공격하고 정벌한다. 침략하고 살육하며, 무력으로 협박한다. 거리낌 없이 겁탈하고, 갖가지 악행을 저지르고 여기서 얻은 재물을 처자의 환심을 사는데 쓰고, 가무와 여색을 즐기며 몸이 망가지도록 쾌락을 쫓는다. 이 때문에 사회 군중들이 그를 증오하고 아주 싫어하니, 이 때문에 재난과 화, 가없는 고통을 받게 된다. 이것이 그가 현세에 받는 과보이다."

이러한 악은 인간과 귀신에게 환히 드러나니, 신명이 모두 기록하여 저절로 삼악도에 들어가서 무량한 고뇌를 겪게 되느니라. 이렇게 삼악도 가운데 전전하면서 여러 겁이 지나도록 벗어날 수 없으니, 그 고통은 이루 다 말할 수 없느니라.

如是之惡 著於人鬼. 神明記識 自入三途. 無量苦惱 輾轉其中. 累劫難出

痛不可言.

"이와 같은 악인은 후세 사람과 천지 귀신들이 모두 다 그의 악행을 환하게 알게 된다. 또 아뢰야식에 악업의 종자를 수장하고, 천신도 또한 그의 죄행을 기록해 둔다. 목숨이 다한 후에는 자연히 삼악도에 떨어져서 무량한 고통과 번뇌를 겪게 된다. 이렇게 삼악도 가운데 전전하면서 여러 겁이 지나도록 벗어나기 어렵다. 이 같은 고통은 이루 말할 수조차 없다."

그 넷째는 (거짓말한 악으로) 세상 사람들은 선행을 닦아야 한다고 생각하지 않아 이간질하는 말과 거친 말, 거짓말과 현혹시키는 말로써 착한 사람을 증오·질투하고 현명한 사람을 망가뜨리며, 부모님께 불효하고 스승과 어른에게 오만불손하며, 친구에게 신의가 없어 말이 성실하다 인정받기 어려우니라.

其四者 世間人民不念修善. 兩舌 惡口 妄言 綺語 憎嫉善人. 敗壞賢明. 不孝父母. 輕慢師長. 朋友無信 難得誠實.

[解] 네 번째 단락은 거짓말하는 악에 대해 말씀하셨다. 세간의 사람들은 우주와 인생의 진상을 명료하게 이해하지 못함으로 말미암아 명예와 이해에 미혹 되어 선행을 닦고 덕을 쌓아야 한다고 생각하지 않는다. 그리하여 한 입으로 두 말을 하여 남을 선동하고 이간질하고, 말을 옮겨서 시비를 일으키고 말투가 거칠어져 다른 사람의 마음을 괴롭힌다. 고의로 남을 속이니 입을 열면 성실하지 못한 말뿐이다. 게다가 듣기 좋은 말·교묘하게 꾸미는 말·남을 꾀어서 악을 짓게 하는 말 따위의 현혹시키는 말을 잘한다.

그들은 선한 사람이 좋은 일 하는 것을 미워하고 질투한다. 오로지 좋은 사람들과 좋은 일을 깨뜨리는 일에 몰두하면서, 세상 사람들을 속이고 기만한다. 현명한 사람에 대해서는 신심을 갖지 않는다. 그들은 부모님에게 불효하고, 자기의 스승을 낮추어 보고 거만하게 군다. 친구에게 신의가 없어서 성실하다고 인정받기 어렵다.

그들은 스스로 존귀하고 잘났다고 생각하고 자신에게 진리가 있다고 말하느니라. 제멋대로 행동하고 위세를 부리며, 다른 사람의 인격을 침범하여 그들이 자신을 두려워하고 공경하기를 바라면서, 스스로 부끄러워하거나 두려워할 줄 모르느니라.

尊貴自大 謂己有道. 橫行威勢 侵易於人 欲人畏敬 不自慚懼.

[解] "그들은 남을 기만하는 수단을 아주 잘 써먹기 때문에, 다른 사람으로 하여금 쉽게 믿게 만든다. 그러면서 그런 자신을 멋대로 스스로 존귀하고 위대하다 여겨서, 자신에게 도가 있다고 말한다. 이처럼 도를 얻지 못하고도 자기가 성도를 했다고 말하는데, 이것이 야말로 가장 큰 거짓말이니, 그는 지극히 커다란 괴로운 과보를 받게 될 것이다. 왜냐하면 그가 많은 중생을 사악한 길로 잘못 이끌기 때문이다.

또한 위세를 부리고 다른 사람들을 속이며, 제멋대로 패도를 하면서 대중으로 하여금 다소곳이 명령에 복종하게 하고 오직 자신만 존귀하다고 생각한다. 날마다 악한 짓을 저지르고도 부끄러워할 줄 모르며, 스스로 경계하고 두려워할 줄 모른다."

그들은 조복시키거나 교화시키기 어렵나니, 늘 교만한 마음을 품고 있어 전생에 지은 복덕으로 아무 탈 없이 살고 있지만, 금생에

악업을 지어 그 복덕이 다 소멸되면 수명이 다해 죽을 때 여러 악업에 둘러싸여 돌아가느니라.

難可降化 常懷驕慢. 賴其前世 福德營護. 今世爲惡 福德盡滅. 壽命終盡 諸惡繞歸.

[解] 부처님께서는 이러한 악인들은 나쁜 습관이 너무나 무거워서 교화시키거나 조복시키기 어렵다고 말씀하신다. 그들의 교만한 습기는 절대 고쳐지지 않지만, 잠시 동안 제멋대로 행동할 수가 있는데 이는 모두 다 그들이 전생에 닦은 많은 복덕으로 보호를 받아 무너지지 않기 때문이다. 그러나 금생에 악을 행하여 숙세의 선과善果를 모두 누리고 나면, 선신善神들이 멀리 떠나버린다. 그래서 그가 수명이 다해 죽음을 맞을 때 악업이 바로 눈앞에 나타나 뜻밖의 재난을 만나게 된다.

또한 그의 명부는 신명에게 기록되어 자신이 지은 죄업이 끌어당겨서 온갖 재앙으로부터 도망치거나 벗어날 길이 없고, 단지 전생에 지은 과보에 의해 지옥의 불가마 솥으로 끌려가 몸과 마음이 망가지고 부서지는 극심한 고통을 받게 되느니라. 그때 아무리 후회해도 이미 돌이킬 수가 없느니라.

又其名籍 記在神明. 殃咎牽引 無從舍離. 但得前行 入於火鑊. 身心摧碎 神形苦極. 當斯之時 悔複何及.

[解] "또한 악인의 죄행, 그의 개인 자료(檔案)는 모두 신명(아뢰야식)에 기록되어 있다. 그가 지은 악업이 끌어당겨서 귀신의 감독 하에 죄인을 끌고 가니, 그는 도망하거나 벗어날 수가 없다. 단지 귀신을 따라 지옥 불가마 솥 속으로 끌려가, 몸과 마음(형체와 정신)이 망가지고

부서지는 격심한 고통을 받게 된다. 그러나 그때를 당해서 후회해도 돌이킬 수가 없다."

「명적名蹟」 개인적인 자료보관 파일.

그 다섯째는 (술로 인해 삼독을 짓는 악으로) **세상 사람들은 범사에 머뭇거리고 게을러서 기꺼이 착한 일을 하지 않으려 하고 몸을 다스려 선업을 닦으려고 하지 않느니라. 부모님이 가르치고 타일러도 듣지 않아 오히려 빗나가고 반항하며 마치 원수처럼 지내니, 차라리 자식이 없는 것만 못하느니라. 부모님 은혜를 저버리고 효도할 줄 모르며 보답하여 갚고자 하는 마음도 없느니라.**

其五者 世間人民徙倚懈怠. 不肯作善 治身修業. 父母教誨 違戾反逆. 譬如 怨家 不如無子. 負恩違義 無有報償.

[解] 이 다섯 번째 단락에 대해 옛 사람들은 두 가지 설법이 있다. 하나는 음주의 익이라는 설이고, 다른 하나는 뜻으로 짓는 (탐·진·지) 삼악三惡이라는 설이다. 이 품에 있는 경문의 뜻은 확실히 오계五戒 십선十善의 뜻을 갖추고 있음을 잘 알 수 있다.

이 구절의 경문에서 부처님께서는 말씀하신다. "세간의 선하지 않은 사람들은 마음에 주관이 없어서 범사에 머뭇거리고 방일하며 게을러서 오직 그저 일시적인 안일만 탐하고 자기 자신의 사사로운 이익만을 구하여 도무지 몸을 닦거나 선을 행하려고 하지 않고 정업正業에 힘쓰지도 않는다. 부모님의 가르침을 따르지 않고, 거슬러서 아주 난폭한 태도로, 심지어 부모에게 마치 원수와 같아서 차라리 자식이 없는 것만 못하다고 말한다. 이와 같이 나쁜 자식은 은혜를 잊고 의리도 저버리며, 부모님께 보답하겠다는 마음을 전혀 갖지 않는다."

제멋대로 놀고 이리저리 빈둥거리며, 술에 빠져 살고 맛난 것을 즐기며, 또한 거칠고 함부로 날뛰며, 걸핏하면 남과 충돌하고 다투며, 인정도 세상물정도 모르고, 도의도 예절도 없으며, 충고해도 타일러도 받아들이지 않느니라. 육친권속에게 생활을 꾸려나가는 데 필요한 것이 있는지 관심도 없고, 부모님의 은혜도 모르고 스승이나 친구에 대한 의리도 간직하지 않느니라.

放恣 遊散 耽酒 嗜美 魯扈抵突. 不識人情. 無義無禮 不可諫曉. 六親眷屬 資用有無 不能憂念. 不惟父母之恩. 不存師友之義.

[解] "이러한 악인들은 매일 같이 그저 방탕하고 스스로 방종하며, 제멋대로 놀며 즐기고, 부어라 마시라 술만 푸고, 맛있는 음식을 좋아하고, 남의 것을 탈취함이 지나치고, 탐하여 만족할 줄 몰라 태도가 매우 어리석다. 무지하기 때문에 감히 악업을 지으며, 이 때문에 인정을 모르고 의리도 없고 예의도 없어서, 타일러 이끌어 줄 수 없다. 그는 자기 가족의 일상에 필요한 생활필수품에 대해서, 예를 들어 장작이니 쌀이니 기름이니 소금이니 하는 것들에 대해서 전혀 돌보지 않는다. 부모님의 은혜도 스승과 벗에 대한 도리도 없어 전혀 돌보지 않으며, 마음이 전혀 움직이지 않는다."

그들은 마음으로도 몸으로도 말로도 선한 적이 하나도 없느니라. 그래서 제불의 경전과 설법을 믿으려 하지 않고, 생사윤회를 벗어날 수 있음과 선악인과의 도리도 믿지 않느니라. 나아가 진인(아라한)을 해치려고 하고, 승가를 교란시키려고 하느니라. 어리석고 무지몽매하면서도 오히려 스스로 지혜롭다고 여기느니라. 그래서 그들은 태어날 때 어디에서 왔는지, 죽을 때 어디로 떠나가는지 알지도

못하느니라. 그래서 마음이 어질지도 않고 이치에 순응하지도 않으면서 오래 살길 바라느니라.

意念身口 曾無一善. 不信諸佛經法. 不信生死善惡. 欲害眞人 鬥亂僧衆. 愚癡蒙昧 自爲智慧. 不知生所從來 死所趣向. 不仁不順. 希望長生.

[解] "이와 같은 악인은 마음으로 늘 악한 생각만 하고, 입으로는 늘 악한 말만 하며, 몸으로는 늘 악한 짓만 하여 일찍이 착한 일을 한 적이 없다. 그들은 불보살의 가르침을 믿지 않고, 생사윤회를 믿지 않으며, 선악 응보의 도리와 사실을 모두 믿지 않는다. 수행과 증득이 있는 진인(眞人; 아라한)이나 사회에서 현달한 사람을 상대할 때에 언제나 악한 뜻을 품는다. 화합하고 여법하게 불도를 수학하는 출가인을 대할 때 현혹시키는 말·이간질하는 말을 수단으로 하여 사이를 갈라놓는다. 그렇게 승가를 불화하게 하고 여법하게 수학하지 못하게 하니, 화합승을 깨뜨리는 자라 하겠다. 이렇게 악을 짓는 자는 정말 우매하고 무지한 자들인데, 오히려 자기 스스로는 자신이 다른 사람들보다 더 지혜롭다고 생각하니, 가련하고 불쌍하다.

바로 이렇게 우매함과 어리석음이 극심하기에 삼세의 인과를 믿지 않는다. 그래서 그들은 이번 일생이 어디에서 오는지 알지 못하고, 죽은 이후에 어디로 가는지도 모른다. 세상에 사는 동안에 오직 자신을 이롭게 하는 것만 알고 남을 이롭게 하는 일은 알지도 못한다. 그러므로 사람을 상대할 때나 사물을 접할 때에 어질지도 못하고 수순하지도 않으며 오래 살길 희망하는 몽상에 사로잡혀 있다.

그들은 자비심으로 가르치고 타일러도 도무지 믿으려 하지 않고, 쓴 소리로 말해도 그 사람에게 아무런 이익도 없느니라. 이렇듯

그들은 두터운 번뇌에 마음이 꽉 막혀서 아무리 좋은 말을 해도 마음속이 열리고 풀리지 않느니라. 이러한 사람도 그 수명이 다할 때 뉘우치고 두려워하나 뒤늦게 후회한들 이제 와서 무슨 소용이 있겠는가!

慈心教誨 而不肯信. 苦口與語, 無益其人. 心中閉塞 意不開解. 大命將終 悔懼交至. 不豫修善 臨時乃悔. 悔之於後 將何及乎.

[解] "이런 부류의 어리석고 우매하여 악을 행하는 사람들은 마음속이 꼭 막혀 있다. 비록 착한 친구가 해주는 좋은 말을 들어도 마음속이 열리고 풀리지 않는다. 이것이야말로 무지몽매한 일이니. 실로 인생의 크나큰 고통이다. 사람이 태어나 세간에 살면서 만약 생이 남아있는 동안 미리 선을 닦아 두지 못한다면, 장차 임종시에 지옥·아귀·축생의 경계가 바로 눈앞에 나타나게 될 것이다. 이때 두려워하며 후회를 하나니, 때가 이미 늦어서 후회해도 돌이킬 수 없을 것이다."

천지간에는 천상·인간·축생·아귀·지옥의 오도가 분명하게 있어 선과 악을 지으면 그 과보로 화와 복이 서로 이어지며, 자신이 지은 업은 자신이 받게 되어서 그 누구도 대신하지 못하느니라.

天地之間 五道分明. 善惡報應 禍福相承. 身自當之 無誰代者.

[解] 여기서부터 아래로 세 단락의 경문에서 부처님께서는 우리를 위해, 앞에서 말한 다섯 가지 악·다섯 가지 고통·다섯 가지 타오름 등의 공포를 총괄하신다.

부처님께서는 말씀하신다. "천지간에는 5도(천도·인도·축생도·아귀도·지옥도)가 분명하게 나누어져 있다. 이것은 우주공간의 유정 중생

을 모두 이러한 다섯 가지 큰 부류로 구별하는 것이다.(또한 6도라고
하는 설도 있는데, 바로 천도 안에 다시 아수라라고 하는 또 하나를 나눌 수
있다는 것이다. 그래서 5도와 6도의 내용은 완전히 일치한다.) 그 중 괴로움과
즐거움과 선과 악은 사람마다 모두 다 볼 수 있으니, 이런 업인과
과보는 털끝만큼도 어긋나지 않는다. 베풂이 있으면 반드시 보답이
있고, 느낌(感)이 있으면 반드시 응함(應)이 있다.

그런 까닭에 우리가 지금 당장 겪는 화와 복은 모두 다 과거 생에서
지은 업인의 응보라고 할 수 있다. 사람이 이 세간에 태어나서 짓는
모든 업은 결국 선과 악이 뒤섞여 있는 것이다. 응보를 받게 될
때는, 먼저 즐거움을 받은 뒤에 나중에 괴로움을 받기도 하고, 먼저
괴로움을 받다가 나중에 즐거움을 받기도 한다. 이렇게 괴로움과
즐거움이 서로 이어지고 화와 복이 서로 의지한다. 선한 일을 지으면
복을 얻고 악한 일을 저지르면 화를 얻는데, 이 모든 것이 스스로
짓고 스스로 받는 것이다. 어느 누구도 대신 받을 수는 없다."

**선한 사람은 착한 일을 행하여 즐거움에서 즐거움으로 들어가고,
밝음에서 밝음으로 들어가지만, 악한 사람은 나쁜 짓을 저질러
괴로움에서 괴로움으로 들어가고, 어두움에서 어두움으로 들어가
나니, 누가 이러한 이치를 알 수 있겠는가? 오직 부처님만이 알고
계실 뿐이니라.**

善人行善 從樂入樂 從明入明. 惡人行惡 從苦入苦 從冥入冥. 誰能知者
獨佛知耳.

[解] 부처님께서 말씀하셨다. "이전 세상에서 착한 일을 행하여 선업
을 쌓은 사람이라면, 지금 세상에서는 존귀한 집안에 태어나서 일생

동안 부귀와 장수를 누리게 될 것이다. 하는 사업마다 순조롭게 성공할 것이니, 이것이 바로 즐거움에서 더욱 즐거움으로 들어가는 것이다. 그들은 또 즐겨 기꺼이 보시를 하고 복과 지혜를 많이 닦으면서 정토에 왕생하려 염불하니, 밝음을 따라 더욱 밝음으로 들어간다.

만약 악인이 또 악업을 지어서 악의 인을 다시 심으면, 반드시 악의 과보(惡報)를 얻게 될 것이다. 이것이 바로 괴로움에서 괴로움으로 들어가는 것이다. 또 그들이 우매하고 무지하여서, 바른 법(正法)을 믿지 않고 선한 일을 하지 않으니, 이것은 어두움(冥)이 된다. 만약 괴로워서 악업을 더 많이 지으면 사후에 악도惡道에 떨어지고 말 것이니, 어찌 괴로움에서 괴로움으로 들어가고, 어두움에서 어두움으로 들어가는 것이 아니겠는가?

5도道를 윤회하는 도리와 사실의 진상에 대해서 고대 인도 종교가들은 모두 그 당연한 이치를 알기는 하였지만, 그 까닭을 알지 못하였다. 이 일은 오직 석가모니부처님만이 홀로 그 근원을 아셨다.

불법의 가르침을 열어 보이셨으나, 이를 믿고 행하는 사람은 적어서 쉬지 않고 생사에 윤회하고 끊임없이 악도에 떨어지나니, 이러한 사람이 많고도 많아 이루 다 말할 수 없도다. 그래서 저절로 삼악도가 나타나니 그 가운데 무량한 고뇌를 전전하면서 세세 누겁에 벗어날 기약이 없고 해탈할 수도 없으니, 그 고통은 이루 다 말할 수조차 없느니라.

教語開示 信行者少. 生死不休 惡道不絶. 如是世人 難可具盡. 故有自然三途 無量苦惱 輾轉其中. 世世累劫 無有出期. 難得解脫 痛不可言.

[解] "부처님께서는 청정·평등·자비심으로 세상 사람들을 불쌍히

여기시며 세간에 출현하시어 중생을 교화시킨다. 대중을 위하여 우주와 인생의 진실된 사상을 설명해 주시고, 어떻게 세상을 살아가고 어떻게 사람을 상대하며, 어떻게 사물을 접할 것인지 그 길을 가르쳐 주신다. 그러나 중생은 너무나도 우매하고 어리석어서, 이 가르침을 믿고 받들어 행하는 사람이 너무나도 적으니 어찌하겠는가? 이런 까닭에 세간의 중생은 부처님의 가르침을 믿지 않고 끊임없이 악을 저지른다. 그래서 생사윤회는 영원히 그치지 않고 악도의 괴로운 과보 또한 끊어지지 않는다. 세상 사람들이 우매하고 무지하여서 함부로 망령된 행동을 일삼으니, 그 과보의 참혹함은 실로 말로 표현할 수 없다.

또 지은 업이 감응하여 나타나기 때문에 자연히 삼악도의 무량한 고뇌를 겪게 되며, 그 가운데 전전하면서 그 응보를 받게 된다. 태어나고 죽고 죽어서 태어나면서 무량겁에 벗어날 기약도 없고 해탈하기 매우 어려우니, 그 고통을 이루 말할 수조차 없다. 이것이 바로 앞에서 말한 다섯 가지 타오름(五燒)이다."

이와 같은 오악五惡·오통五痛·오소五燒는 비유컨대, 큰불이 타올라 몸을 태우는 것과 같으니라. 만약 스스로 그 가운데 살아감에 일심으로 생각을 제어할지니, 몸을 단정히 하고 생각을 바르게 하며, 언행이 서로 부합하고 범사에 지성심을 다할지라. 오직 여러 선을 짓고 온갖 악을 저지르지 않으면 자신은 홀로 제도·해탈을 얻어 그 복덕을 얻고 장수를 누리며 열반의 도를 성취하게 되리니, 이것이 다섯 큰 선이니라."

如是五惡五痛五燒. 譬如大火 焚燒人身. 若能自於其中一心制意. 端身正念. 言行相副 所作至誠. 獨作諸善 不爲衆惡. 身獨度脫 獲其福德. 可得長

壽泥洹之道. 是爲五大善也.

[解] 부처님께서는 이 마지막 단락에서 우리에게 허물을 고치고 선을 닦으라 권유하신다. 다섯 가지 악은 악의 인을 짓는 것이고, 다섯 가지 고통은 현세의 화보華報이며, 다섯 가지 불길은 삼도의 과보이다. 큰 불길이 몸을 태움을 바로 다섯 가지 타오름에 비유한 것이다.

부처님께서 말씀하셨다. "만약 어떤 사람이 다섯 가지 고통과 다섯 가지 타오름 가운데 있으면서도, 오로지 한마음 한뜻으로 자기의 탐진치 삼독을 극복하고 제어하며, 또 말과 행동을 일치시켜서 성실하여 자신을 속이지 않고 어떤 악도 짓지 않으며 온갖 선을 받들어 행하면, 이와 같은 사람은 반드시 복을 얻고 생사윤회를 벗어날 수 있게 될 것이다. 현세에서는 장수를 얻고 장래에는 염불에 의지하고 왕생하여 불퇴전의 지위에 올라 성불하게 될 것이다. 이것이야 말로 바로 진실한 다섯 가지 큰 선이다."

부처님께서 이 품의 경문에서 사람들에게 선악의 과보에 대해서 깊게 밝히라고 가르쳤다. 정종淨宗에서 업을 지닌 채 왕생하는 것(帶業往生)은 단지 숙업宿業에만 국한되는 것이고, 현재 짓는 업에 대한 것은 결코 아니다. 《열반경涅槃經》에서는 "간판을 높이 걸고 백정 일을 하던 사람이라도, 도축하던 칼을 내려놓으면 그 자리에서 바로 성불할 수 있느니라."라고 말씀하셨다. 그러므로 성불을 하려면 반드시 먼저 도축하던 칼을 내려놓아야만 하는 것이다. 다시는 악업을 짓지 말라는 비유이다. 정토를 닦는 사람이 한편으로는 염불을 하면서 다른 한편에서는 악을 짓는다면, 결정코 왕생을 얻을 수 없다.

[종종회면重重誨勉 제36]

제36품 거듭 가르치고 권하시다

[解] 이 품의 경문에서는 세존께서 다시 한번 우리를 위해 악인악과를 드러내 보여주시는데, 이는 우리에게 경각심을 불러일으키고 두려운 마음을 가지게 한다. 마지막으로 우리에게 몸과 마음 닦는 공부를 잊지 말라고 권유하신다.

부처님께서 미륵보살에게 말씀하시기를, "내가 그대들에게 말한 것처럼 이렇게 오악五惡・오통五痛・오소五燒가 구르고 구르면서 서로 인연하여 생겨나니, 감히 이런 악한 일을 저지르면 삼악도를 겪어야만 하느니라."

佛告彌勒 吾語汝等. 如是五惡五痛五燒 輾轉相生. 敢有犯此 當歷惡趣.

[解] 부처님께서 미륵보살과 법회에 모인 여러 대중에게 말씀하셨다. "앞에서 말한 것처럼 다섯 가지 악・다섯 가지 고통・다섯 가지 타오름의 괴로운 과보(苦報)는 인과응보因果應報로 번갈아 가며 서로 인연이 되어 생겨난다. 인연이 과보를 맺고 과보가 또 인연을 낳아서, 계속 순환하며 기한이 없으니 갈수록 더욱 고통스러워진다."

부처님께서는 여기서 특별히, 만약 중생이 감히 이와 같은 다섯 가지 악을 범한다면, 장래에 반드시 악도에 떨어질 것이며, 오랜 겁 동안 괴로움을 받으며 도저히 벗어날 수 없다고 경각심을 불러일으키신다.

"혹 어떤 이는 지금 세상에서 중병에 걸리는 재앙을 먼저 받아 죽고 싶어도 죽을 수 없고 살고 싶어도 살 수 없는 참혹한 지경에 처하나니, 이러한 나쁜 과보를 드러내어 대중에게 모두 보여주느니라. 혹 어떤 이는 목숨이 다한 후에 삼악도에 들어가 슬픔과 고통, 지극히 참혹한 과보를 받게 되나니, 자신의 업력에 이끌려 지옥의 불길이 거세게 타오르느니라."

> 或其今世 先被病殃. 死生不得 示衆見之. 或於壽終 入三惡道. 愁痛酷毒 自相燋然.

[解] 과거에 지은 다섯 가지 악으로 말미암아 현세에 병에 걸리는 재앙을 받게 되기도 한다, 병의 고통 속에서 살고 싶어도 살지 못하고 죽고 싶어도 죽지 못하며, 게다가 모든 사람들에게 다 이러한 현상을 만나게 된다. (이들 경각성이 높은 사람들에게 이런 현상을 보게 함으로써, 악업을 지은 후 과보가 얼마나 무서운지 알게 하여 이후로 다시 감히 악을 짓지 못하도록 한다.) 이것이 바로 현세의 화보(花報; 행업에 대한 과보보다 먼저 받는 보)이다. 이 같은 사람은 죽고 난 후 결정코 삼악도에 떨어져서 혹독한 근심과 고뇌(愁痛)에 스스로 자신을 불태우는 악한 과보를 받게 된다. 이것이 바로 삼도에 떨어져 다섯 가지 타오름의 응보를 받는 것이다."

「자상초연自相燋然」 자기의 업력業力에 감응하여, 마음속에 탐·진·치 삼독의 불길이 거세게 타오른다는 뜻이다.

"원수들은 함께 모여 서로 해치고 죽이려고 하나니, 이는 작고 미미한 원한에서 시작되어 크나큰 곤궁과 극렬한 보복으로 바뀌느니라. 이는 모두 재물과 색욕에 탐착하여 보시를 베풀려고 하지 않고, 각자 자신이 누릴 것만 추구하여 더 이상 시비·곡직을 분별할

줄 모르며, 어리석음과 욕망에 떠밀려 자기 이익만 챙기고 명예와
이익을 다투기 때문이니라. 이렇게 부귀영화를 얻어 당장의 쾌락만
을 즐길 뿐, 인욕할 줄 모르고 선을 닦는데 힘쓰지 않아 그 위세는
얼마 가지 않아 악업을 따라서 닳아져 없어지느니라."

共其怨家 更相殺傷. 從小微起 成大困劇. 皆由貪著財色 不肯施惠. 各欲自
快 無複曲直. 癡欲所迫 厚己爭利. 富貴榮華 當時快意. 不能忍辱 不務修
善. 威勢無幾 隨以磨滅.

[解] 삼악도에서 죄값을 치른 후 숙세에 맺은 원가채주(冤家債主; 원수와
빚쟁이)의 인연으로 모였을 때 빚을 독촉하고 빚을 갚으며 나아가
서로 잔혹하게 해치고 살생까지 저지른다. 이러한 일체의 원한은
왕왕 미미해서 말할 가치조차 없는 업인業因이지만, 어리석고 독한
마음으로 말미암아 크나큰 곤란과 극렬한 보복(困劇)으로 변한다.
이것은 모두 탐욕과 집착과 명예·이익, 오욕육진五欲六塵 때문에
도무지 보시를 베풀려 하지 않고, 그저 자기의 향락만 탐하고 도모하
여 옳은지 그른지, 이치에 맞는지 맞지 않은지(是非曲直)를 이해하지
못하기 때문이다. 이것은 모두 무명과 어리석음, 탐욕과 성냄, 욕구에
떠밀려서 중죄를 짓는 것이다. 사람들은 대체로 자기에게 입에 맞는
자리를 차지하려고 필사적으로 싸워서라도 그 자리를 빼앗으려 한다.
그러나 그렇게 얻어낸 영화와 부귀는 단지 일시적인 쾌락에 지나지
않는다. 당장 눈앞의 작은 이익을 위하여 인욕을 닦지 못하고, 계속해
서 선을 닦아야 함을 알지 못한다. 비록 과거에 복을 닦고 선업을
쌓아서 당장의 부귀영화는 얻었다 하더라도, 만약 지금 선을 닦지
않는다면 그의 복보는 악업을 따라서 소실되고 사라져버릴 것이다."

자연현상인 인과의 도를 시설하고 펼쳐서 저절로 (그러한 죄를) 바로잡

고 드러내니, 외로이 어쩔 줄 몰라 하며 응당 죄업 속으로 들어가 윤회하느니라. 예나 지금이나 이러한 일이 있으니, 비통하고 가슴 아프도다!

天道施張 自然糺擧 觉觉忪忪 當入其中. 古今有是 痛哉可傷.

[解] 인과 순환의 정해진 규율에 따라 운행하는 것은 일종의 자연 현상이다. 심은 바의 인에는 반드시 과보가 있게 마련이니, 이것은 사람이 좌지우지할 수 있는 것이 아니다. 만약 지은 바의 악이 깊고 무거우면 눈 깜짝할 사이에 현전하여, 놀라고 당황하여 어찌할 바를 몰라 하며, 아무 의지할 데도 없어 마음이 불안해진다. 이러한 사람은 결정코 업을 따라 삼악도에 떨어져 괴로운 과보를 받게 된다. 이 인과순환 응보의 정해진 규율은 예로부터 지금까지 언제나 이러하였다. 제불보살들께서는 이러한 삼악도의 고통을 보시고 너무나 슬퍼하시지만, 어찌할 도리가 없다. 인과응보는 모두 다 자신이 짓고 자신이 받는 것이라서, 불보살들께서 아무리 대자대비하셔도 중생이 받는 고통을 대신해 줄 수는 없다.

그대들은 불경의 말씀을 얻었으니, 이를 잘 사유하고 각자 스스로 몸과 뜻을 단정히 하며 가르침을 준수하여 목숨이 다할 때까지 게을리 해서는 안 되느니라. 성인을 존경하고 선한 사람을 공경하며, 인을 실천하고 자비를 행하여 세상 사람을 널리 사랑하며, 스스로 해탈을 구하고 세상 사람을 제도하며, 생사에 윤회하는 온갖 악의 근본을 뿌리뽑아 버리고, 삼악도에서 겪는 고뇌와 근심, 공포와 고통의 육도윤회를 여의어야 하느니라.

汝等得佛經語. 熟思惟之. 各自端守 終身不怠. 尊聖敬善 仁慈博愛. 當求

度世 拔斷生死衆惡之本. 當離三途 憂怖苦痛之道.

[解] 부처님께서 말씀하셨다. "그대들은 이미 부처님의 가르침을 얻었으니, 마땅히 깊이 사유하여 체득하고, 각자 자신의 몸과 뜻을 단정히 하고 가르침에 따라 받들어 행하여서, 목숨이 다할 때까지 게을리 해서는 안 된다. 마땅히 성현을 존중하고 선지식을 공경하며, 스승을 존경하고 도를 중시하여야 할 것이다. 인자박애의 정신으로 일체 중생을 대해야 한다. 나아가 생사윤회를 벗어나는 방법을 발원하고 구하여, 육도의 생사에 윤회하며 짓는 온갖 악(오욕육진에 탐착하고 망상·분별하는 등의 번뇌)의 근본을 완전히 뽑아 버려야 한다. 이렇게 함으로써 삼악도의 고뇌와 근심, 공포와 고통의 육도윤회를 떼어놓을 수 있을 것이다."

그대들이 선을 행함에 무엇이 첫째인가? 스스로 마음을 단정히 해야 하고, 스스로 몸을 단정히 해야 하며, 이목구비를 모두 스스로 단정히 해야 할지니라. 몸과 마음을 청결히 하고 선과 상응할지니라. 기호와 욕망을 따르지 말고, 여러 악을 범하지 말며, 말과 얼굴빛을 온화하게 할지니라. 몸으로 짓는 행업을 전일하게 해야 하고, 동작을 살펴보아 안정되고 천천히 행할지니라.

若曹作善 云何第一. 當自端心. 當自端身. 耳目口鼻 皆當自端. 身心淨潔 與善相應. 勿隨嗜欲 不犯諸惡. 言色當和. 身行當專. 動作瞻視 安定徐爲.

[解] "그대들은 선을 행하려 할 때 먼저 무엇을 해야 하겠는가? 첫째 청정심을 유지하여서, 신행身行은 위의를 갖추어야 하고, 귀와 눈과 입과 코로 부처님의 가르치심을 준수하여, 정진하고 받들어 행하며, 스스로 단정하도록 힘써 심신을 청결히 하고 선과 더불어

상응하여야 한다. 절대 자기 자신의 번뇌와 습기에 따라 다시 또 갖가지 악을 저질러서는 안 되며, 오계십선五戒十善을 준수하고 수지해서 사람을 상대할 때에는 온화한 얼굴과 기쁜 표정을 지어야 한다. 수행할 때는 일문에 깊이 들어가서 오랜 시간 몸에 배이도록 수행해야 한다. 행할 때나 머무를 때나 앉아서나 누워서나, 행동거지가 모두 다 편안하고 안정되어서, 태연자약해야 한다."

서둘러서 급하게 일하면 실패하고 후회할 것이며, 진실하게 행하지 않으면 그 수행한 공을 잃어버리게 되느니라."

作事倉卒　敗悔在後.　爲之不諦　亡其功夫.

[解] "만약 황급하게 일을 하느라 갈팡질팡 하면, 장래에 반드시 실패하여 후회하게 될 것이다. 만약 행한 바가 신중하고 진실하지 못하다면, 수행의 공은 거의 상실하고 이제까지 쌓아온 공덕은 다 버려지게 될 것이다."

[여빈득보如貧得寶 제37]

제37품 가난한 사람이 보배를 얻듯이

[解] 이 품의 경문에서 비유로써 설명하신다. 부처님께서는 우리에게 선한 인연에는 선한 과보가 있음을 설명하시고, 선을 닦아 복을 얻는 장점을 알게 하신다. 그러므로 부처님의 가르침을 마치 가난한 사람이 보물 얻은 것과 같이 소중히 여겨야 한다.

그대들은 덕의 근본(육자명호)을 널리 심으면서 불도를 위해 금한 사항을 범하지 말고 인욕하며 정진할지니라. (중생을 널리 이롭게 하겠다는) 자비심으로 전일하게 닦고, 팔관재계를 수지하여 청정심으로 하루 밤낮 동안 수행한다면, 무량수불의 국토에서 백 년 동안 선을 닦는 것보다 수승하리라. 왜 그러한가? 저 불국토의 중생은 모두 덕을 쌓고 온갖 선을 닦아서 털끝만큼도 악이 없기 때문이니라.

汝等廣植德本 勿犯道禁. 忍辱 精進. 慈心專一. 齋戒淸淨 一日一夜. 勝在無量壽國爲善百歲. 所以者何 彼佛國土 皆積德衆善 無毫發之惡.

[解] 부처님께서 말씀하셨다. "그대들은 널리 공덕의 근본을 가꾸어야 하나니, 부지런히 온갖 선을 닦아서 진리와 금계禁戒를 거스르지 말아야 한다. 대지처럼 흔들림 없이 인욕하면서, 일체를 모두 포용할 수 있어야 하고 나아가 물러서지 않고 정진해야 한다. 이지적이고 자애로운 마음으로 일체의 중생을 대해야 하고, 한결같이 잡되지 않게 수학해야 한다. 유혹이 가득 찬 열악한 환경 속에서 만약 범행과 계행(齋戒)을 받들어 지키고, 청정심으로 하루 밤낮 동안 수행할 수 있다면, 극락세계에서 일백 년을 선을 닦는 것보다 더욱 수승하다.

왜 그러한가? 저 아미타부처님 국토의 중생은 모두 다 덕을 쌓고 선을 닦아서, 털끝만큼도 악의 인연을 짓지 않기 때문이다. 오히려 이 악한 세상에서 수행할 수 있음을 나타낸다면, 이것이야말로 매우 드물게 소중한 일이다."

이 세상에서 열흘 밤낮 동안 선을 닦는다면, 타방세계 제불국토에서 천 년 동안 선을 행하는 것보다 수승하리라. 왜 그러한가? 타방세계 불국토에는 복덕이 저절로 이루어져 악을 지을 곳이 없기 때문이니라.

於此修善 十日十夜. 勝於他方諸佛國中 爲善千歲. 所以者何 他方佛國 福德自然 無造惡之地.

[解] "만약 이 오탁악세五濁惡世에서 열흘 밤낮 동안 선을 닦는다면. 타방세계 제불국토에서 일천 년 동안 선을 닦는 것보다 더욱 수승할 것이다. 이것은 또 왜 그러한가? 타방세계 불국토의 복덕은 자연히 이루어지는 것이어서, 악을 지을 곳이 없기 때문이다."

이 악한 세상에서 수행하기가 너무나 어렵기 때문에, 수행의 공덕이 소중할 수 있음을 특별히 드러내셨다.

오직 이 세간만은 선은 적고 악은 많아서 괴로움을 마시고 독을 먹으면서 한번도 제대로 편안하게 쉬어 본 적이 없느니라. 그래서 내가 그대들을 불쌍히 여겨 애틋한 마음에 가르치고 설명하여 경법을 전수하나니, 모두 다 수지하여 사유하고, 모두 다 봉행할지니라. 윗사람 아랫사람이거나, 남자 여자이거나, 권속 친구이거나 누구든

지 서로 번갈아가며 이 교법의 말씀을 전하도록 할지라. 자신을
단속하고 점검하며, 중생과 화순함에 불법의 이치에 맞게 살아가며,
범사에 기뻐하고 즐거워하며 자비심과 효순孝順을 다할지라.

唯此世間 善少惡多. 飮苦食毒 未嘗寧息. 吾哀汝等 苦心誨喩 授與經法.
悉持思之. 悉奉行之. 尊卑 男女 眷屬 朋友 轉相敎語. 自相約檢. 和順義理
歡樂慈孝.

[解] 오직 우리가 사는 이 세상에서는 선을 닦는 사람은 적고 악을
짓는 사람은 많다. 사람들이 일상생활 중에서 매일 느끼는 갖가지
고통은 모두 탐진치 등 여러 번뇌의 지배에 따르는 것이다. 갖가지
악업을 지으면서, 지금까지 한 번도 편안하게 쉬어 본 적이 없다.
부처님께서는 이런 우리를 가엾게 여기시기에. 고구정녕 노파심에
가르치고 알려주셨다. 이것은 바로 우리가 괴로움을 여의고 즐거움을
얻는 방법(여기서는 본 경전을 가리킴)을 전수해 주시려는 것이다.

그러므로 우리는 본 경전을 받아들인 후에는 경문의 의리를 사유한
다음 그 가르침에 의지해 받들어 행하여야 한다. 그리고 자신이
증득한 깨달음의 이익을 일체의 대중에게 가르쳐 주어야 한다. 그리
하여 가족·권속들이나 친구 등의 사람들과 함께 이 깨달음의 이익을
누릴 수 있도록 해야 한다. 반드시 스스로 약속하여 일체 잘못된
생각과 행동을 점검하고 반성하여, 허물을 고치고 스스로 새로워지도
록 힘써야 한다. 사람을 상대할 때나 일을 처리할 때나 사물을 접할
때에는 항상 태도를 화목하고 수순하게 지니고 의리를 거스르는
일이 없도록 해야 한다. 이렇게 한다면 기쁘고 즐거운 생활을 얻을
수 있을 것이다. 그리고 나아가 자비로운 마음과 효성스러운 마음으
로 일체의 중생을 대한다면, 이것이야말로 진정한 보살도를 닦는
것이며 보살행을 실천하는 것이 된다.

「음고식독飮苦食毒」 이것은 비유이니, 사람들은 매일 고통을 받으면서 악을 짓는 일을 아직껏 한 번도 중단해 본 일이 없다는 뜻이다. 「음飮」과 「식食」은 비유이다. 「고苦」는 삼고三苦나 팔고八苦를 뜻하고 「독毒」은 탐진치 삼독의 번뇌를 말한다.

자신이 행한 일에 과실을 범했다면 스스로 참회하여 악을 없애고 선으로 나아가며, 아침에 들었으면 저녁에 고쳐야 하느니라. 경전을 받들어 지니고 계를 지킴에 마치 가난한 사람이 보배를 얻듯이 소중히 하며 과거의 악행을 고치고 미래의 선행을 닦으며, 마음속의 때를 깨끗이 씻고 행동을 바꾼다면 부처님께서 저절로 감응하여 가피를 내리시어 원하는 바를 다 얻게 되리라.

> 所作如犯 則自悔過. 去惡就善 朝聞夕改. 奉持經戒 如貧得寶. 改往修來 灑心易行. 自然感降 所願輒得.

[解] 말과 행동거지에 만약 과실을 범했다면 반드시 깊이 참회하여서, 악을 끊고 선을 따라야 할 것이다. 때때로 자기의 언행을 반성하고, 과실을 발견하면 그 자리에서 곧바로 바로잡아야 한다. 경전에서 말씀하신 가르침을 받들어 행하기를 마치 가난한 사람이 진기한 보물을 얻어 아끼듯이 해야 할 것이다. 그리하면 모든 괴로움들은 문득 사라지고, 이로부터 오직 기뻐할 뿐, 근심이라곤 없을 것이다. 이것이 바로 진기한 보물로써 경계(經戒; 계행은 마땅히 지켜야 하는 도리이기 때문에 마치 경과도 같다)의 수승한 묘용을 비유한 것이다.

만약 지난 날의 악행을 철저하게 고치고 이제부터라도 선을 닦으려 노력한다면, 마음속 더러운 때를 깨끗이 씻어내고, 자기의 일체 잘못된 행위를 바꾸어야 한다. 이와 같이 한다면 자연히 모든 부처님께서 감응하여 위신·가피를 내리실 것이다. 그리하여 모든 발원이 다 원만하게 성취될 것이니, 구하면 반드시 응함이 있다.

「쇄심역행灑心易行」「쇄灑」는 세洗와 같다. 쇄심洒心은 마음의 때를 씻어 버리는 것이고, 역행易行은 악을 바꾸어 선으로 향하며, 삿된 도를 버리고 바른 도를 쫓는 것이다.

「자연감강自然感降」「감感」은 감응이고, 「강降」은 내려옴이다. 법대로 수행하면 자연히 부처님과 감응하여 교감하며, 부처님의 가피를 얻게 된다는 말이다.

「소원첩득所願輒得」 무릇 발원하여 구하는 것은 모두 얻을 수 있음을 가리킨다.

부처님의 가르치심이 작용하는 곳은 국가나 도시나 마을에 이르기까지 교화를 입지 않은 곳이 없나니, 천하가 화순하고, 해와 달이 청명하며, 비ㆍ바람이 때에 맞추어 불고, 재해와 역병이 일어나지 않으며, 나라는 풍요롭고 국민은 편안하여 병사와 무기를 쓸 일이 없느니라. 또한 사람들은 도덕을 숭상하고 인의를 행하며, 힘써 예절과 겸양을 닦아, 나라에 도적이 없고 억울한 일이 없으며, 강한 자가 약한 자를 능멸하지 않아 각자 자신의 자리를 잡느니라.

佛所行處 國邑丘聚 靡不蒙化. 天下和順 日月淸明. 風雨以時 災厲不起. 國豊民安 兵戈無用. 崇德興仁 務修禮讓. 國無盜賊. 無有怨枉. 强不陵弱. 各得其所.

[解] 이 단락에서는 부처님께서 교육하신 성과에 대해 설명하고 있다. 부처님께서 말씀하셨다. "부처님께서 교육을 펼치시는 지역, 크게는 한 국가나 대도시에서 작게는 지방도시나 마을까지, 사람마다 누구나 다 불법의 감화를 받아서, 모두 다 악을 끊고 선을 향할 줄 알게 된다. 그리하여 천하(사회 전체)가 오직 하나 길하고 상서로운 곳이 되어서, 대중이 화목하게 어울려 살게 된다. 해와 달이 천체를 운행하여 일체가 정상이니, 비가 알맞게 내리고 바람도 순조롭게 불며, 일상을 깨뜨리는 어떤 현상도 일어나지 않는다. 하늘은 때를 맞춰 주고, 땅은 이익을 베풀어주며, 사람들은 서로 화목하니, 갖가지

자연 재해는 일어나지 않는다. 나라가 부유하여 백성이 평안하고, 각자 자신의 자리를 잡아서 천하가 태평하니, 자연히 인위적인 전쟁이나 재해가 있을 수 없다.

그리하여 사회 전체에 사람마다 도덕을 숭상할 줄 알고, 세상에 머물러 사람을 상대하며 널리 인자한 사랑을 베푼다. 일상적으로 행하는 모든 일들이 다 질서가 있어서, 사물을 대할 때 모두 다 예절을 지키고 겸양할 줄 안다. 대중은 공공질서와 법을 지키므로 도둑질하는 일도 없다. 성실한 마음으로 사람을 상대하기 때문에 해치려는 사람이나 원망하는 사람도 없다. 서로서로 어울려 지내면서, 더구나 강한 힘을 믿고 약한 사람을 속이고 능멸하는 일은 절대 없다. 그리하여 사람마다 다 편안히 살면서 즐겁게 일을 한다."

[재려불기災厲不起] 「재災」는 재앙, 「려厲」는 역병. 이는 모든 갖가지 자연 재해와 전염병이 모두 일어나지 않음을 말한다.

내가 그대들을 불쌍히 여기는 마음은 부모가 자식을 생각하는 것보다 더 하느니라. 나는 이 세상에서 부처가 되어 선으로써 악을 대치하여 생사의 괴로움을 뽑아버리고, 다섯 덕을 얻고 무위의 안락한 경지에 오르도록 하리라.

　我哀汝等 甚於父母念子. 我於此世作佛 以善攻惡 拔生死之苦. 令獲五德 升無爲之安.

[解] 부처님께서 말씀하셨다. "내가 그대들을 불쌍히 여기고 보살피는 이러한 자애심은 세상의 부모가 자식을 사랑하는 마음보다 지극하다. 내가 지금 이 세간에서 성불함을 나타내 보이고, 갖가지 선법善法을 그대들에게 전수할 것이니, 이것으로써 일체의 번뇌와 악습을 다스려

영원히 생사에 윤회하는 괴로움을 뽑아 버릴 것이다. 세상 사람들을 가르쳐서 다섯 가지 선을 수행하여 다섯 가지 덕(五德)을 얻도록 인도할 것이다. 끊임없이 향상시키고 올라서게 하여서 결국에는 반드시 위없는 불과를 얻게 할 것이다."

「승무위지안升無爲之安」「승升」은 승진, 진급이다. 「무위지안無爲之安」은 왕생하여 물러남 없이 성불하는 것을 가리킨다.

내가 이 세상에서 반열반般涅槃에 든 후 경전에서 말씀하신 도가 점점 사라지게 되리라. 사람들은 아첨하고 속이며, 다시 온갖 악을 지어서 오소五燒·오통五痛이 오랜 후에 점점 더 심해질 것이니, 그대들은 서로 번갈아가며 가르쳐 주고 일러주어 부처님의 경법대로 행하고 범하는 일이 없도록 할지라.

吾般泥洹 經道漸滅. 人民諂偽 複爲衆惡. 五燒五痛 久後轉劇. 汝等轉相教誡. 如佛經法 無得犯也.

[解] 부처님께서 말씀하셨다. "내가 입멸한 후에 49년 동안 설한 경전의 도가 점점 사람들에 의해 곡해되고 변질될 것이며, 점차 이 세상에서 사라지게 될 것이다. 이때 사람들의 사상과 행위는 아첨하고 허위로 진실함이 없어 마음속에 내재한 무명 번뇌 습기에, 밖으로 드러난 악연의 영향까지 더해져서, 또 다시 갖가지 악업을 짓게 될 것이다. 사회는 어지럽게 요동치며 불안하고, 사람들의 생활은 참을 수 없을 정도로 고통스러울 것이다. 이러한 현상은 시간이 지날 수록 극렬해질 것이다.(이것은 부처님께서 말세 이후의 사회의 상황을 예언하신 것이다)

그대들은 이 경전을 만날 인연이 있어서, 고통을 여의고 즐거움을 얻는 방법을 알게 되었으니, 반드시 서로서로 이러한 사실을 알리고, 서로 권하고 인도하며 격려하라. 부처님께서 경전 속에서 말씀하신 이론과 방법을 따라 그대로 수학하고 가르침에 의지해 받들어 행하여 절대 어겨서는 안 될 것이다. 이러한 법을 듣는 기회와 인연은 너무나 수승하고 희유한 것이니, 마땅히 소중하게 여길 줄 알아야 한다."

[반니원般泥洹] 인도어, 한자로 「원적圓寂」의 뜻이다. 공덕원만 청정적멸의 뜻이다.

[경도점멸經道漸滅] 「경도經道」는 불법을 가리킴. 「점멸漸滅」은 점차 사라짐. 이는 부처님의 법운은 말법시기 이후에 이르러 점차 사라짐을 가리킨다.

이에 미륵보살은 합장하고 말씀드리기를, "세상 사람들이 짓는 악과 받는 괴로움은 이와 같고, 이와 같사옵니다. 부처님께서는 저희 모두에게 자비를 베푸시고 불쌍히 여기시어 빠짐없이 다 제도 해탈을 얻게 하시옵니다. 이제 부처님의 간곡하신 가르침을 받았사 오니, 감히 거스르거나 잃어버리는 일이 없도록 하겠사옵니다."

彌勒菩薩 合掌白言 世人惡苦 如是如是. 佛皆慈哀 悉度脫之. 受佛重誨 不敢違失.

[解] 이때에 미륵보살이 합창하고 부처님께 말씀드렸다. "세상 사람들이 무지하여 다섯 가지 악을 저지르기 때문에 다섯 가지 고통과 다섯 가지 타오름의 괴로운 과보를 받게 되니, 일체가 다 부처님께서 말씀하시는 그대로 완전히 같습니다. 부처님께서 대자대비하신 마음으로 중생을 불쌍히 여기시어, 일체 중생이 모두 이번 일생 중에 영원히 생사윤회를 벗어나고, 염불하여 정토에 왕생하기를 희망하십니다. 이것이 부처님의 바람이십니다."

미륵보살은 우리 대중을 대표하여, 부처님의 간곡한 가르침을 완전히

받아 들였음을 말씀드린 것이다. 미륵보살이 아뢰었다. "이제 감히
부처님의 고구정녕한 노파심에서 말씀하신 가르침을 거스르거나
잃어버리는 일이 결코 없도록 하겠습니다."

[예불현광禮佛現光 제38]

제38품 예불 드리니 광명을 나타내시다

[解] 이 품의 경문에서는 아미타부처님과 석가모니부처님께서 자비의 가피를 내리시어, 법회에 대중이 다 극락세계의 의정장엄依正莊嚴을 친견할 수 있게 하셨다는 말씀을 하신다.

부처님께서 아난에게 말씀하시기를, "아난아, 그대들이 무량청정평등각이신 아미타부처님과 여러 보살 아라한 등이 살고 있는 극락국토를 보고자 한다면 마땅히 해가 지는 곳, 서쪽을 향하여 서서 공경하며 머리 조아려 정례하고 「나무아미타불」을 칭념하도록 하라."

佛告阿難 若曹欲見無量淸淨平等覺 及諸菩薩阿羅漢等所居國土. 應起西向 當日沒處 恭敬頂禮. 稱念南無阿彌陀佛.

[解] 부처님께서 아난에게 말씀하셨다. "그대들은 아미타부처님과 서방세계의 모든 보살들과 아라한 등이 살고 있는 국토를 보고 싶은가? 만약 보고 싶다면 응당 서쪽, 곧 태양이 산을 넘어가는 방향으로 공경하며 머리 조아려 예를 올리고, 일심으로 나무아미타불 명호를 칭념하도록 하여라."

이에 아난은 바로 자리에서 일어나서 서쪽을 향해 합장하고 머리 조아려 정례하며 여쭈기를, "원하옵건대, 제가 지금 극락세계의 아미타부처님을 뵙고, 공양하며 받들어 모시고 여러 선근을 심고자

하옵니다." 이렇게 머리를 조아려 정례하는 순간, 홀연 아미타부처님을 친견하게 되었나니, 그 용안이 광대하시고 법신의 상호가 단정하고 엄숙하여 마치 황금산이 일체 여러 세계 위로 우뚝 솟아있는 것 같았다. 또 시방세계 제불 여래께서 아미타부처님의 온갖 공덕을 칭양·찬탄하시니, 그 소리는 진허공·변법계에 걸림 없는 변재로 미래제가 다하도록 끊어지지 않고 들렸다.

阿難即從座起, 面西合掌, 頂禮白言. 我今願見極樂世界阿彌陀佛. 供養奉事, 種諸善根. 頂禮之間, 忽見阿彌陀佛, 容顏廣大, 色相端嚴. 如黃金山, 高出一切諸世界上. 又聞十方世界諸佛如來, 稱揚贊歎, 阿彌陀佛種種功德, 無礙無斷.

[解] 아난이 바로 자리에서 일어나 서쪽 방향을 향하여 공경하며 예배를 올리고 또 말하였다. "저는 이제 원컨대 서방극락세계의 아미타부처님을 뵈옵고 공양을 올리고 받들어 섬기며, 모든 선근을 심고자 하옵니다." 머리를 조아려 예배하는 순간 아미타부처님께서 홀연 그의 얼굴 앞에 나타나셨다. 부처님께서는 광대한 몸을 나투시고 허공에 계셨는데, 법신의 상호가 단정하고 장엄하여 마치 황금산처럼 일체 세계 위로 우뚝 솟아 계셨다. 이때에 시방세계 제불여래가 모두 칭양하는 소리도 또한 들려왔다. 아미타부처님의 갖가지 공덕을 찬탄하는데, 그 찬양하는 소리는 걸림 없는 미묘한 변재로 미래제가 다하도록 끊어지지 않았다.

[무애무단無礙無斷] 여기서는 시방의 여래께서 미묘한 사무애변四無礙辯으로 연설하고 (無礙), 이렇게 미래제가 다하도록 끊임없이 찬탄한다(無斷).

아난이 아뢰기를, "저 부처님의 청정찰토는 일찍이 없었사옵니다. 저도 또한 즐거운 마음으로 저 국토에 태어나기를 원하옵나이다."

세존께서 말씀하시기를, "그 가운데 태어나는 자들은 이미 무량 제불을 가까이 하면서 온갖 덕의 근본을 심었던 자들이니라. 그대가 저 국토에 태어나고자 한다면 일심으로 부처님을 우러러 귀의하여야 하느니라."

阿難白言 彼佛淨刹得未曾有 我亦願樂生於彼土. 世尊告言 其中生者 己曾親近無量諸佛 植衆德本. 汝欲生彼 應當一心歸依瞻仰.

[解] 아난이 부처님께 말씀드렸다. "극락세계의 청정·장엄함은 모두 제가 일찍이 듣지도 보지도 못한 것입니다. 저도 기쁜 마음으로 저 극락세계에 태어나기를 구하고자 발원합니다." 세존께서 아난에게 말씀하셨다. "무릇 서방극락세계에 태어나는 중생은 일찍이 무량한 모든 부처님을 가까이 모시고 공양을 올리면서 온갖 공덕의 근본을 심었던 사람들이다. 그대가 서방극락세계에 태어나고 싶다면,「일심으로 아미타부처님을 우러러 귀의하여야만 한다.」이것이 부처님께서 아난에게 정토에 태어나기를 구하는 방법을 가르쳐 주신 것이니, 우리 중생은 배우고 익혀야 할 것이다.

이 말씀을 하실 때, 아미타부처님께서 즉시 손바닥에서 무량한 광명을 놓아서 일체 제불세계를 두루 비추시었다. 그때 제불국토가 모두 빠짐없이 다 분명하게 나타나니, 마치 일심의 거리에 있는 것 같았다. 아미타부처님의 수승한 광명이 지극히 청정한 까닭에 이 세계의 모든 흑산과 설산, 금강산과 철위산, 크고 작은 여러 산과 강, 숲과 천인의 궁전 같은 일체 경계에 두루 비추지 않는 곳이 없었다.

作是語時 阿彌陀佛卽於掌中放無量光. 普照一切諸佛世界. 時諸佛國 皆

悉明現 如處一尋. 以阿彌陀佛殊勝光明 極淸淨故. 於此世界所有黑山
雪山 金剛 鐵圍 大小諸山 江河 叢林 天人宮殿 一切境界 無不照見.

[解] 석가모니부처님께서 이 말씀을 하실 때, 아미타부처님께서 손바
닥에서 무량한 광명을 내뿜어 일체 불국토를 두루 비추었다. 부처님
광명의 가지加持로 인하여 법회에 모인 대중은 모두 시방세계 제불국
토를 마치 눈앞 일심一尋의 거리에 있기라도 하듯 직접 볼 수 있었다.
아미타부처님의 수승한 광명이 지극히 청정한 까닭에 이 세계의
산하 경물景物을 두루 비추었다. 예를 들어 흑산黑山·설산·금강·철
위鐵圍·크고 작은 산하·강줄기·숲·천인의 궁전에 이르기까지,
일체 경계에 어느 비추지 않는 곳이 없었다.

비유컨대, 해가 떠올라 세상을 밝게 비추듯이 지옥도·축생도·아
귀도까지도 빠짐없이 다 활짝 열어서 하나의 색깔이 되어, 마치
물의 재앙이 온 세상을 가득 채우고 그 가운데에 만물이 잠겨서
보이지 않으며, 넘실대는 물결이 끝없이 펼쳐진 바다만 보는 것
같았다. 아미타부처님의 광명도 또한 이와 같아서 성문과 보살의
일체 광명은 모두 다 가려 덮이고, 오직 아미타부처님의 광명만이
밝고 환하게 비추었다.

譬如日出 明照世間. 乃至泥犁 溪谷 幽冥之處 悉大開辟 皆同一色. 猶如劫
水彌滿世界. 其中萬物 沈沒不現. 混漾浩汗 唯見大水. 彼佛光明 亦複如
是. 聲聞菩薩 一切光明 悉皆隱蔽. 唯見佛光 明耀顯赫.

[解] 아미타부처님의 광명은 마치 햇볕이 솟아나듯이 온 세계를 밝게
비추어서 지옥(이리泥犁)과 축생(계곡谿谷)과 아귀(유명幽冥)의 자리에
이르기까지 모두 다 황금 색깔이었다. 그 모습은 마치 물의 재앙(劫水)

이 온 세상을 가득 채우고 두루 덮어서, 일체 만물이 그 가운데 잠겨 보이지 않으며, 물결이 넘실대며 끝없이 펼쳐진 바다만 보이는 것과 같았다. 아미타부처님의 광명은 이러한 비유와 같다. 부처님 광명이 비추는 곳은 어느 곳이나 황금빛으로 변하고, 게다가 부처님 께서 한번 빛을 놓으시기만 하면, 일체 성문이나 보살들의 광명은 모두 보이지도 않고, 단지 부처님의 광명만 환하게 비추었으니, 그 광명은 무엇과도 견줄 수 없을 만큼 밝았다.

「이리泥犁・계곡谿谷・유명幽冥」「이리泥犁」는 지옥도이다.「계곡谿谷」은 축생도이니, 계곡 안에 용이나 뱀 같은 것이 살기 때문에 이렇게 부른다.「유명幽冥」은 아귀도餓鬼道 를 가리킨다.

이 법회에 모인 사부대중과 천룡팔부, 인・비인 등이 모두 극락세계 의 갖가지 장엄을 보았고, 아미타부처님께서 저 높은 연화대에 앉아 계시며 드높은 위덕을 드러내시고 상호에서 광명을 비추는 모습을 보았으며, 성문과 보살들이 아미타부처님을 공경히 둘러싸 고 있음을 보았나니, 비유컨대 마치 수미산 왕이 바다 수면 위로 솟아올라 밝게 나타나서 찬란하게 비추는 것 같았다. 그 세계는 청정하고 평정하여 온갖 더러운 것들이나 이상한 것들이 전혀 없었 고, 오직 온갖 보배로 장엄되어 있는 곳에서 성현들이 같이 머물러 있을 뿐이었다.

此會四衆 天龍八部 人非人等 皆見極樂世界 種種莊嚴. 阿彌陀佛 於彼高 座. 威德巍巍 相好光明. 聲聞菩薩 圍繞恭敬. 譬如須彌山王 出於海面. 明現照耀 清淨平正. 無有雜穢 及異形類. 唯是衆寶莊嚴 聖賢共住.

[解] 이 법회에 모인 사부대중 제자들과 천룡팔부天龍八部 및 호법귀신 護法鬼神 등이 모두 극락세계의 갖가지 장엄을 보았다. 그들은 아미타

부처님께서 연화대에 앉아 계시며 드높은 위덕을 드러내고 상호에서 광명을 비추는 모습을 보았다. 또 아미타부처님의 제자인 성문 보살들이 공경하며 아미타부처님을 둘러싸고 있음을 보았다. 비유컨대 마치 수미산 왕이 바다 수면 위로 불쑥 솟아올라 밝게 나타나서 찬란하게 비추는 것 같았다. 그리고 또 청정하고 안온하며, 드넓고 평정하여 온갖 더러운 것들(雜穢)이나 이상한 것들은 전혀 없었다. 물질 환경은 모두 온갖 보물로 이루어진 것이고, 그 가운데 성인과 현인이 함께 살고 있었다.

아난존자와 모든 보살성중 등이 다 같이 크게 환희하고 뛸 듯이 기뻐하며, 머리를 땅에 대고 예배하면서 칭념하기를, "나무아미타삼먁삼불타!"라고 하였다.

阿難及諸菩薩衆等 皆大歡喜. 踊躍作禮 以頭著地. 稱念南無阿彌陀三藐三佛陀.

[解] 아난 및 법회에 모인 대중은 모두 아미타부처님과 극락세계를 보고, 큰 환희심을 내었다. 대중은 모두 뛸 듯이 기뻐하고 최고 공경의 예로써 오체투지를 올리며, 나무아미타불을 부르고 생각하였다.

「나무아미타삼먁삼불타南無阿彌陀三藐三佛陀」 바로 나무아미타불이다. 한자로는 '무량정등정각(無量正等正覺)에 귀의한다'는 뜻이 된다.

제천·사람들로부터 기거나 날거나 꿈틀거리는 벌레에 이르기까지 이 빛을 본 자는 누구나 모든 질병의 괴로움이 멈추지 않은 이가 없었고, 일체의 근심과 번뇌 또한 벗어나지 않은 이가 없었으며,

모두 다 자비심으로 선업을 지으면서 기뻐하고 즐거워하였다. 종과 경쇠, 거문고와 공후와 같은 악기들을 연주하지 않아도 저절로 모두 오음의 소리가 울려 나왔고, 제불국토에서는 제천·사람들이 각자 꽃과 향을 가지고 와서 허공에 흩뿌리며 공양하였다.

諸天人民 以至蜎飛蠕動. 睹斯光者 所有疾苦 莫不休止. 一切憂惱 莫不解脫. 悉皆慈心作善. 歡喜快樂. 鍾磬琴瑟 笙篌樂器 不鼓自然皆作五音. 諸佛國中. 諸天人民. 各持花香 來於虛空散作供養.

[解] 삼계제천의 사람들로부터 기거나 날거나 꿈틀거리는 벌레 등 작은 동물들에 이르기까지의 모든 중생이, 부처님의 광명을 보기만 하면 모든 질병의 괴로움이 멈추지 않는 자가 없었다. 그리고 일체의 근심과 번뇌로부터 전부 다 벗어날 수 있었다. 이때에 제불보살들과 마찬가지로 모두 다 자애로운 마음으로 선업을 지으면서 기뻐하고 즐거워한다. 종·경쇠·거문고·공후 등등의 악기들은 사람이 손으로 타거나 연주하기를 기다릴 것도 없이 저절로 교향악과 같은 오음五音을 내었다. 시방의 모든 부처님 세계에 사는 제천의 사람들 또한 각자 향화香花를 손에 쥐고 공중에 나타나서, 부처님께 공경하며 공양을 올렸다.

이때 극락세계는 서방으로 백천구지 나유타(십만억) 국토를 지나서 있지만, 부처님의 위신력으로 마치 눈앞에 있는 것처럼 보였고, 마치 청정한 천안으로 일심의 거리에 있는 땅을 보는 것 같았다. 극락세계 보살이 이 땅을 보는 것도 또한 이와 같아서 모두 다 사바세계의 석가여래께서 비구들에게 둘러싸여 설법하시는 모습을 바라보았다.

爾時極樂世界 過於西方百千俱胝那由他國. 以佛威力 如對目前. 如淨天眼 觀一尋地. 彼見此土 亦複如是. 悉睹娑婆世界 釋迦如來 及比丘衆圍繞說法.

[解] 이때 극락세계는 우리가 있는 이곳에서 십만 억 부처님 국토의 거리만큼이나 멀리 떨어져 있지만, 부처님 위신력의 가지加持로 마치 눈앞에 있는 듯하였다. 마치 청정한 천안天眼으로 일심一尋의 거리에 있는 땅을 보는 것처럼 이렇게 분명하고 명료하게 보였다. 극락세계의 대중이 우리 이 세계를 볼 때에도 이처럼 명료하게 본다. 그들도 석가세존께서 법회에 모인 비구 대중 등에게 둘러싸여 설법하시는 모습을 보았다.

[자씨술견慈氏述見 제39]

제39품 미륵보살이 본 경계를 말하다

[解] 이 품의 경문에서는 주로 미륵보살께서 자신이 직접 본 경계를 설명하시며, 우리를 위해 극락세계의 의정장엄이 진실하여 헛되지 않음을 증명하고 깨닫게 하신다.

이때에 부처님께서는 아난존자와 미륵보살에게 말씀하시기를, "그대들은 극락세계의 궁전과 누각, 연못과 숲 등이 미묘·청정·장엄함을 구족하고 있음을 보았느냐? 그대들은 욕계 제천에서 위로는 색구경천에 이르기까지 여러 향과 꽃이 비 오듯 내려 두루 불찰토를 장엄하는 것을 보았느냐?" 아난이 대답하기를, "예, 그렇사옵니다. 이미 보았나이다."

爾時佛告阿難 及慈氏菩薩 汝見極樂世界 宮殿 樓閣 泉池 林樹 具足微妙 淸淨莊嚴不. 汝見欲界諸天 上至色究竟天 雨諸香華 遍佛刹不. 阿難對日 唯然已見.

[解] 이때 부처님께서 아난과 미륵보살 그리고 법회에 모인 모든 대중에게 말씀하셨다. "그대들은 모두 극락세계의 궁전·누각·연못·숲 등의 일체 경치가 엄숙·청정하고 빛나며, 형상과 색깔이 수승하고 특별하며 지극히 미묘하고 청정하게 장엄된 것을 눈으로 직접 보았느냐? 그대들은 또 욕계의 제천에서 위로 색구경천에 이르기까지 일체의 제천 천인들이 두루 극락찰토에서, 공중에 백천 가지 향화香花와 만 가지 기악伎樂을 흩뿌려 아미타부처님께 공양하는 것을 보았는가?" 아난이 아주 공손하게 대답하였다. "예, 그렇습니다.

세존이시여, 세존께서 말씀하시는 것들을 저희 대중은 모두 다 보았습니다."

"그대들은 아미타부처님의 큰 음성이 일체 세계에 두루 퍼져서 중생을 교화하시는 것을 들었느냐?" 아난이 대답하기를, "예, 그렇사옵니다. 이미 들었나이다."

汝聞阿彌陀佛大音宣布一切世界 化衆生不. 阿難對日唯然已聞.

[解] 세존께서 또 물으셨다. "그대들은 아미타부처님께서 설법하시는 음성이 시방의 일체세계에 두루 퍼지며 중생을 교화하시는 것을 듣고 보았느냐?" 아난은 답하였습니다. "그렇습니다, 이미 들었습니다."

「대음大音」 부처님께서 설법하시는 음성이 온 허공 법계에 두루 미쳐 들리지 않는 곳이 없음을 가리킨다. 아울러 일체중생을 두루 구제하여 일생에 원만히 성불하도록 하겠다는 뜻이다.

부처님께서 말씀하시기를, "그대들은 저 국토에서 청정한 행을 구족한 성중들이 허공을 노닐 적에 궁전이 몸을 따라 다녀 아무런 장애되는 것이 없고, 시방세계를 두루 다니면서 제불께 공양하는 것을 보았느냐? 그들의 염불소리가 계속 이어지는 것을 보았느냐? 또 온갖 새들이 허공계에 머물며 갖가지 소리 내는 것이 모두 부처님께서 변화하여 지은 것임을 그대들은 빠짐없이 다 보았느냐?" 미륵보살이 아뢰기를, "부처님께서 말씀하신 대로 하나하나 모두 보았나이다."

佛言汝見彼國淨行之衆 遊處虛空. 宮殿隨身 無所障礙. 遍至十方供養諸佛不. 及見彼等念佛相續不. 複有衆鳥住虛空界 出種種音 皆是化作 汝悉見不. 慈氏白言 如佛所說 一一皆見.

[解] 부처님께서 또 말씀하셨다. "그대들은 정행淨行을 구족한 극락세계 보살들이 허공을 노닐 때에 그가 사는 궁전이 다 그 몸을 따르면서 아무런 장애도 없는 것을 보았는가? 그들이 시방세계를 두루 날아다니면서 모든 부처님께 공양 드리는 것을 보았는가? 또 여러 종류의 새들이 허공에서 갖가지 소리를 내는 것이 모두 아미타부처님께서 변화하여 만들어낸 것이니, 그대들은 모두 다 보았는가?"

미륵보살이 법회에 모인 모든 대중을 대표하여 대답하여 아뢰었다. "그렇습니다. 그렇습니다. 세존께서 말씀하신 것과 같이 저희들은 모두 다 보았습니다."

[정행지중淨行之衆] 청정한 행지行持를 구족한 대중, 극락세계의 보살들을 가리킨다.

부처님께서 미륵보살에게 말씀하시기를, "저 국토의 사람들 중에 태에서 나는 사람을 너희들은 또한 보았느냐?" 미륵보살이 아뢰기를, "세존이시여, 저희들은 극락세계 사람들 중에 태에 머무는 자들이 야마천인처럼 궁전에 있으면서 즐거워하는 모습을 보았나이다. 또 연꽃 안에서 가부좌를 하고 저절로 변화하여 나는 것도 보았나이다. 무슨 인연으로 저 국토의 사람들 중에는 태생인 자도 있고, 화생인 자도 있사옵니까?"

佛告彌勒 彼國人民有胎生者 汝複見不. 彌勒白言 世尊 我見極樂世界人 住胎者 如夜摩天 處於宮殿. 又見衆生. 於蓮華內結跏趺坐 自然化生. 何因緣故 彼國人民 有胎生者 有化生者.

[解] 부처님께서 미륵보살에게 말씀하셨다. "서방극락세계의 사람들 가운데에 태생인 사람들이 있는데, 그대들은 그들을 보았느냐?"

미륵보살이 대답하여 말씀드렸다. "세존이시여, 저희들은 극락세계에서 태생인 사람들을 보았습니다. 그들은 마치 야마천인이 하늘 위의 궁전에서 머물 듯이 그렇게 즐거워 보였습니다. 또 극락세계에 왕생한 사람들이 모두 다 연꽃 안에서 가부좌를 하고 저절로 화생하는 모습도 보았습니다. 어떠한 인연으로 서방극락세계의 사람들 가운데 이렇게 태생인 사람도 있고 화생인 사람도 있습니까?"

「태생胎生」여기서 「태생」이란 비유이다. 의심하는 마음이 있었기에 염불하였어도 변지에 왕생하고, 연태 가운데 부처님을 뵙지도 법문을 듣지도 못하게 됨을 설명한 것이다. 우리들, 이 세상에서의 태생과는 다르다.

[변지의성邊地疑城 제40]
제40품 변지, 의심의 성에 갇히다

[解] 이 품의 경문에서는 염불로 극락세계에 왕생한 자의 한 부류인 태생의 원인에 대하여 설명하신다. 그리고 이로부터 사람들을 권면하시니, 변지 곧 의심의 성에 태어나 오백세 동안 부처님을 뵙지도, 부처님 법을 듣지도 못하고 자재하지 못한 상황을 초래하지 않도록 하기 위해서 깊은 믿음으로 간절하게 발원하여 의심과 걱정을 하지 말고, 일심으로 정토에 태어나길 구하라고 권유하신다.

「의성疑城」 의심하는 마음으로 염불하면 극락세계의 변지에 자리한 칠보 궁전에 왕생하게 된다. 이곳은 의심의 뿌리가 다 끊어지지 않은 사람이 사는 곳이기 때문에 「의심의 성(疑城)」이라고 한다.

부처님께서 미륵보살에게 말씀하시기를, "어떤 중생은 의심하는 마음으로 여러 공덕을 닦아서 저 국토에 태어나기를 발원하지만, 부처님의 지혜가 부사의지(성소작지)·불가칭지(묘관찰지)·대승광지(평등성지)·무등무륜최상승지(대원경지)임을 깨닫지 못하여 이러한 여러 지혜에 대해 의심을 품고 믿지 않지만, 윤회는 죄이고 왕생은 복임을 깊이 믿어서 선근의 근본을 닦고 익혀 그 국토에 태어나기를 발원하느니라."

佛告慈氏 若有衆生 以疑惑心修諸功德 願生彼國. 不了佛智 不思議智 不可稱智 大乘廣智 無等無倫 最上勝智 於此諸智 疑惑不信. 猶信罪福 修習善本 願生其國.

[解] 세존께서 미륵보살에게 말씀하셨다. "만약 어떤 중생이 의심하는

마음을 가지고 있다면, 비록 끊임없이 염불하며 정토에 왕생하길 발원하여도 그들은 부처님의 지혜가 부사의지不思議智·불가칭지不可稱智·대승광지大乘廣智·무등무륜최상승지無等無倫最上勝智임을 확실히 알지 못하기 때문에 이러한 여래과지如來果地 상의 원만한 지혜에 대하여 진정으로 명료하게 이해하지 못하며, 마음속에 의심을 품게 된다. 그렇지만 이러한 사람들도 육도 윤회는 죄업이고 괴로움이며, 극락세계에 왕생하는 것은 복이고 즐거움이라는 것을 깊이 믿고, 이로 인해 즐거이 선업의 근본을 닦아서 극락세계에 왕생하길 발원한다."

「불요불지不了佛智」 부처님의 지혜를 믿지 않고 잘 알지 못함. 이 구는 총설總說임.

「부사의지不思議智」 부처님의 지혜를 헤아리지 못함. 곧 성소작지成所作智임.

「불가칭지不可稱智」 부처님의 지혜는 갖가지로 많아 말로 다 기술하지 못함. 곧 묘관찰지妙觀察智임.

「대승광지大乘廣智」 부처님의 지혜는 깊고 넓어 일체 법문을 궁진할 수 없음. 곧 평등성지平等性智임.

「무등무륜최상승지無等無倫最上勝智」 부처님의 지혜는 지극히 높아 위없고, 구경원만하며 견줄 수 있는 것이 없음. 이는 곧 대원경지大圓鏡智임.

또 어떤 중생은 선근을 쌓고 불지·보편지·무등지·위덕광대부사의지를 희구하면서도 자신의 선근에 대해 믿음을 낼 수 없는 까닭에 청정한 불국토에 왕생하고자 하는 의지가 약해서 머뭇거리며 한결같이 지탱하지 못하느니라. 그렇지만 끊임없이 염불이 계속 이어져서 그 공덕으로 선한 발원이 근본이 되어 결실을 맺어서 여전히 왕생할 수 있느니라.

複有衆生 積集善根 希求佛智 普遍智 無等智 威德廣大不思議智. 於自善

根 不能生信. 故於往生淸淨佛國 意志猶豫 無所專據. 然猶續念不絶. 結其
善願爲本 續得往生.

[解] "또 한 부류의 중생은 선근을 쌓아 모으면서, 보편지·무등지·
위덕광대부사의지와 같은 부처님 지혜를 희구하지만, 신심이 없어서
청정한 불국토에 왕생하는 일에 대해서도 믿음과 발원이 견고하지
못하고, 지탱하는 마음도 한결같지 못하다. 그렇지만 끊임없이 염불
이 계속 이어져서 그 공덕으로 선한 발원의 힘이 결실을 맺어서
여전히 왕생할 수 있다."

「보편지普遍智」 앞 경문의 대승광지를 말하고, 「무등지無等智」는 앞 경문의 무등무륜최
상승지를 말하며, 「위덕광대부사의지威德廣大不思議智」는 앞 경문의 불가칭지와 부사의
지를 말한다.

이러한 여러 사람들은 이 인연으로 비록 저 국토에 왕생할지라도
무량수불의 처소 앞에 이르지 못하고, 길이 끊겨 불국토의 경계에
있는 변지·칠보성 가운데 머무느니라. 이는 부처님께서 그렇게
하도록 만든 것이 아니고, 몸으로 행하여 지은 것으로 마음이 저절로
향한 것이니라. 또한 보배 연못에 연꽃이 있어서 저절로 몸을 받아
음식을 먹고 누리는 즐거움은 도리천과 같으니라.

是諸人等 以此因緣 雖生彼國 不能前至無量壽所 道止佛國界邊 七寶城
中. 佛不使爾 身行所作 心自趣向. 亦有寶池蓮華 自然受身. 飮食快樂
如忉利天.

[解] "위에서 말한 두 종류의 의심하는 중생이 있는데, 한 부류는
부처님의 지혜에 대해 의심이 있고, 다른 한 부류는 자신의 선근에
대해 의심이 있다. 그래서 그들은 비록 극락세계에 왕생할지라도
불국토의 변지에 태어나서 칠보의 성에 갇혀 아미타부처님의 법회에

는 참가할 수 없고, 또한 부처님을 뵙거나 부처님 법문을 들을 수도 없게 된다. 이는 부처님께서 그들로 하여금 그렇게 하도록 한 것이 아니고, 완전히 자기 자신의 마음속에서 생겨난 의심의 장애 때문에 그렇게 된 것이다. 그러나 변지에 태어나더라도 그들이 음식을 먹고 누리는 즐거움은 도리천의 사람들과 같다."

그들은 그 성 안에서 나올 수 없고, 거주하는 궁전은 지상에만 있고 마음대로 크고 작게 할 수 없느니라. 5백세 동안 부처님을 친견하거나 경전 설법을 들을 수 없으며, 보살·성문의 성중을 볼 수도 없느니라. 그 사람의 지혜는 밝지 못하고, 경전의 의리도 아는 것이 깊지 않으며, 마음이 열려 이해하지 못하고, 마음이 기쁘거나 즐겁지 못하느니라. 이런 까닭에 그들을 태생이라 부르느니라.

於其城中 不能得出. 所居舍宅在地 不能隨意高大. 於五百歲 常不見佛 不聞經法 不見菩薩聲聞聖衆. 其人智慧不明 知經複少. 心不開解 意不歡 樂. 是故於彼 謂之胎生.

[解] "그들은 의심의 성 안에 머물러 벗어날 수 없다. 그들이 머무는 궁전은 단지 지상에만 있고, 절대 마음대로 크고 작게 할 수 없다. 오백년 동안 부처님을 뵙지 못하고 부처님의 설법도 듣지 못하며, 구품 왕생한 보살과 성문·성중을 볼 수도 없다. 그들이 마음속에 의심의 장애를 가졌기 때문에 지혜가 도저히 밝게 열릴 수 없으며, 경전의 의리에 대해서도 아는 것이 매우 적다. 심안이 열려 뜻을 이해할 수 없기 때문에 기쁘고 즐거운 마음을 낼 수도 없다. 이상의 갖가지 원인 때문에 그들을 태생이라고 부른다."

어떤 중생이 부처님의 지혜 내지 수승한 지혜를 명료하게 알고 깊이 믿으면서 의심을 끊어 제거하고, 자신의 선근을 믿으면서 여러 공덕을 지어 지심至心으로 회향한다면, 이러한 중생은 모두 칠보 연꽃 가운데 저절로 화생하여 결가부좌하여 앉자마자 순식간에 여러 보살들과 같이 상호와 광명, 지혜와 공덕을 구족하여 성취하느니라. 그러므로 미륵이여, 그대들은 알지니, 저 화생으로 왕생한 사람들은 지혜가 수승한 까닭이니라.

若有衆生 明信佛智 乃至勝智. 斷除疑惑. 信己善根. 作諸功德. 至心回向. 皆於七寶華中 自然化生 跏趺而坐. 須臾之頃 身相 光明 智慧 功德 如諸菩薩 具足成就. 彌勒當知 彼化生者 智慧勝故.

[解] "만약 어떤 중생이 부처님의 원만한 지혜 내지 네 가지 수승한 지혜를 분명하게 이해하고 깊이 믿으면서 의심을 끊어 버리고, 또 자신의 선근도 깊이 믿으면서 육도의 만행을 부지런히 닦으며 부처님의 명호를 지녀 염불하고, 모든 공덕을 심으며, 그 닦은 바의 공덕을 회향하여 극락세계에 왕생하기를 발원하고 구한다고 하자. 이러한 중생은 임종 시에 매우 짧은 시간 내에 모두 부처님께서 접인하시어 칠보 연못 연꽃에 자연히 화생하게 된다."

그들은 가부좌를 하고 앉은 채 순식간에 몸의 상호·광명·지혜·공덕을 다른 여러 보살들과 같이 구족 성취하게 된다. 미륵이여, 그대들은 마땅히 알아야 한다. 저들 구품으로 화생한 보살들은 모두 다 지혜가 수승하기 때문에 그렇게 된 것이다."

「승지勝智」는 불지佛智·보편지普遍智·무등지無等智·위덕광대부사의지威德廣大不思議智를 가리킨다.

저 태생으로 왕생한 사람들은 5백세 동안 삼보를 만나지 못하여 보살의 수행생활과 방법을 몰라 공덕을 닦아 익힐 수 없고, 무량수불을 받들어 모실 수도 없느니라. 그러므로 그대들은 알아야 할지니, 이 사람들은 과거 세상에 있을 때 지혜가 없어 의심의 성에 이르게 된 것이니라."

其胎生者 五百歲中 不見三寶. 不知菩薩法式. 不得修習功德. 無因奉事無量壽佛. 當知此人 宿世之時 無有智慧 疑惑所致.

[解] "만약 변지·의심의 성에 태생으로 왕생한 중생은 오백세 동안(우리 세상의 시간 계산법에 의한 것이다) 결코 아미타부처님과 극락세계의 모든 대보살을 뵙지 못하고 부처님 설법을 듣지 못하며, 보살이 수행하며 생활하는 방법을 모르며, 갖가지 공덕을 닦고 익힐 수 없으며, 아미타부처님을 받들어 섬길 인연도 없다. 그러므로 그대들은 마땅히 알아야 한다. 이들 변지에 왕생한 사람들은 과거세에 지혜가 없어, 자신의 선근과 부처님의 원만한 대지혜에 의심을 품었다. 그래서 왕생하여 변지·의심의 성에 이르게 된 것이다."

「불견삼보不見三寶」 아미타부처님과 극락세계의 여러 대보살들을 볼 수도 없고, 부처님의 설법을 들을 수도 없음을 가리킨다.

[혹진견불惑盡見佛 제41]

제41품 의심이 다 끊어져야 부처님을 친견한다

[解] 이 품의 경문에서는 변지에 태어난 중생은 반드시 의심을 완전히 다 끊어 버려야만 비로소 연꽃이 열리면서 부처님을 친견할 수 있음을 말하고 있다.

"비유컨대, 전륜성왕이 칠보로 감옥을 지어놓고 왕자들이 죄를 지으면 그 안에 가두는 것과도 같아서 그 감옥에는 여러 층의 누각과 화려한 궁전으로부터 보배 휘장과 황금 침상, 난간과 창문, 의자 등에 이르기까지 모두 진귀한 보배로 미묘하게 장식되어 있으며, 음식과 의복은 전륜성왕과 같이 누리지만 그 두 발은 황금 족쇄로 묶여 있으니, 여러 어린 왕자들이 어찌 그곳에서 즐겁게 지내겠느냐?" 미륵보살이 아뢰기를, "아니옵니다. 세존이시여. 그들이 감옥에 갇혀 있을 때 마음은 자재하지 않아 단지 갖가지 방편을 써서 그곳을 벗어나고자 하고, 여러 가까운 측근 대신들에게 도움을 구하지만 끝내 마음대로 되지 않을 것이옵니다. 전륜성왕이 기뻐할 때 비로소 풀려날 수 있사옵니다."

譬如轉輪聖王 有七寶獄. 王子得罪 禁閉其中. 層樓綺殿 寶帳金床. 欄窗榻座 妙飾奇珍. 飲食衣服 如轉輪王. 而以金鏁 系其兩足. 諸小王子 寧樂此不. 慈氏白言 不也世尊. 彼幽縶時 心不自在. 但以種種方便 欲求出離. 求諸近臣 終不從心. 輪王歡喜 方得解脫.

[解] "비유컨대 전륜성왕이 칠보로 만든 감옥을 지어 놓고, 왕자들이 죄를 범하면 바로 그 안에 가둔다고 하자. 그 감옥 안에는 여러

층의 누각과 궁전이 있고, 그 모두는 아주 화려하게 장식이 되어 있다. 그 안에는 황금 침상과 보배 휘장이 있고, 또 난간이나 창문, 의자들은 모두 진귀하고 미묘한 온갖 보배로 장식되어 있다. 의복과 음식 등의 물질생활은 모두 다 전륜성왕과 같이 누릴 수 있다. 다만 다른 것이 있다면 황금 족쇄로 그의 두 발을 채워 놓았을 뿐이다. 이들 어린 왕자들은 그래도 그곳에서 즐겁게 지낼 수 있겠는가?"

미륵보살이 답하여 말씀드렸다. "그렇지 않습니다. 세존이시여, 그들이 감옥에 갇혀 있을 때 이미 자유를 잃어 마음은 자유롭지 못할 것입니다. 그저 갖가지 방편을 써서 그 칠보 감옥을 벗어나려고 할 것입니다. 그들은 전륜성왕 측근의 대신들에게 도와달라고 부탁하지만, 끝내 자신의 원대로 하지 못할 것입니다. 전륜왕이 마음 속으로 흐뭇해할 때 비로소 풀려날 수 있을 것입니다."

부처님께서 미륵보살에게 말씀하시기를, "저 여러 중생도 이와 같으니라. 만약 부처님 지혜인 광대한 지혜를 희구하는 일에 의심하고 후회에 빠지거나 자신의 선근에 대해 믿음을 낼 수 없다면, 부처님의 명호를 듣고서 신심을 일으킨 까닭에 비록 저 국토에 왕생하여도 연꽃 안에서 나오지 못하느니라. 저 연꽃 태 안에 있는 것은 마치 화원과 궁전 안에 있는 것과 같으니라. 왜 그러한가? 그 안에 있어서 어떤 더러움도 악도 없이 청정하지만, 5백세 동안 삼보를 만나지 못하고 제불께 공양을 올리거나 받들어 모실 기회가 없어 일체 수승한 선근을 닦을 수가 없느니라. 이를 괴로움으로 여기니 기뻐하고 좋아하는 마음이 생기지 않느니라.

佛告彌勒 此諸衆生 亦復如是. 若有墮於疑悔 希求佛智 至廣大智. 於自善根 不能生信. 由聞佛名 起信心故. 雖生彼國 於蓮華中不得出現. 彼處華胎

猶如園苑宮殿之想. 何以故 彼中淸淨 無諸穢惡 然於五百歲中 不見三寶.
不得供養奉事諸佛. 遠離一切殊勝善根. 以此爲苦 不生欣樂。

[解] 부처님께서 미륵보살에게 말씀하셨다. "저 변지, 의심의 성에
왕생하는 부류의 중생은 마치 이들 왕자와 같다. 그들은 부처님의
지혜를 구하는 일에 회의감이 들며 후회하거나, 자신의 선근에 대해
깊은 믿음을 갖지 못하고 있었다. 그들은 비록 이러한 의혹이 들어도,
염불하면 극락세계에 왕생할 수 있다는 사실을 여전히 믿고, 신·원
·행을 구족하여서 왕생할 수 있었다.

그러나 이들이 비록 극락세계에 이르렀지만, 연꽃 태속에만 있을
뿐 바로 부처님을 뵙거나 설법을 들을 수는 없다. 그들 연꽃 태
안의 생활은 동산 궁전에서 사는 것과 같다. 왜 그런가? 그들이
연꽃 태 안에 있기 때문에 아무런 오염도 없이 청정하며 어떤 나쁜
일도 없이 너무나 청정하고 안락한 환경 속에서 산다고 할 수 있다.
이는 바로 앞 경문에서 비유한 왕자가 칠보 감옥 속에 사는 것과
같다.

그러나 그들은 그곳에서 오백세라는 긴 시간 이렇게 사이를 두고
머물러서 아미타부처님을 뵙지도 못하고 부처님의 설법을 듣지도
못하며, 또 구품 왕생한 성중도 볼 수 없어서 모든 부처님께 공양을
올리거나 받들어 모실 수 없고, 일체 수승한 선근을 닦고 익힐 인연도
없다. 그들은 이것을 괴로움으로 여기니, 변지에서의 생활에 대해
기뻐하고 즐거워할 수 없다.

「광대지廣大智」 앞 일품에서 설한 네 가지 지혜를 가리킨다.

「일체수승선근一切殊勝善根」 부처님께 공양하고 법을 듣는 등의 선근을 가리킨다.

"만약 이 중생이 그 죄의 근본을 알아서 스스로 깊이 참회하고
자책하면서 그곳에서 벗어나길 구한다면 과거세에 지은 과실이
다하고 난 후에야 그곳을 벗어나서 바로 무량수불의 처소로 가서
참예하고 경법을 들을지라도 오래오래 들어야 개오開悟하고 환희하
게 되며, 또한 무량무수한 제불께 두루 공양하고 여러 공덕을 닦을
수 있느니라.

若此衆生 識其罪本 深自悔責 求離彼處. 往昔世中 過失盡已 然後乃出.
卽得往詣無量壽所 聽聞經法 久久亦當開解歡喜 亦得遍供無數無量諸佛
修諸功德.

[解] 이들 변지에 왕생한 중생이 만약 자신이 변지에 태어난 원인을
알아서, 깊이깊이 참회하고 자신의 과실을 자책하면서 변지·의심의
성에서 벗어나길 구한다면, 그 참회의 힘으로 말미암아 과거세의
의혹이 전부 끊어질 때를 기다려 그 다음에 비로소 벗어날 수 있게
된다.

변지에 나와서는 곧바로 아미타부처님 앞에 가서 가깝게 지내며
강경·설법을 들을 수 있다. 그러나 이들 변지·의심의 성에서 나온
중생이 비록 부처님께서 강경·설법하시는 것을 들을지라도, 반드시
어느 정도의 시간이 지나서 훈습하여야 비로소 부처님의 설법을
분명히 이해하고 몸으로 깨달아 환희심이 생긴다. 그때 무량무수의
모든 부처님께 두루 공양을 올리고 갖가지 공덕을 닦고 익힐 수
있는 능력이 생긴다.

「죄본罪本」 앞쪽 경문에서 말한 두 가지 의심을 가리킨다.

「회책悔責」 참회하고 자신을 꾸짖는다.

「과실過失」 의심하는 마음을 가리킨다.

"그대 아일다여, (정토법문에 대한) 의심은 여러 보살들에게 큰 손해가 되고, 큰 (진실의) 이익을 잃게 됨을 알아야 한다. 이런 까닭에 제불의 무상지혜를 명백히 믿어야 하느니라."

汝阿逸多 當知疑惑 於諸菩薩爲大損害. 爲失大利. 是故應當明信諸佛無上智慧.

[解] 부처님께서 미륵보살에게 말씀하셨다. "미륵보살이여, 그대는 마땅히 알아야 한다. 이 두 가지 의심이 보살들에게 끼치는 손해는 너무나 크다. 단지 의심을 품기만 해도 이번 일생에 물러나지 않고 성불할 수 있는 수승하고 크나큰 이익을 얻지 못하게 될 것이다. 그래서 모든 부처님의 위없는 지혜를 분명히 이해하고 깊이 믿어야만 한다."

미륵보살이 아뢰기를, "왜 이 세계, 어떤 부류의 중생은 비록 선을 닦기는 하나 왕생을 구하지 않사옵니까?" 부처님께서 미륵보살에게 말씀하시기를, "그와 같은 중생은 지혜가 미천하여 서방극락세계가 천상세계에 못 미친다고 분별하고, 즐겁지 않다고 여겨 저 정토에 태어나기를 구하지 않느니라."

慈氏白言 云何此界一類衆生 雖亦修善 而不求生. 佛告慈氏 此等衆生 智慧微淺. 分別西方 不及天界. 是以非樂 不求生彼.

[解] 미륵보살이 부처님께 여쭈었다. "왜 이 세상의 어떤 부류의 중생은 비록 기꺼이 선을 닦지만, 극락세계에 태어나길 구하고 싶지 않습니까?"

부처님께서 미륵보살에게 말씀하셨다. "이런 부류의 중생은 지혜가 천박함으로 말미암아 극락세계는 천상세계에 비해 그것만 못하다고 분별심을 내어서 즐겁지 않다고 여겨 그들은 극락정토에 태어나길 구하지 않는다."

미륵보살이 아뢰기를, "이러한 중생은 허망한 분별심을 내어서 불찰토를 구하지 않으니, 어떻게 하여야 윤회를 면할 수 있겠사옵니까?" 부처님께서 말씀하시기를, "저들은 자신이 심은 선근에 대해 상을 여의지 않고, 부처님의 지혜도 구하지 않으며, 세간의 즐거움과 인간의 복보에 깊이 집착하여 비록 복을 닦는다 할지라도 인천의 과보만 구하나니, 그 과보를 받을 때 일체가 풍족하지만 결코 삼계의 감옥을 벗어날 수 없느니라. 설사 부모와 처자, 남녀 권속들이 서로 구해 주려고 할지라도 삿된 견해·분별집착의 업왕에 휘둘려서 버리고 떠날 수가 없으며, 항상 윤회에 머물러 자재함을 얻을 수 없느니라.

> 慈氏白言 此等衆生 虛妄分別. 不求佛刹 何免輪回. 佛言彼等所種善根 不能離相 不求佛慧. 深著世樂 人間福報. 雖複修福 求人天果. 得報之時 一切豐足. 而未能出三界獄中. 假使父母妻子男女眷屬 欲相救免. 邪見業 王 未能舍離 常處輪回而不自在.

[解] 미륵보살이 또 부처님께 여쭈었다. "이들 서방세계가 천상세계보다 못하다는 분별심을 낸 중생은 그들이 허망한 분별심을 내어서 극락세계에 왕생하길 발원하지도 않습니다. 그들은 어떻게 하여야 윤회를 벗어날 수 있겠습니까?"

부처님께서 미륵보살에게 대답하셨다. "이들은 자신이 닦은 선근에 대해 생각생각 잊지 못해, 진실한 지혜를 구하지 않고 그저 세간의 복보를 누리는 것에만 욕심을 낸다. 그래서 그들이 비록 복을 닦는다

할지라도 그들이 구하는 것은 역시 인천의 복보이다. 과보를 받을 때는 일체 필요한 것 모두 원대로 만족시키지만, 끝내 삼계의 감옥을 벗어나지는 못한다. 설사 부모나 처자, 남녀 권속들이 그를 윤회에서 구해주려고 하지만 그들은 사지사견邪知邪見·분별집착의 업이 너무 무거워서 그들 자신을 좌우하기 때문에 도저히 벗어날 수가 없다. 그래서 그들은 항상 윤회에 머물러서 자재함을 얻을 수 없다."

[사견업왕邪見業王] 「사견업邪見業」은 사지사견邪知邪見·분별집착의 업을 가리킨다. 「왕王」은 주재主宰의 뜻에 비유한다.

"그대는 어리석은 사람들이 선근을 심지 않고, 단지 세간의 총명지혜와 변재만 가지고 삿된 마음을 증장시키는 것을 보았느냐? 이러한 사람들이 어떻게 생사의 큰 어려움을 벗어날 수 있겠느냐?

汝見愚癡之人 不種善根 但以世智聰辯 增益邪心. 云何出離生死大難.

[解] "그대들은 저 어리석은 사람들이 선근을 심고 키우려 하지 않고 단지 세상의 총명·지혜와 말재주만 가지고 사지사견을 증장시키는 것을 보았는가? 이러한 사람들은 날마다 악업을 지으니, 또 어떻게 육도윤회의 생사고해를 벗어날 수 있겠는가?"

"또 어떤 중생은 비록 선근을 심고 큰 복전을 일구었지만, 상에 취착하여 분별하고 정념과 집착이 깊고 무거워서 윤회를 벗어나길 구해도 끝내 이룰 수 없느니라.

複有衆生 雖種善根 作大福田. 取相分別 情執深重. 求出輪回 終不能得.

[解] "또 한 부류의 중생(부유하고 귀한 집안이나 사회적 지위가 높은 사람들)은

비록 선근을 심고 큰 복보를 닦으며 부처님의 명호를 지니기는 하였지만, 그들은 자신이 한 좋은 일에 대해 생각생각 잊지를 못하고 분별 집착하는 감정적인 집착(情執)이 너무나 깊고 무겁다. 그래서 설사 윤회를 벗어나길 구하는 마음이 있다 하여도, 벗어날 수 없다."

"만약 무상의 지혜로써 온갖 덕의 근본(육자명호)을 심어 몸과 마음이 청정하고 분별 집착을 멀리 여의며, 청정 찰토에 태어나길 구하여 부처님의 무상보리를 향해 나아가면 이번 생에 불찰토(극락정토)에 태어나 영원히 윤회를 벗어나리라."

若以無相智慧 植衆德本. 身心淸淨 遠離分別. 求生淨刹 趣佛菩提. 當生佛刹. 永得解脫.

[解] "만약 무상無相의 지혜를 가지고 일체 공덕의 근본을 심어 기르면서 오로지 아미타부처님의 성호만을 전념한다면 몸과 마음은 결정코 청정을 얻을 수 있으며 망상·분별·집착을 멀리 여읠 수 있을 것이다. 이때 마음마음, 생각생각 오직 극락세계에 왕생하길 구하면 무상보리를 향하여 나아갈 수 있다. 이렇게 수학한다면 일생에 결정코 왕생성불하여 영원히 윤회의 고통을 벗어날 수 있을 것이다."

[무상지혜無相智慧] 「무상無相」은 바로 집착 없음이다. 세간법이든 불법이든 모두 집착하지 않는다. 이러한 집착 없는 마음은 바로 청정심이다. 청정심으로 말미암아 일어나는 지혜가 곧 「무상지혜」이다.

[보살왕생菩薩往生 제42]

제42품 많은 보살들이 왕생하다

[解] 이 품의 경문에서는 세존께서 우리를 위해 시방의 무량무변한 세계 중의 보살이 염불로 정토에 왕생한 상황을 소개하여 우리에게 가장 잘 증명하십니다.

미륵보살이 부처님께 여쭈기를, "지금 이 사바세계와 여러 불찰토의 불퇴전지 보살들은 얼마나 많이 저 극락국토에 왕생하겠사옵니까?"

彌勒菩薩白佛言 今此娑婆世界 及諸佛刹 不退菩薩 當生極樂國者 其數幾何.

[解] 미륵보살이 부처님께 여쭈었다. "지금 이 사바세계와 타방 모든 세계의 불퇴전 보살들 가운데 마땅히 와서 서방극락세계에 왕생할 사람의 수는 얼마나 됩니까?"

부처님께서 미륵보살에게 말씀하시기를, "이 세계에 있는 7백 20억 보살은 이미 일찍이 무수히 많은 제불께 공양을 올린 자들로 온갖 덕의 근본을 심어서 저 부처님 국토에 왕생하리라. 또한 여러 소행보살들로 공덕을 닦고 익혀서 왕생할 수 있는 자들은 이루 다 헤아릴 수 없이 많으니라."

佛告彌勒 於此世界 有七百二十億菩薩 已曾供養無數諸佛. 植衆德本 當生彼國. 諸小行菩薩 修習功德 當往生者 不可稱計.

[解] 부처님께서 미륵보살에게 말씀하셨다. "사바세계에는 7백 20억의 불퇴전 보살들이 있는데, 그들은 일찍이 이미 무수히 많은 모든 부처님께 공양을 올리고 무량한 공덕과 선본을 심은 자들이기 때문에 마땅히 결정코 극락정토에 왕생할 것이다. 그 밖에도 무량무수의 소행보살小行菩薩들이 있으니, 일찍이 공덕을 닦고 익혀서 마땅히 와서 왕생할 사람의 수는 이루 계산할 수 없을 만큼 많다."

「소행보살小行菩薩」 불퇴위退位 이하의 보살을 가리킨다.

"나의 찰토에 있는 여러 보살들이 저 국토에 왕생할 뿐만 아니라, 타방 불국토의 보살들도 또한 이와 같으니라. 원조불의 찰토로부터 18구지 나유타 보살마하살이 저 국토에 왕생하리라. 또한 동북방의 보장불 찰토에서는 90억의 불퇴전지 보살들이 저 국토에 왕생하리라. 또한 무량음불의 찰토·광명불의 찰토·용천불의 찰토·승력불의 찰토·사자불의 찰토·이진불의 찰토·덕수불의 찰토·인왕불의 찰토·화당불의 찰토에서 불퇴전지 보살들로 왕생할 자는 혹 수백 억이거나, 혹 수백천 억이거나 내지 만 억에 이르느니라."

不但我刹諸菩薩等 往生彼國. 他方佛土 亦複如是. 從遠照佛刹 有十八俱胝那由他菩薩摩訶薩 生彼國土. 東北方寶藏佛刹 有九十億不退菩薩 當生彼國. 從無量音佛刹 光明佛刹 龍天佛刹 勝力佛刹 獅子佛刹 離塵佛刹 德首佛刹 仁王佛刹 華幢佛刹 不退菩薩當往生者 或數十百億. 或數百千億. 乃至萬億.

[解] 사바세계의 수없이 많은 모든 보살들이 마땅히 극락세계에 왕생할 뿐만 아니라 타방의 모든 부처님 세계의 보살들도 왕생하는 상황은 마찬가지이다. 원조불의 찰토로부터 18만억의 소행보살들과 대보살(摩訶薩)들이 마땅히 와서 왕생할 것이다.

동북방에 있는 보장불의 찰토에서는 90억의 불퇴전 보살들이 또한 마땅히 와서 왕생할 것이다. 또한 무량음불의 찰토에서, 광명불의 찰토 · 용천불의 찰토 · 승력불의 찰토 · 사자불의 찰토 · 이진불의 찰토 · 덕수불의 찰토 · 인왕불의 찰토 · 화당불의 찰토, 이러한 제불 찰토에 있는 불퇴전 보살들도 마땅히 와서 왕생할 것이니, 어떤 찰토에서는 수십 백억이기도 하고 어떤 찰토에서는 수백 천억 내지 만억에 이른다.

"그 열두 번째 부처님께서는 무상화라고 이름하나니, 저 찰토에는 무수한 여러 보살성중이 있어 모두 다 불퇴전지 보살들로 지혜롭고 용맹하여 이미 일찍이 무량 제불께 공양을 올렸으며, 대정진을 구족하고 발심하여 일승을 향해 나아가서 7일 중에 대보살들이 백천억겁 동안 닦은 견고한 법을 섭취할 수 있으므로 이들 보살은 모두 다 왕생하리라.

其第十二佛名無上華. 彼有無數諸菩薩衆 皆不退轉. 智慧勇猛 已曾供養 無量諸佛 具大精進 發趣一乘. 於七日中 卽能攝取百千億劫 大士所修堅 固之法. 斯等菩薩 皆當往生.

[解] 그 열두 번째 부처님은 무상화불이라고 이름하고, 그 찰토에는 무수히 많은 보살들이 있는데, 모두 불퇴전의 지위에 오른 보살들로 그들은 모두 지혜롭고 용맹스러우며, 무량겁 동안에 일찍이 무수히 많은 모든 부처님께 공양을 올렸다. 그리고 수행에 있어서도 모두 대정진을 구족하고 발심하여 성불의 법문을 향해 나아갔다. 그들은 7일 안에 대보살들이 백천억 겁에 닦은 공덕의 법을 섭취할 수 있었다. 이들 보살들은 모두 마땅히 왕생할 것이다.

「발취일승發趣一乘」 발심하여 성불의 법문을 향해 나아간다.

"그 열세 번째 부처님께서는 무외라 이름하나니, 저 찰토에는 7백 90억의 대보살 성중들이 있고 여러 소행보살 및 비구 등도 이루 다 헤아릴 수없이 많은데 그들이 모두 다 왕생하리라."

其第十三佛名曰無畏. 彼有七百九十億大菩薩衆 諸小菩薩及比丘等 不可稱計 皆當往生.

[解] 그 열세번 째 불찰토는 무외無畏라 하는데, 그 찰토에 있는 790억의 대승보살 성중과 그 나머지 소행보살들과 비구 사부대중까지 그 사람 수는 헤아려 계산할 수조차 없이 많다. 그들도 모두 마땅히 왕생할 수 있을 것이다.

"시방세계 제불의 명호와 보살성중으로 왕생할 자들은 다만 그 이름만 말해도 궁겁이 지나도록 말하지 못하리라."

十方世界諸佛名號 及菩薩衆當往生者 但說其名 窮劫不盡.

[解] 만약 내가 시방세계 모든 부처님의 명호와 찰토의 명호, 그리고 그 국토의 보살 성중으로 마땅히 와서 왕생할 사람의 수를 상세히 말한다면 무량겁의 시간이 지나도록 말해도 다 말할 수 없을 것이다.

이것으로 서방극락세계가 확실히 시방의 일체 제불께서 칭찬하고 일체의 모든 대보살들이 향하여 왕생하는 수도의 성지임을 알 수 있다. 그러므로 우리는 지금 이 세상에서 인연을 절대 놓쳐서는 안 될 것이다.

본 경전의 정종분正宗分은 이 구절에 이르러 모두 설해 마쳤다.

제43품 염불인은 홀로만 가는 소승이 아니다

[解] 제43품에서부터 제48품까지는 본 경전의 유통분에 해당한다.

이 품의 경문에서는 세존께서 우리에게 염불로 극락세계에 왕생하기를 구하는 사람은 소승의 근성根性을 가진 자들이 아니라는 것을 말씀하신다. 왜냐하면 이 법문은 대승이기 때문이다. 대승일 뿐만 아니라 대승 중의 대승이고, 일승 중의 일승이며, 무상 미묘한 법문이다.

부처님께서 미륵보살에게 말씀하시기를, "그대들은 저 여러 보살마하살들이 진실의 이익을 잘 획득하는 것을 보아라."

佛告慈氏 汝觀彼諸菩薩摩訶薩 善獲利益.

[解] 부처님께서 미륵보살에게 말씀하셨다. "그대들은 시방세계의 일체 크고 작은 보살 성중들이 극락세계에 왕생하여 이번 일생에 평등하게 성불하는 진실한 이익을 잘 획득할 수 있음을 보아라."

"만약 어떤 선남자 선여인이 아미타부처님의 명호를 듣고서 일념으로 좋아하는 마음이 생겨서 귀의하여 우러러 예를 갖추고 말씀대로 수행한다면 그대는 마땅히 알지니, 그 사람은 큰 이익을 얻게 되고 위에서 말한 공덕을 획득하리라. 어떤 하열한 마음도 없고 또한 잘난 체 하지도 않으며, 선근을 성취하고 모두 다 증장시키리라.

그대는 마땅히 알지니, 이러한 사람은 소승이 아니고, 나의 법에서 「제일제자」라 이름하리라."

若有善男子 善女人 得聞阿彌陀佛名號 能生一念喜愛之心. 歸依瞻禮 如說修行. 當知此人爲得大利. 當獲如上所說功德. 心無下劣 亦不貢高. 成就善根 悉皆增上. 當知此人非是小乘. 於我法中 得名第一弟子.

[解] 만약 신·원·행을 구족한 어떤 선남자 선여인이 아미타부처님의 명호를 듣고 일념으로 기뻐하고 좋아하는 마음을 일으켜서 부처님께 귀의하여 우러러 예를 다하고, 부처님께서 말씀하신 법을 따라 수행한다고 하자. 이러한 사람은 곧바로 정토에 왕생하여 일생에 원만하게 성불하는 큰 이익을 얻게 될 것이며, 또한 마땅히 경전에서 말한 갖가지 공덕과 이익을 획득하게 될 것이다.

부처님께서는 염불하는 사람은 절대 스스로 비하하는 마음을 가져서는 안 되며, 또한 잘난 척하거나 교만하지 않아야 한다고 또 다시 분명히 말씀하셨다. 언제 어디에서나 겸허하고 후덕하며 성실하게 염불하고, 이렇게 선근을 성취하고 증장시켜야 한다. 그 사람은 결코 소승의 근성이 아니다. 단순히 소승이 아닐 뿐만 아니라, 부처님께서는 여기에서 이러한 사람을, "나의 법에서 제일 제자라 이름할 것이다."라고 찬탄하셨다. 이는 실제 본 경전의 제1품에서 교진여존자의 이름을 첫 번째로 열거한 뜻과 앞뒤가 맞는 이야기이다.

"이런 까닭에 그대들 천인·세간·아수라 등에게 이르노니, 마땅히 이 법문을 좋아하고 수습하여서 희유하다는 마음을 내고, 이 경전 가운데 나를 인도하는 스승이 있다는 생각을 내도록 할지니라. 그리하여 무량 중생이 하루 빨리 불퇴전의 자리에 안온히 머물도록

하고, 저 광대 장엄하고 섭수가 수승한 불찰토를 보고 원만한 공덕을 성취하고자 한다면 더욱 정진심을 일으켜 이 법문을 듣도록 할지니라. 이 법문을 구하고자 하는 까닭에 물러서고 굴복하거나 아첨하고 속이는 마음을 내지 않도록 할지니라."

是故告汝天人世間阿修羅等 應當愛樂修習 生希有心. 於此經中 生導師
想. 欲令無量衆生 速疾安住得不退轉 及欲見彼廣大莊嚴. 攝受殊勝佛刹
圓滿功德者. 當起精進 聽此法門. 爲求法故 不生退屈諂僞之心.

[解] 그래서 그대들 천인과 아수라 등 법회에 참가한 대중에게 알리노라. 이 법문을 열렬히 좋아하고 기꺼이 닦고 익혀서, 이 염불하여 성불하는 법에 대해 희유하고도 만나기 어려운 마음을 일으키도록 하라. 본 경전을 자신의 진정한 귀의처로 삼고, 본 경전을 자신의 선지식으로 간주하여서 마음을 내든 생각을 움직이든 상관없이 일체의 조작하고 행하는 일 모두 본 경전을 표준으로 삼아 조금도 거스르는 일이 없도록 하라. 그럴 때 비로소 무량무변의 중생으로 하여금 하루 빨리 불퇴전의 과위를 증득하게 할 수 있을 것이다.

그리고 아미타부처님께서 섭수하신 광대하고 장엄하며 수승하고 미묘한 극락세계 불찰토를 보려고 하고 이상의 공덕을 원만히 성취하고자 한다면, 더욱 정진하여 이 염불로 왕생하길 발원하고 구하는 법문을 받아들이도록 하여라. 왕생하여 성불하기를 구하려면, 물러나고 후회하거나 지조를 굽혀 아첨하고 허위로 속이는 마음을 내어서는 안 된다.

「속질안주득불퇴전速疾安住得不退轉」「속질速疾」은 매우 빨리.「안주득불퇴전安住得不退轉」은 오랜 시간이 지나지 않고 단지 서방정토에 태어나기만 하면 삼불퇴三不退를 원만히 증득하여 제불의 경계에 안온히 머물 수 있음을 말한다.

"설사 큰 불길 속에 들어갈지라도 의심하거나 후회해서는 안 되나니,
무슨 까닭인가? 저 무량 억의 여러 보살 등은 모두 다 이 미묘한
법문을 희구하기 때문에 법문을 존중하며 경청하고, 그 가르침에
거스르는 마음을 내지 않느니라. 시방세계 수많은 보살들이 이
경전을 듣고자 하지만 들을 수 없나니, 이런 까닭에 그대들은 이
법을 구할지니라."

設入大火 不應疑悔. 何以故 彼無量億諸菩薩等 皆悉求此微妙法門 尊重
聽聞 不生違背. 多有菩薩 欲聞此經而不能得 是故汝等 應求此法.

[解] 설사 큰불 등의 지극히 큰 재난을 만나는 일이 있더라도 의심하거
나 후회해서는 안 된다. 왜 그러한가? 시방세계 무수히 많은 보살성중
이 모두 다 이 미묘한 법문을 희구하기 때문에 존중하며 법문을
듣고, 깊은 믿음으로 간절하게 발원하고, 가르침에 의지해 받들어
행하면서 본 경전의 가르침을 거스르는 마음을 내지 않는다.

시방세계 매우 많은 보살성중이 이《무량수경》과 이 염불법문을
듣기를 희망하지만, 인연이 구족 되지 않으면 결코 얻을 수 없는
것이다. 그러므로 그대 대중은 인연이 있어 만나게 되었을 때 열심히
수학하도록 하여라. 이 법의 진실한 공덕을 구하여 얻도록 노력해야
만 이번 생에 위없는 불도를 원만하게 성취할 수 있을 것이다.

[수보리기受菩提記 제44]

제44품 보리수기를 받다

[解] 이 품의 경문에서는 세존께서 본 경전을 믿고 받아들이며, 받들어 행하는 사람, 한 사람 한 사람에게 두루 성불의 수기를 주신다. 이것은 곧 장래에 반드시 성불할 것이라는 증명이기도 하니, 참으로 희유한 일이다.

"만약 부처님께서 멸도하신 후 내지 정법이 멸할 때까지 인연 있는 중생은 모든 선근의 근본(육자명호)을 심고 이미 일찍이 무량 제불께 공양하였다면, 저 여래의 위신력 가지로 말미암은 까닭에 이와 같은 광대한 법문(무량수경)을 얻을 수 있느니라. (아미타부처님께서 우리를) 섭취(접인)하시고 (자심으로) 수지한다면 반드시 (여래과지 상의) 광대한 일체지지(一切智智; 근본지와 후득지)를 획득할 수 있으리라. 저 정토법문에 대해 광대하고 수승하게 이해하고 진정으로 법희충만하여 다른 사람에게 널리 이 법문을 연설하고 스스로 항상 즐겨 수행하리라."

若於來世 乃至正法滅時 當有衆生 植諸善本. 已曾供養無量諸佛. 由彼如來加威力故 能得如是廣大法門. 攝取受持 當獲廣大一切智智. 於彼法中 廣大勝解 獲大歡喜. 廣爲他說. 常樂修行.

[解] 만약 장래 세상에 부처님의 정법이 소멸하는 때에 이르기까지 1만 2천년 동안에 만약 어떤 중생이 염불의 선근을 길러서 숙세에 이미 무량한 모든 부처님께 공양하였다면, 모든 부처님의 위신력의 가지加持로 말미암아 그는 이번 일생에 이와 같이 광대한 법문인

『대승무량수경』을 만나게 될 것이다.

이 법문을 만나서 기쁜 마음으로 경전 중의 가르침을 믿고 받아들여서 능히 섭취하고 받아 지닐 수 있다면 반드시 광대한 일체지지(一切智智; 구경원만한 진실지혜)를 획득할 수 있고, 이 법문에 대해 철저하게 이해하여 큰 환희심을 낼 것이다. 그런 다음 다시 이 이익을 널리 다른 사람을 위해 상세하게 말씀하여 사람들에게 항상 즐겁게 이 법문을 닦고 익히라고 권할 것이다.

"모든 선남자 및 선여인 중에서 이 법에 대해 이미 구한 이도 있고, 현재 구하는 이도 있으며, 장래에 구할 이도 있으리니, 모두가 수승한 이익을 얻을 수 있느니라. 그대들은 이 법문에 안온히 머물러서 의심하지 말고, 모든 선근의 근본을 심을 것이며, 항상 수습하여 의심과 장애가 없도록 하여 갖가지 진귀한 보배로 이루어진 감옥(천도와 아수라도)에 들어가지 말지니라.

諸善男子 及善女人 能於是法 若已求 現求 當求者 皆獲善利 汝等應當安住無疑. 種諸善本 應常修習 使無疑滯 不入一切種類珍寶成就牢獄.

[解] 이러한 선남자 선여인 중에서 염불왕생 법문에 대해 어떤 사람은 이미 구하여 얻었을 것이고, 또 어떤 이는 현재 구하고 있으며, 또 어떤 이는 장래에 이 법을 구하게 될 사람들도 있다. 이들 모두가 왕생하여 물러남 없이 성불하는 수승한 이익을 획득할 수 있다.

그대들은 이 법문에 대해 견고한 믿음을 가지고 의심하지 말아야 한다. 공덕을 쌓고 항상 수행하고 학습하여 마음속에 의혹과 장애가 없어야 한다. 이렇게 하면 곧 일체 종류의 진기한 보물로 이루어진 삼계의 감옥에서 길을 잃지 않을 것이다.

「뇌옥牢獄」 여기서 이는 삼계에 머묾이 감옥과 같음에 비유하였다.

"아일다여, 이와 같은 여러 부류의 대위덕을 지닌 사람들이 불법의 광대한 다른 법문을 마음속에 일으킬 수 있을지라도 이 법문을 듣지 못한 까닭에 (사바세계) 1억 명의 보살들이 아뇩다라삼먁삼보리에서 물러나게 되느니라."

阿逸多 如是等類大威德者 能生佛法廣大異門. 由於此法不聽聞故 有一億菩薩 退轉阿耨多羅三藐三菩提.

[解] 부처님께서 미륵보살에게 말씀하셨다. "위에서 말한 것처럼 대승법문을 수학하는 보살들은 비록 부처님 법 가운데 모든 대승법문을 보여줄 수 있을지라도 아미타부처님의 정토법문을 들을 수 없는 연고로 말미암아 일억 보살들이 성불로 가는 길 도중에 무상보리의 심행을 잃고 물러나게 된다.

「대위덕자大威德者」 대승의 불법을 수학하는 사람을 가리킨다.

「광대이문廣大異門」 정토법문 이외의 대승법문을 말한다.

"만약 어떤 중생이 이 경전을 서사(유통) 공양(여설수행 법공양)하고 (진성심·청정심·공경심으로) 수지하며 (소리내어) 독송하거나 잠깐이라도 다른 사람을 위해 이 경전을 연설하고 독송하기를 권하며, 근심과 번뇌를 일으키지 않고 내지 밤낮으로 극락세계 및 무량수불의 공덕을 사유한다면 위없는 도(왕생성불)에서 끝내 물러나지 않으리라."

若有衆生 於此經典 書寫 供養 受持 讀誦 於須臾頃爲他演說. 勸令聽聞. 不生憂惱. 乃至晝夜思惟彼刹 及佛功德. 於無上道 終不退轉.

[解] 만약 어떤 사람이 이 경전에 대해 서사·공양·수지·독송하려는 마음을 낼 수 있고, 설사 매우 짧은 시간일지라도 우연한 기회에 남을 위하여 이 경전의 말씀을 풀어 설명하고 듣기를 권하며, 근심과 번뇌를 일으키지 않고, 내지 밤낮으로 서방극락세계 및 아미타부처님의 공덕을 생각한다면 이러한 사람은 성불에 이르는 길에서 결코 물러나지 않을 것이다.

"그 사람이 목숨을 마칠 때 설사 삼천대천세계에 큰불의 재난이 가득할지라도 또한 벗어나서 저 정토에 태어날 수 있느니라. 이 사람은 이미 일찍이 과거에 부처님을 만나 보리수기를 받았고, 일체 여래께서 다 함께 칭찬하셨느니라. 이런 까닭에 마땅히 전일한 마음으로 (무량수경을) 믿고 받아들여 (날마다) 수지·독송하고 (다른 사람에게) 연설하고 (스스로) 여설수행할지니라."

彼人臨終 假使三千大千世界滿中大火 亦能超過 生彼國土. 是人已曾値過去佛 受菩提記. 一切如來 同所稱讚. 是故應當專心信受 持誦 說行.

[解] 이렇게 가르침에 의지해 받들어 행하는 사람이 그 목숨을 마칠 때 설사 삼천대천세계가 모두 겁화의 재난에 처한다 하더라도 그는 재앙을 피할 수 있고, 또 아주 순조롭게 극락세계에 왕생할 수 있다. 왜 그러한가? 그는 일찍이 무량 무수한 모든 부처님께 공양을 올린 적이 있어 제불여래께서 그에게 수기를 주셨고, 일체 제불여래의 칭찬을 받았기 때문이다. 이상의 갖가지 수승한 이익으로 말미암아 그대들은 오로지 한결같이 이 경전을 믿고 받아들이며, 지녀서 암송하고, 상세하게 말씀하며, 받들어 행해야 한다.

[독류차경獨留此經 제45]

제45품 이 경전만 홀로 남는다

[解] 부처님께서 이 품의 경문에서 특별히 세존의 대자대비를 보여주신다. 부처님께서 입멸하신 후에도 다시 이 경전을 남겨 이 세상에 1백년 동안 머무르게 해서 일체 죄업으로 고통받는 중생을 두루 제도하시겠다고 말씀하신다.

"내가 지금 모든 중생을 위해 이 경법을 설한 것은 그들이 무량수불과 그 국토에 있는 일체 모든 것을 볼 수 있도록 하기 위함이니, 극락에서 마음으로 하려는 것은 모두 다 구할 수 있느니라. 내가 열반에 든 이후에라도 다시는 의심을 품어서는 안 되느니라."

吾今爲諸衆生說此經法 令見無量壽佛 及其國土一切所有. 所當爲者 皆可求之. 無得以我滅度之後 複生疑惑.

[解] 석가모니부처님께서 말씀하셨다. "내가 지금 일체 중생을 위해 이《대승무량수장엄청정평등각경》을 설하는 것은 일체 중생이 아미타부처님과 극락정토 안의 갖가지 수승한 장엄을 볼 수 있길 희망하기 때문이다. 그러므로 그대들이 배우고 익혀야 할 것은 바로 왕생발원이다. 이것은 대중 누구나 다 구할 수 있다. 내가 열반에 든 이후에라도 이 경전에 대해 다시 의혹을 일으키지 말라."

"오는 세상에는 경전과 도법이 모두 사라지리라. 나는 대자비심으로 중생을 불쌍히 여겨 특별히 이 경전을 남기어 백 년 동안 머물게 하리니, 그때 어떤 중생이든 이 경전을 만나는 사람은 뜻하고 발원한 대로 모두 제도 받을 수 있으리라."

當來之世 經道滅盡. 我以慈悲哀愍 特留此經止住百歲. 其有衆生 值斯經者 隨意所願 皆可得度.

[解] 장래 말법이 다한 때(부처님께서 입멸하신 후 1만 2천년) 부처님께서 말씀하신 일체 경전과 논서, 학습방법이 모두 다 이 세상에서 사라져 버릴 것이다. 이때 나는 대자비심으로 말세 중생을 불쌍히 여겨 또 위신력의 가지로 특별히 이 경전을 남겨서 백 년 동안 세상에서 유통될 수 있도록 할 것이다. 그때 만약 어떤 중생이든 이 경전을 만나 기꺼이 그 가르침에 따라 받들어 행하고 환희심으로 극락세계에 태어나길 믿고 발원하는 이가 있다면 그들은 모두 다 해탈을 얻을 수 있을 것이다.

「당래지세當來之世」 석가모니부처님께서 멸도를 시현하신 후 부처님의 법문은 정법, 상법, 말법의 세 시기로 유통되는데, 모두 1만 2천년이다.

"여래께서 세상에 출현하심은 만나기도 어렵고 뵙기도 어려우며, 제불의 경전과 도법은 얻기도 어렵고 듣기도 어려우며, 선지식을 만나 법을 듣고 수행하기도 또한 어려운 일이니라. 더구나 이 경전을 듣고서 믿고 좋아하며 수지하기는 어려운 것 중에서 어려우니, 이보다 더 어려운 것은 세상에 없느니라."

如來興世 難值難見. 諸佛經道 難得難聞. 遇善知識 聞法能行 此亦爲難. 若聞斯經 信樂受持 難中之難 無過此難.

[解] 부처님께서 이 세상에 몸을 나투어 보이시는 일은 참으로 어려운 일이며 뵙기도 어려운 일이다. 부처님께서 말씀하신 경전과 말씀하신

수행의 이론과 방법(道)도 또한 듣기 어려운 것이다. 그리고 선지식을 만나려고 하여도 그리 쉽지 않다. 설사 선지식의 가르침과 인도를 만난다 해도 법을 들은 이후에 그 가르침에 의지해 받들어 수행하는 것도 너무나 어렵다. 만약 이 경전과 이 염불왕생의 법문을 듣고서 진정으로 믿고 기쁜 마음으로 수지할 수 있다면 그것이야말로 어려운 것 가운데에서도 어려운 것이니, 이보다 더 어려운 것은 세상에 없을 것이다.

「선지식善知識」 정지정견正知正見을 가지고 여법하게 수행하는 사람으로, 중생을 선도 善道로 인도하는 사람이다.

"만약 어떤 중생이 염불하는 소리를 듣고서 자비심과 청정심이 일어나고 뛸 듯이 기뻐하며 온몸에 털이 곤두서거나 혹은 눈물까지 흘리는 사람이 있다면, 모두 다 이전 세상에서 일찍이 불도를 닦았기 때문이니, 이런 까닭에 그는 보통 사람이 아니니라."

若有衆生得聞佛聲. 慈心淸淨踊躍歡喜 衣毛爲起或淚出者. 皆由前世曾 作佛道 故非凡人.

[解] 만약 어떤 중생이 나무아미타불 명호를 염불하는 소리를 듣고서 능히 자비심과 청정심을 일으킨다면, 동시에 마음속에 뛰어오를 듯 환희심이 생겨나면서 어떤 이는 온몸에 땀이 솟고 솜털이 곤두서기도 하고, 심지어는 너무 감동하여 눈물까지 난다면, 이러한 현상이 일어나는 사람들은 모두 다 이전 세상에서 이미 염불수행을 한 사람들이다. 그러므로 그는 보통 사람이 아니다.

"만약 부처님 명호를 듣고도 마음속에 여우같은 의심이 일어나서

불경의 말씀에 대해 전혀 믿음이 생기지 않는다면 이런 사람은 모두 다 악도에서 온 사람으로 숙세의 재앙이 아직 다하지 않아 이번 생에 제도·해탈을 얻을 수 없나니, 이런 까닭에 마음에 여우같은 의심이 일어나서 귀 기울여 믿으려고 하지 않느니라."

若聞佛號 心中狐疑. 於佛經語 都無所信 皆從惡道中來. 宿殃未盡 未當度脫. 故心狐疑 不信向耳.

[解] 만약 나무아미타불의 명호를 들어도 마음속에 의심을 품거나 불경에 나오는 말씀에 전혀 믿음이 생기지 않는다면 부처님께서는 이런 사람은 모두 삼악도에서 온 사람으로 과거의 재앙과 나쁜 습기가 다 하지 않은 사람이라고 말씀하신다. 그들은 이번 일생에 해탈을 얻을 수 없으니, 왜냐하면 마음속에 여우같은 의심이 있어서 염불로 왕생하여 물러남 없이 성불하는 이 법문을 기꺼이 믿으려고 하지 않기 때문이다.

[근수견지勤修堅持 제46]

제46품 부지런히 닦고 굳게 지녀라

[解] 이 품의 경문에서는 세존께서 대중에게 부지런히 수행할 것과 본 경전의 가르침을 굳게 지키고 가르침에 따라 받들어 행할 것과 일체중생을 구제하고 보호하겠다는 마음을 낼 것을 부촉하신다.

부처님께서 미륵보살에게 말씀하시기를, "제불여래의 위없는 대법(아미타불의 일승원해·육자홍명)과 (여래께서 성취하신) 십력十力·무외無畏·무애無礙·무착無著의 깊고 깊은 법과 육바라밀 등 보살의 법은 (경만심이 있으면) 쉽게 만나기 어려우니라. 능히 법을 설할 수 있는 사람도 또한 이 법은 열어 보이기 어렵고, 이 법에 대해 견고한 깊은 믿음을 지닌 사람도 또한 (망망대해의 눈먼 거북이처럼) 때에 맞추어 만나기 어려우니라. 내가 지금 이체(진여)대로 이와 같이 광대하고 미묘한 법문(무량수경)을 선설하니, 일체 제불께서 칭양·찬탄하시느니라. 그대들에게 부촉하나니, (이 법문대로 닦아 여래의 제일제자로) 잘 수호할지어다.

佛告彌勒 諸佛如來無上之法 十力無畏 無礙無著 甚深之法. 及波羅密等 菩薩之法. 非易可遇. 能說法人 亦難開示. 堅固深信 時亦難遭. 我今如理 宣說如是廣大微妙法門. 一切諸佛之所稱贊 付囑汝等 作大守護.

[解] 부처님께서는 미륵보살에게 말씀하셨다. "일체 제불여래의 무상열반대법 및 십력十力·사무소외四無所畏·사무애변四無礙辯에 자재융통하여 그 무엇을 집착하지도 취하지도 않는다. 제불여래의 열반대법과 보살의 육바라밀 등은 세간법을 뛰어넘는 것으로 쉽게 만날 수

있는 것이 아니다. 비록 강경·설법을 잘 하는 법사나 대덕이라 할지라도 이 법문에 대해서는 언어문자로 열어 보이기 어렵다.

만약 어떤 사람이 염불로 성불하는 이 믿기 어려운 법문에 대해 견고하고 깊은 믿음을 낼 수 있다면, 이것이야말로 가장 만나기 어려운 것이다. 내가 지금 이치대로 이렇게 광대하고 미묘한 염불 법문을 상세하게 말하였으니, 실로 시방세계 일체 제불께서 칭찬하신 것이다. 내가 지금 이 법문을 그대들에게 부촉하니, 그대들은 온 힘을 다해 본 경전을 수호하고, 이 가르침에 의지해 받들어 수행하며, 사람들에게 연설해 주어서 널리 중생을 이롭게 하도록 하여라."

「무상지법無上之法」 본경의 부처님 명호를 집지하여 염불하고 정토에 왕생하는 법문을 가리킨다. 일체 대승교법 중에 곧 구경열반의 위없는 대법이 됨을 가리킨다.

「십력무외十力無畏 무애무착無礙無著 심심지법甚深之法」 제불여래께서 증득하신 과지果 地 상의 원만한 덕능德能을 가리킨다.

「바라밀등보살지법波羅密等菩薩之法」 일반 대승보살법을 가리킨다.

"일체 유정들이 기나긴 밤을 벗어나는 이익을 베풀어 중생이 오악취 에 떨어져 온갖 위험과 괴로움을 다시는 받는 일이 없도록 부지런히 닦아야 하느니라. 나의 가르침에 수순하여 부처님께 효순하고 스승 님의 은혜를 항상 생각하며, 이 법이 멸하지 않고 오래 머물 수 있도록 하며, 이 법을 결연히 지켜서 훼손하거나 상실하지 않도록 하며, 허망한 일을 하지 말고 마음대로 경법을 더하거나 빼서는 안 되느니라."

爲諸有情長夜利益. 莫令衆生淪墮五趣 備受危苦. 應勤修行. 隨順我敎. 當孝於佛 常念師恩. 當令是法久住不滅. 當堅持之 無得毀失. 無得爲妄 增減經法。

[解] 일체의 유정 중생에게 기나긴 밤(육도생사윤회)의 암흑을 벗어나는 이익을 얻도록 하고, 중생에게 육도윤회에 떨어져 갖은 위험과 괴로움을 다 받지 않도록 하기 위해서 그대들은 부지런히 수행하고, 이 경전을 수지·독송하며 사람들에게 연설하면서 나의 가르침을 잘 따르도록 해야 한다. 부처님께 효순·공경하여, 항상 스승의 은덕에 감사해야 한다. 이 경전이 오래도록 멸하지 않고 머무를 수 있도록 해야 한다. 견고한 신심으로 이 경전을 수지하여 잃지 않도록 해야 한다. 경전의 교리와 행과에 대해 훼손하거나 상실되지 않도록 해야 하며, 망령되이 자기 멋대로 경전의 원문을 더하거나 빼는 일이 있어서도 안 된다.

"늘 이 경전과 아미타불 명호를 염송하길 중단하지 않는다면 매우 빨리 도를 얻나니, 나의 법은 이와 같아 또한 이와 같이 말하노라(正行). 여래께서 행하신 대로 또한 따라 행하고(學佛), 복을 심고 선을 닦아서(助行) 정토에 왕생하기를 구할지니라(總歸)."

> 常念不絶 則得道捷. 我法如是 作如是說. 如來所行 亦應隨行. 種修福善 求生淨刹.

[解] 부처님께서는 다시 부촉하여 말씀하셨다. "그대들은 항상 이 경전을 독송하고, 아미타부처님을 늘 생각하며, 중단해서는 안 된다. 과연 진실로 발심하여 생각생각 이어진다면 매우 빨리 왕생하여 물러남 없이 성불할 것이다. 나의 수행방법은 이러하여 이와 같이 말한다. 여래의 대원대행大願大行을 그대들은 힘에 따라, 분수에 따라 행해야 한다. 복을 심고 선을 닦아야 하며, 이러한 표준으로 극락세계에 태어나길 구하면 반드시 성취하게 될 것이다."

[복혜시문福慧始聞 제47]

제47품 복덕과 지혜가 있어야 들을 수 있다

[解] 이 품의 경문에서는 부처님께서 게송으로 거듭 설명하신다. 일체중생이 과거 생에서 복을 닦고 지혜를 닦아서 선근이 성숙하였기에, 비로소 이 경전을 듣고 정토법문을 받아들일 수 있다는 것이다.

이때에 세존께서 게송으로 거듭 말씀하시기를,

爾時世尊而說頌曰

과거생에 복과지혜 닦아놓지 않았다면
금생에서 이정법을 들을수가 없지만은
이미여러 부처님께 공양올린 공덕으로
비로소 환희하며 이법문을 믿을수있네

若不往昔修福慧 · 於此正法不能聞
已曾供養諸如來 · 則能歡喜信此事

악심교만 해태사견 중생마음 가로막아
여래설한 미묘법문 믿음내기 어려움은
비유컨대 장님이 오래 암흑 속에 있어
다른사람 바른길로 인도할수 없음같네

惡驕懈怠及邪見 · 難信如來微妙法
譬如盲人恒處暗 · 不能開導於他路

[解] 이때 세존께서는 또한 중송重頌의 방식으로써 말씀하셨다. "만약 과거생에 복덕을 닦고 지혜를 닦지 않았다면 이 경전을 듣지 못하고 정토법문을 받아들일 수 없다. 과거 생에 이미 여러 여래께 공양한 적이 있어야 기쁜 마음으로 이 법문을 믿을 수 있다. 그러나 십악업十惡 業을 짓고 교만하고 게으르며 삿된 지견知見을 가진 사람은 여래께서 설하신 정토 미묘법문을 믿기 어렵다. 이는 마치 맹인이 오랜 시간 암흑 속에 살아 다른 사람에게 정확한 길을 인도할 수 없는 것과 같다."

제불여래 처소에서 온갖선근 심었기에
세상사람 구하는행 바야흐로 능히닦고
듣고나서 깊이믿고 수지하고 사경하며
독송하고 칭찬하고 실천하여 공양하네
　唯曾於佛植衆善　救世之行方能修
　聞已受持及書寫　讀誦讚演並供養

이와같이 일심으로 왕생하길 구한다면
누구라도 할것없이 극락세계 갈수있고
삼천대천 모든세상 불바다가 되더라도
부처님의 위신력의 가지받아 왕생하리
　如是一心求淨方　決定往生極樂國
　假使大火滿三千　乘佛威德悉能超

[解] 오직 무량한 부처님 처소에서 온갖 선을 널리 심은 적이 있는 사람이라야 진정으로 발심하여 부처님의 혜명慧命을 계승하여 일체 고난 중생을 구제할 수 있다. 그리고 정토법문을 완전히 깊이 믿고

받아들여 가르침대로 봉행하고 경전을 널리 유통할 수 있다. 동시에 날마다 경전을 독송하고 다른 사람을 위해 강해講解할 수 있다. 이러한 수승한 이익으로써 대중에게 공양한다.

앞쪽에서처럼 한마음 한뜻으로 서방극락세계에 태어나길 구하는 사람은 반드시 극락국토에 왕생할 수 있다. 삼천대천세계에 다시 큰 재난이 있을지라도 그들은 영향을 받지 않는다. 부처님 본원 위신력의 가지를 받아 모두 제도·해탈을 얻고 왕생하여 성불할 것이다.

여래세존 매우깊은 광대무변 지혜바다
부처님과 부처님만 알수있는 경계라서
성문대중 부처지혜 억겁동안 사유하고
그신통력 다하여도 추측하여 알수없네

如來深廣智慧海　唯佛與佛乃能知
聲聞億劫思佛智　盡其神力莫能測

여래과지 증득공덕 부처님만 알수있고
세존만이 여래지견 열어보일 수있나니
사람몸 받기어렵고 여래뵙기 어려우며
난중난은 불법믿고 지혜열어 들음이라

如來功德佛自知　唯有世尊能開示
人身難得佛難值　信慧聞法難中難

[解] 여래의 지혜는 큰 바다와 같아 깊고 넓으며 끝이 없다. 오직 '아미타불과 일체제불'(唯佛與佛)이라야 철저히 알 수 있다. 비록

성문이 억겁의 시간동안 부처님의 지혜를 사량하고 그 신통지력을 다해도 추측하여 알 수 없다.

여래과지如來果地 상의 공덕은 부처님의 경계라야 알 수 있고 부처님의 재능이라야 똑똑히 말할 수 있고 명백하게 지시할 수 있다. 사람 몸 얻기 비록 어려울지라도 부처님 만나기 더욱 어렵다. 정토법문을 잘 들어서 믿고 즐겨 수지하는 것은 난중 난이다. 이 보다 더 어려운 것은 없다.

　일체유정 부처되려면 신원지명 법으로
　보현행문 뛰어넘어 저언덕에 오르리라
　이러하니 많이듣고 널리배운 여러보살
　응당나의 가르침과 실다운말 믿을지라
　　若諸有情當作佛　行超普賢登彼岸
　　是故博聞諸智士　應信我教如實言

[解] 만약 어떤 중생이 본경의 가르침에 비추어 진실로 믿고, 간절히 발원하며, 실답게 행하면 이번 생에 반드시 부처가 될 수 있다. 그의 행지行持는 확실히 보현보살이 오랜 겁에 수학한 성취를 뛰어넘어 반드시 저 언덕에 오를 것이다. 그래서 부처님께서는 또한 자비심에 많이 듣고 널리 배운 대승보살들과 진정한 지혜가 있는 사람은 응당 부처님의 참되고 실다운 말씀(真實語)을 믿어야 한다.

「박문제지사博聞諸智士」 두루 배우고 많이 들어서 지혜가 있는 사람. 이는 기타 대승법문을 수학한 사람을 가리킨다.

「여실언如實言」 사실의 진상과 상응하는 말씀

이와같이 미묘법문 다행히도 들었으니
어느때나 염불하여 환희심을 낼지어다
수지하여 생사윤회 중생널리 제도하니
부처님 말씀하시길 이사람이 참선우라

如是妙法幸聽聞　　應常念佛而生喜
受持廣度生死流　　佛說此人眞善友

[解] 이와 같이 만나기 어렵고, 듣기 어렵고, 믿기 어려운 묘법(무량수
경)을 오늘 우리가 다행히 들었다면 응당 어느 때나 염불하여 기뻐하는
마음을 내어야 한다. 이 경전을 자신이 수지하여 생사를 끝마치고
벗어날 뿐만 아니라 본경을 널리 홍양하고 사람에게 염불을 권하여
생사를 벗어나게 해야 한다. 이러한 사람에 대해 부처님께서는 그들
은 진정한 선지식이라 칭찬하신다.

[문경획익聞經獲益 제48]

제48품 이 경을 듣고서 큰 이익을 얻다

[解] 이 품은 본 경전의 마지막 품이다. 법회에 참가한 대중이 석가모니 부처님께서 강설하신 《무량수경》을 들은 후에 불가사의한 이익을 얻었다는 내용이다.

이때 세존께서 이 경법을 설하시자 천인·세간의 1만 2천 나유타 억 중생은 먼지와 때를 멀리 여의고 청정한 법안을 얻었으며, 20억 중생은 아나함과를 얻었으며, 6천 8백 비구들은 여러 번뇌가 다하여 마음에 해탈을 얻었다.

> 爾時世尊說此經法 天人世間有萬二千那由他億衆生 遠離塵垢 得法眼淨.
> 二十億衆生 得阿那含果. 六千八百比丘 諸漏已盡 心得解脫.

[解] 이때 세존께서 이 경전을 강설하시길 마치시니, 사바세계의 천상·인간 세상에 1만2천 나유타 억 중생은 번뇌를 멀리 여의고 청정한 법안을 얻었고(아라한과를 증득하였다는 뜻), 20억 중생은 아나함과를 증득하였다. 6천 8백의 비구들은 견사번뇌見思煩惱를 다 끊어버리고, 영원히 삼계를 벗어나서 마음이 열리고 뜻이 풀려서 아라한과를 증득하였다.

「법안정法眼淨」 견사번뇌見思煩惱를 끊어버리면 청정한 법안을 수 있음을 가리킨다.

또한 40억 보살들은 무상보리에 머물러 물러나지 않고 큰 서원을 세운 공덕으로 스스로를 장엄하였다. 그리고 25억의 중생은 (이

법문에 따라) 염념마다 물러나지 않은 인(염불퇴)을 얻었다.

> 四十億菩薩 於無上菩提住不退轉 以弘誓功德而自莊嚴. 二十五億衆生
> 得不退忍.

[解] 또한 40억 보살들이 무상보리의 도에 대한 사실의 진상에 안온히 머물러 물러나지 않았다. 그들은 48원으로 중생을 이롭게 한 공덕으로 스스로를 장엄하였다. 그리고 25억의 중생은 무생법인을 증득하였다(7지보살 이상을 말한다).

「불퇴인不退忍」 염념마다 모두 퇴전함이 없음으로 염불퇴念不退에 상당한다.

4만억 나유타 백천의 중생은 무상보리에 대해 일찍이 발심한 적이 없다가 지금 비로소 처음으로 발심하여 여러 선근을 심어서 극락세계에 왕생하여 아미타부처님을 친견하겠다는 서원을 세웠으니, 모두 다 저 여래의 불국토에 왕생하게 될 것이며, 각자 다른 빙위의 불국도에서 차례로 성불하여 이름을 똑같이 「묘음여래」라 할 것이다.

> 四萬億那由他百千衆生 於無上菩提未曾發意 今始初發. 種諸善根願生極
> 樂 見阿彌陀佛. 皆當往生彼如來土. 各於異方次第成佛 同名妙音如來.

[解] 4만억 나유타 백천의 중생은 일찍이 한번도 위없는 불과를 성취하겠다는 마음을 낸 적이 없었으나, 부처님께서 이 법문을 설하심을 들은 후에 비로소 일체 선근을 닦아서 극락세계에 왕생하여 아미타부처님을 뵙겠다고 발원하는 마음을 내었다. 부처님께서는 그들이 모두 다 극락세계에 왕생할 것이라고 말씀하셨다. 장래에 각자 시방세계에 이르러서 차례로 성불할 것이지만, 그 이름은 똑같이 「묘음여래」라 할 것이다.

또 시방세계 불찰토에서 혹은 현재 왕생하거나 미래에 왕생하여 아미타부처님을 뵙게 되는 자로 각각의 세계마다 8만 구지 나유타의 사람들이 수기 받아 무생법인을 얻고 무상보리를 성취할 것이다. 저 일체 유정은 모두 아미타부처님께서 옛날 발원한 인연으로 함께 극락세계에 왕생하게 될 것이다.

> 複有十方佛刹若現在生 及未來生 見阿彌陀佛者 各有八萬俱胝那由他人, 得授記法忍 成無上菩提. 彼諸有情 皆是阿彌陀佛宿願因緣 俱得往生極樂世界.

[解] 또 시방세계 불국토에서 현재 왕생하거나 장래에 왕생해서 아미타부처님을 뵙게 될 자들은 하나하나의 세계마다 8만 구지 나유타의 중생이 부처님의 수기를 받고 무생법인을 얻어서 불도를 성취하게 될 것이다. 시방세계 불찰토에서 염불하는 사람들은 과거에 아미타부처님과 아주 깊은 인연이 있음으로 말미암아 모두 극락세계에 왕생할 수 있게 된다.

이때 삼천대천세계가 6종으로 진동하였고, 또한 갖가지 희유하고 신기한 변화가 나타났나니, 부처님께서 대광명을 놓으사 시방세계의 국토를 두루 비추셨고, 또한 천인들은 허공에서 미묘한 음악을 연주하여 수희 찬탄하는 소리를 내었으며, 색계 제천까지도 모두 다 세존께서 이 경을 설하심을 듣고 일찍이 들어본 적이 없는 묘법이라고 찬탄하면서 무량한 미묘한 꽃들을 분분히 내려 공양하였다.

> 爾時三千大千世界六種震動. 並現種種希有神變. 放大光明. 普照十方. 複有諸天 於虛空中 作妙音樂 出隨喜聲. 乃至色界諸天. 悉皆得聞. 歎未曾有. 無量妙花紛紛而降.

[解] 이때에 삼천대천세계가 여섯 가지로 진동하면서 갖가지 희유하고 신기한 서상瑞相이 나타났다. 부처님께서 대광명을 놓아 시방세계 국토를 두루 비추었다. 또 제천의 천인들이 허공에서 미묘한 음악을 연주하여 수희 찬탄하는 소리를 내었다. 심지어 색계 제천의 천인들조차도 세존께서 이 경을 상세하게 말씀하심을 듣고, 이것은 이전에는 결코 들어본 적이 없는 묘법이라고 찬탄하면서, 무량한 미묘한 꽃들을 떨어뜨려 공양하여 도량을 장엄하였다.

아난존자와 미륵보살 그리고 여러 보살·성문과 천룡팔부, 일체 대중이 부처님께서 설하신 이 경을 듣고 모두 다 크게 기뻐하면서 신수봉행하였다.

尊者阿難 彌勒菩薩. 及諸菩薩聲聞. 天龍八部. 一切大衆. 聞佛所說. 皆大歡喜. 信受奉行.

[解] 아난존자와 미륵보살, 그리고 법회에 참가한 보살·성문·천룡팔부와 일체 대중은 이 경전의 설법을 들은 후에 모두 너무나 기뻐하였다. 그리고 진정으로 믿고 받아들여 간절하게 본 경전의 가르침에 따라 수행하였다.

무량수경 간주이해

1판 1쇄 펴낸 날 2020년 2월 26일

회집 하련거 **주해** 정공스님 **번역** 도영스님
발행인 김재경 **편집** 허만항 **디자인** 김성우 **마케팅** 권태형 **제작** 경희정보인쇄
펴낸곳 도서출판 비움과소통(blog.daum.net/kudoyukjung)
　　　　경기 파주시 하우고개길 151-17 예일아트빌 103동 102호
　　　　전화 031-945-8739 팩스 0505-115-2068
　　　　이메일 buddhapia5@daum.net

© 도영스님, 2020
ISBN 979-11-6016-063-5 93150